Helbig, Köhler, Lümkemann

Medienpädagogik

Grundlagen und Projekte für Ausbildung und Beruf

Kieser Verlag, Neusäß

INTER NET
http://www.kieser-verlag.de

Im Internet-Angebot des Kieser Verlages können Sie sich über Neuerscheinungen informieren. In der Rubrik »Unterrichtsmaterialien« finden Sie weitere interessante Informationen und Hilfen zur Gestaltung Ihres Unterrichts.

Das Papier ist umweltschonend hergestellt aus chlorfrei gebleichten Faserstoffen.

ISBN 3-8242-1103-3

1. Auflage 2001 4 3 2 1 2004 03 02 01

Die letzte Zahl bedeutet das Jahr dieses Druckes.
Alle Drucke dieser Auflage können im Unterricht nebeneinander verwendet werden.

Satz: Raffel und Partner
Druck: Druckerei Plump

04906001

Inhaltsverzeichnis

Seite

Vorwort

Der Alltag, indem die Kinder und Jugendliche heute aufwachsen, wird von einem Umbruch in der Gesellschaft geprägt. Wir bewegen uns hin auf eine »Informations- und Kommunikationsgesellschaft«. Hörfunk und Fernsehen, die lange Jahre zu den »Neuen Medien« gehörten, sind mittlerweile zu einer Selbstverständlichkeit und damit zu »Alten Medien« in unserem Leben geworden.

Sprechen wir heute von den »Neuen Medien«, meinen wir die Computertechnologie, die Telekommunikation und die Möglichkeiten, die uns das Internet bieten will und vielleicht auch schon kann. Neben dem überwiegenden Teil des Berufsalltags, aus dem die »Neuen Medien« nicht mehr wegzudenken sind, halten diese auch vermehrt Einzug in den privaten Alltag.

Es kann nicht Aufgabe der heutigen Medienpädagogik sein im Sinne einer Bewahrpädagogik Kinder und Jugendliche von ihrem Medienkonsum abzubringen. Vielmehr muss sie sich der gesellschaftlichen Realität stellen, diese zur Kenntnis nehmen, ansonsten wäre sie zum Scheitern verurteilt; denn »die Kinder und Jugendlichen von heute wachsen ganz selbstverständlich mit der Computerisierung ihrer Lebenswelt auf: Computer im Auto, im Handy, im Fernsehen und in digitalen Kameras. Die PC-Welt ist Alltag für sie. Über Computer kommunizieren, denken und agieren sie. Wie wirkt sich diese Computerkultur mit Tempo und Technik langfristig auf ihr Wesen und ihr Sozialverhalten aus? Kommt in Zukunft eine neue Generation rastloser Nomaden auf uns zu, die dann genauso schnell Kontakte knüpft und wieder aufgibt, so wie sie heute im elektronischen Netz Informationen abruft und wieder löscht?«[1]

»Die Schule muss den heutigen Schülern Medienkompetenz vermitteln«, ist die Antwort, die auf diese Fragen gegeben wird. Medienkompetenz wurde lange Zeit entweder im Sinne der Bewahrpädagogik (s.o.) verstanden – gar nicht erst einschalten – oder es wurde versucht im Sinne einer Emanzipation von den Medien, diese durch eine kritische Analyse durchschaubar zu machen.

Beides war, wie sich gezeigt hat, bei Kindern und Jugendlichen nicht sehr erfolgreich, da ihnen der produktiv handelnde Umgang, die produktiv handelnde Aneignung fehlte. Das vorliegende Buch versucht gerade diesem Anliegen gerecht zu werden. Dabei möchte es aber nicht darauf verzichten, den geschichtlichen Ursprung der einzelnen Medien darzustellen, um so gleichzeitig ein Verständnis für die technische, mehr noch die inhaltliche Entwicklung zu wecken.

Die einzelnen Kapitel sind daher so aufgebaut, dass die Entstehungsgeschichte geschildert, ein Schwerpunkt aber mit auf den heutigen Stand gelegt wird. Damit Schülerinnen sich mit beiden Gesichtspunkten auseinandersetzen können, werden an verschiedenen Stellen »Anregungen« zum eigenen handelnden Umgang mit dem jeweiligen Medium gegeben.

Ausgangspunkt bei der Arbeit mit dem Buch soll die Medienbiografie der Schülerinnen sein, um sich so der eigenen Entwicklung und Position bewusst zu werden. Darüber hinaus fällt es ihnen hierdurch leichter, sich der individuellen Situation der

[1] H.W. Opaschowski, Generation @, Die Medienrevolution entläßt ihre Kinder. Hamburg 1999, S.10

Kinder in ihrer sozialpädagogischen Arbeit zu nähern. Zur Unterstützung hierbei dienen in den »Anregungen« Aufgaben zur Beobachtung aber auch zur Selbstreflexion. Ein wichtiges Anliegen des Buches ist es, dass die Schülerinnen sich die Inhalte gemeinsam erarbeiten, daher ist am Ende des Buches dargestellt, wie Projektlernen angeregt werden kann. Um nicht bei der Theorie stehen zu bleiben, werden mehrere Vorschläge für verschieden Projekte vorgestellt. Die Vorschläge werden in Form von Erfahrungsberichten vorgelegt, um deutlich zu machen, dass diese im schulischen Alltag »funktioniert« haben. Es muss aber darauf hingewiesen werden, dass die jeweiligen schulischen und örtlichen Gegebenheiten andere sein können, so dass sie auf diese übertragen werden müssen.

Um verschiedene, häufig aus dem subjektiven Gefühl herausgetroffene Aussagen und Entscheidungen belegen zu können, ist es unerlässlich empirisch erhobene Daten aufzubereiten und auszuwerten, um so zu einer eher objektiven Aussage zu kommen. Bücher, die Zahlenmaterial verwenden, sind immer dem Vorwurf ausgesetzt, dass sie nicht den jeweils aktuellen Stand widerspiegeln. Dieses lässt sich leider nicht vermeiden.

Das in den einzelnen Kapiteln verwendete Zahlenmaterial entspricht dem derzeitigen Stand. Für eine notwendige Aktualisierung stehen leicht zugängliche Quellen, die auch in dieser Ausgabe verwendet werden, zur Verfügung.

Grundlagen

Medienbiografie

Die heutigen neuen Medien lösen bei Erzieherinnen immer Vergleiche mit den bisherigen eigenen individuellen Medienerfahrungen aus. Diese individuellen Erfahrungen sind geprägt durch die eigene Medienbiografie, die nicht isoliert, sondern immer in Bezug und Verbindung zur Lebensbiografie betrachtet werden muss. Eine **Auseinandersetzung mit der eigenen Medienbiografie**, der eigenen Mediengeschichte ist für pädagogisch Tätige unabdingbar, denn erst dadurch

- werden positive oder negative Medienerfahrungen bewusst,
- werden Haltungen (Vorlieben – Abneigungen – Ablehnungen) gegenüber den unterschiedlichen Medien reflektiert,
- werden emotionale, bislang diffuse Reaktionen auf einzelne Medienerlebnisse klarer,
- werden eigene Einschätzungen gegenüber einzelnen Medien deutlich,
- werden Gründe für die Einschätzung und Bewertung der Mediennutzung der Kinder deutlicher,
- wird die Funktion und Bedeutung der eigenen Mediennutzung transparent.

Die nun folgenden **Medienbiografien der Autoren** sollen Beispiele für die eigene Selbstbefragung sein. An diese Beispiele schließen sich **ein Fragebogen** zu Medienbiografie und eine Unterrichtseinheit zum **Thema Medienfiguren meiner Kindheit** an, die motivieren und anregen wollen das Thema Medienbiografien zu beleuchten.

Medienbiografie 1

Mein Name ist Elke Helbig, ich bin 37 Jahre alt und lebe mit meiner Familie in einer Kleinstadt in Baden-Württemberg. Geboren und aufgewachsen bin ich in München. Dort lebte ich mit meiner Großfamilie, d.h. mit Eltern, Bruder, Großeltern und Urgroßeltern in räumlicher Enge, trotz eigenem Haus. Meine Eltern waren beide berufstätig; meine Mutter bis zur Geburt meines Bruders.

Meine ersten Medienerinnerungen habe ich an ein illustriertes Märchenbuch mit meinem Lieblingsmärchen »Aschenputtel« und an das Bilderbuch »Struwwelpeter« von Heinrich Hoffmann. Beides muss ich wohl oft angeschaut haben, denn die Bücher sind heute sehr in Mitleidenschaft gezogen. Überhaupt eröffnete mir das Lesen und die kostenlose Bücherausleihe in der städtischen Bücherei eine neue Welt. Ich arbeitete mich durch alle Enid-Blyton-Bücher und weil diese so oft ausgeliehen waren, auch durch jede Menge anderer Bücher. Meine Mutter machte mir deutlich, dass sie wenig von dieser Leserei hielt; ich sollte wohl mehr im Haushalt helfen. Meine Eltern habe ich übrigens selbst nie ein Buch lesen gesehen, wohl aber die Tageszeitung.

In meiner Grundschulzeit bekamen wir unseren ersten Fernseher, der im Schlafzimmer meiner Eltern stand. Damit begann für mich eine aufregende und abenteuerliche Medienerfahrung, denn ich schaute leidenschaftlich gerne die Sience-fiction Serie »Raumschiff Enterprise«, die Tierarztserie in Afrika »Daktari« oder die Pferdefilme von »Black Beauty«. Die ersten abendfüllenden Spielshows wie z.B. »Am laufenden Band« oder »Spiele ohne Grenzen« durfte ich nur ausnahmsweise anschauen. Als Bestrafung für Fehlverhalten bekam ich Fernsehverbote ausgesprochen, die ich sehr ungerecht empfunden habe, denn ein versäumtes Raumschiffabenteuer hat mich wirklich hart getroffen.

Um meine Aussprache in Englisch zu verbessern, bekam ich in der 5. Klasse einen Kassettenrekorder geschenkt. Ich nahm aber eher Musik aus der Radiosendung »Pop nach Acht« mit Thomas Gottschalk auf, als meine vorgetragenen englischen Texte. Meinen ersten Videofilm habe ich mit meiner 7. Klasse und unserer Klassenlehrerin gedreht. Es war ein Krimi, bei dem die Opfer reihenweise umgefallen sind; eines davon war ich. Ich weiß aber noch, dass ich es sehr aufregend fand, mich im Fernsehen zu erleben.

Comics habe ich mir bei meinem Bruder angeschaut, aber ich wusste nie so recht etwas damit anzufangen – übrigens bis heute nicht, denn ich weiß einfach nicht wie sie »gelesen« werden müssen.

Die Zeitschrift »Bravo« hat mich mit 13 Jahren endgültig aufgeklärt. Gekauft habe ich sie mir weniger, denn ich fand es viel interessanter sie gemeinsam mit meinen SchulfreundIinnen zu lesen und sich darüber zu unterhalten.

Unentbehrlich sind mir heute verschiedene Medien geworden, wobei an erster Stelle Bücher und Zeitungen stehen. Aber auch das Fernsehen möchte ich als Informations- und Unterhaltungsmedium nicht missen. Den PC habe ich erst im Erwachsenenalter als Arbeitsgerät kennen gelernt und entdecke jetzt mit viel Neugier die Welt des Internet und der Computerspiele. Diese Neugier auf neue Medienentwicklungen möchte ich mir erhalten und bewahren, denn für mich ist dies die größte Motivation sich mit mir Unbekanntem auseinander zu setzen.

Medienbiografie 2

»Tor, Toor, Toor, Tooor ...!« waren die ersten Worte aus dem Radio, an die ich mich, damals 1954 gerade 6 Jahre alt, bewusst erinnern kann. Herbert Zimmermann, der Reporter beim Weltmeisterschaftsendspiel schrie sie und Deutschland war zum ersten Mal Fußballweltmeister.

Ich, Winfried Köhler, bin mittlerweile über 50 Jahre alt und Lehrer u. a. an einer Fachschule für Sozialpädagogik, an der ich in den Fächern Deutsch, Kinder- und Jugendliteratur und Medienpädagogik unterrichte.

Vieles von dem, was ich hier schreibe, kennen Sie vielleicht noch aus den Erzählungen Ihrer Eltern. Groß geworden bin ich, was heute kaum noch vorstellbar ist, ohne Fernsehgerät. Erst 1958, ich war bereits 10 Jahre alt, kauften meine Eltern ihr erstes Gerät, es gab nur ein Programm, das am späten Nachmittag begann. Das Wort »zappen« war noch nicht erfunden, warum auch?

Sehen durfte ich nur am Samstag- oder Sonntagnachmittag, denn der Fernseher stand im Wohnzimmer und das wurde nur am Wochenende betreten, es war die »gute Stube« der Familie. An die ersten Sendungen, die ich gesehen habe, kann ich mich nicht mehr erinnern. Titel von Sendungen, die ich dann später bewusster gesehen habe, waren »Fury«, »Lassie« und Aufführungen der Augsburger Puppenkiste. Radio und Bücher waren für mich wichtig.

Ich erinnere mich noch, wie ich voller Spannung auf die Fortsetzung der Hörspiele von Kalle Blomquist und seinen Freunden wartete, wie ich mit ihnen litt, zitterte und mich mit ihnen freute, wenn sie sich endlich aus gefährlichen Situationen befreien konnten, wenn sie Verbrecher überwältigt und diese der Polizei übergeben hatten. Unheimlich, manchmal auch beängstigend, aber immer fesselnd war für mich die Titelmusik, die eindringlichen Bässe habe ich heute noch im Ohr.

Parallel dazu habe ich die Bücher über Kalle Blomquist verschlungen, ebenso wie die Romane über die Abenteuer von Winnetou, Old Shatterhand und Kara Ben Nemsi. Beides war Anlass für unsere Clique diese im Hof hinter dem Haus nachzuerleben. Als ich »älter« wurde, immerhin schon 14 Jahre, kam im Radio noch die sonntägliche Hitparade von Radio Luxemburg hinzu. Um in der Schule mitreden zu können, denn am Montag diskutierten meine Klassenkameraden darüber, musste ich mit meinen Eltern einen langen Kampf ausfechten, damit ich, heute kaum vorstellbar, ein eigenes Radio bekam.

Obwohl die Gelegenheit zum Fernsehen sehr gering war, wurde ich doch mit bewegten Bildern groß. Am Sonntagvormittag gab es in vielen Kinos regelmäßig ein Kinderprogramm, dass ich ebenso regelmäßig besuchte. Erinnern kann ich mich hier noch an einen verschrobenen Westernhelden namens Fuzzy, der kaum in der Lage war heil und ohne Knochenbrüche sein Pferd zu besteigen, der nach links schoss und rechts traf. Micky Maus und Donald Duck aber auch Sigurd und Prinz Eisenherz waren die Comics meiner Kindheit und Jugend, an die mich auch heute noch gerne erinnere und gelegentlich lese. Wenn ich das heutige Medienangebot sehe, bin ich nicht sicher, ob ich Sie beneiden oder bedauern soll: mehr Auswahl bedeutet nicht unbedingt mehr Qualität. Dennoch möchte ich das größere Angebot heute nicht mehr missen, gibt es mir doch die Möglichkeit mich umfassender zu informieren und zu unterhalten.

Medienbiografie 3

Andre Lümkemann, geb. 1969, nach dem Abitur Lehramtsstudium der beruflichen Fachrichtung Sozialpädagogik, seit 1997 Lehrer am Berufskolleg, Unterrichtsschwerpunkte in den Fächern Medienerziehung, Didaktik/Methodik und Erziehungswissenschaft.

Aufgewachsen bin ich im Rahmen traditioneller Kindergartenpädagogik, Lernmappe, Mengenlehre und der faszinierenden Entwicklung von Fernseh- und Computerwelt. Neben naturbelassenen Spielwelten gestalteten sich Kindheit und Jugend geprägt von Flipper, Lassie, Captain Future und deren medialen Freunden – zur Schonung des elterlichen Geldbeutels, außerhalb größeren Einflusses von Medienverbundsystemen. Die ersten wichtigen Medien, an die ich mich erinnern kann, sind ein Buch mit Kindergeschichten, aus dem mir meine Eltern vorlasen und ein mit Holz verkleidetes Kassettenradio, das immer dudelte, wenn mein Vater in der Wanne saß und bei keiner Urlaubsreise fehlen durfte.

Mein eigenes Radio bekam ich im Schulkindalter in Form einer Kompaktanlage mit Plattenspieler und Doppellaufwerk für Kassetten. Diese Anlage hat mich durch meine Jugend begleitet und bot für den knappen Geldbeutel die Möglichkeit, Schallplatten sowie Kassetten zu kopieren – mit entsprechend schlechter Qualität natürlich.

Unsere Familie besaß lange Zeit nach der Einführung des Farbfernsehens noch ein Gerät in schwarz-weiss. Es wollte einfach nicht kaputt gehen. Meine Oma hingegen hatte bereits einen Fernseher in Farbe und mit Fernbedienung. Hinzu kam später ein kleineres Gerät für das Schlafzimmer meiner Eltern. Es wurde bald mangels Nutzung in mein Kinderzimmer überstellt.

Kurz darauf, ich war gerade 12 Jahre alt, wurde unser erster Computer angeschlossen. Es handelte sich um einen Sinclair ZX81, den man nur schief angucken musste, um ihn zum Absturz zu bringen. Die Begeisterung für die sich rasend entwickelnde Computertechnik hatte nächtelanges Spielen und Programmieren sowie von Müdigkeit überschattete Schulbesuche zur Folge.

Meine Fernsehnutzung im Kindesalter beschränkte sich auf den Freitagnachmittag, Samstag und Sonntag. Besonders ärgerlich waren die Zeiten von Bundestags-

und Landtagswahlen, in denen Serien wie Raumschiff Enterprise durch langweilige Berichte scheinbar unendlich unterbrochen wurden.

Meine ersten Kinofilme waren ein Musikfilm über die Entstehung der Gruppe Boney M und Zeichentrickfilme wie Aristocats und Bernhard und Bianca. Oftmals besuchte ich mit Freunden das Sonntagskino, in dem ab 11.00 Uhr ein Kinderfilm gezeigt wurde. Meine Jugend war durch Musik geprägt. Im Freundeskreis hörten wir stundenlang Musik und trieben uns in Plattenläden herum. Da ich mich mehr für die »härtere« Musik interessierte, nutzte ich jede Gelegenheit, die Zeitschrift »Metal Hammer« zu lesen. Ein jugendlich knapper Geldbeutel ermöglichte es mir nur selten, ein Exemplar zu kaufen.

Das Aufkommen der ersten CDs war lange Zeit ein Privileg der Finanzkräftigeren, bot aber später mit dem Verleih in Videotheken die Möglichkeit, qualitativ besserer Kassettenaufnahmen, als die Schallplatte.

In den Genuss von Videofilmen kam ich über Freunde, Bekannte und meinen Cousin, der für kurze Zeit selbst eine Videothek besaß. Von meinem ersten Sold als Wehrpflichtiger kaufte ich mir mit 19 Jahren einen eigenen Videorekorder. Mit der Erweiterung des Kabelfernsehens trat diese Maschine als lebenswichtiges Instrument auf – psychosomatische Krankheitserscheinungen stellten sich bei reparaturbedingten Ausfalls wegen Überlastung des Geräts, ein.

Besonders in Erinnerung ist mir die Anschaffung eines einfachen Videoabspielgeräts geblieben, das meine Eltern für meine Oma kauften. So konnte sie auch noch in ihren letzten Lebensjahren ihrer Leidenschaft für Tier- und Heimatfilme frönen.

Noch heute ist die Faszination für technische Medien und ihre vielfältige Nutzung ungebrochen. Internetnutzung und die Bearbeitung von Videofilmen per PC sind hier nur zwei Beispiele.

Fragebogen zur Medienbiographie

(angelehnt an den Fragebogen »Alles auf Empfang« der Aktion Jugendschutz, Bayern)

- Was war das **Lieblingsmärchen** meiner Kindheit?

- Welche **Bilderbücher** habe ich als Kind gerne betrachtet?

- Was war mein **erstes und beeindruckenstes Medienerlebnis?**

- **Mit acht Jahren mochte ich Folgendes:**
    - Lieblingsbuch
    - Lieblingskassette
    - Lieblingsmusik
    - Lieblingsfernsehsendung
    - Lieblingskinofilm
    - Lieblingsmedienfigur
    - Lieblingsstar

- **In welchem Alter hatte ich**
    - Mein eigenes Radio?
    - Meinen eigenen Fernsehen?
    - Meinen eigenen Kassettenrecorder?
    - Meinen eigenen Computer?
    - Meinen eigenen Videorecorder?
    - Meinen eigenen CD-Player?

Meine Lieblingssendungen	als Kind	heute?
• Spielfilme		
• Nachrichtensendungen		
• Politische Magazine		
• Talkshows		
• Vorabendserien		
• Quizsendungen		
• Unterhaltungssendungen		
• Werbesendungen		
• Musiksendungen		
• ____________		

Meine Musikvorlieben:

- Wenn ich auf eine **Insel** fahren müsste und ich könnte nur **ein Medium** mitnehmen, was würde ich mitnehmen?

- Was hat mich **in den Medien** in den letzten **vier Wochen** besonders beeindruckt?

- Können Sie eine **Verbindung** herstellen zwischen den Medien, die Sie in Ihrer Kindheit **positiv erlebt** haben und den **Medien**, die Sie heute positiv bewerten?

- Können Sie eine **Verbindung** herstellen zwischen den Medien, die Sie in Ihrer Kindheit **negativ erlebt** haben und den **Medien**, die Sie auch heute negativ bewerten?

- Sehen Sie einen **Zusammenhang** zwischen Ihrer **heutigen Mediennutzung** und der Mediennutzung Ihrer Familie/Eltern?

Unterrichtseinheit: Medienfiguren meiner Kindheit

Diesem Unterrichtsthema liegt zum einen die eigene Auseinandersetzung mit den Medienfiguren der Kindheit, zum anderen der Austausch über die Medienkindheit anderer zu Grunde. Durch das pantomimische Spiel werden die Medienfiguren »lebendig«, denn es werden typische Gesten oder Körperhaltungen der Medienfigur nachgespielt und nacherlebt.

Ablauf und Aufgabenstellung:

1.) Schreiben Sie – jeder für sich – die Lieblingsfiguren und Lieblingshelden Ihrer Kindheit auf. Sie stammen aus:

- Fernsehsendungen
- Kassetten
- Zeitschriften
- Kinofilmen
- Kinderbüchern

2.) Überlegen Sie, warum Ihnen diese Figuren gefallen haben. Was fanden Sie an den Figuren gut?

3.) Tauschen Sie sich in der Kleingruppe unter folgenden Fragestellungen aus:

- Welche Medienfigur wurde ausgewählt?
- Welche Eigenschaften hatte diese Medienfigur, damit sie zur Lieblingsfigur wurde?
- Wie haben die Eltern auf diese Medienfigur reagiert?

4.) Die Kleingruppe wählt fünf Lieblingsmedienfiguren aus und stellt sie den anderen Kleingruppen pantomimisch vor. Diese sollen die Figuren erraten.

5.) Im Plenum können die Lieblingsmedienfiguren unter folgenden Aspekten ausgewertet werden:

- Gibt es Gemeinsamkeiten in der Begründung für die einzelnen Lieblingsfiguren?
- Gibt es geschlechtsspezifische Unterschiede in der Auswahl der Medienfiguren?
- Gibt es altersspezifische Unterschiede in der Auswahl der Lieblingsfiguren?
- Welche Bedeutung und Funktion haben bzw. hat die Medienfigur für die Kinder?

Basiswissen zur Medienpädagogik

1. Medienbegriff und Medienarten

»Medien sind ein fester Bestandteil unseres gesellschaftlichen Alltags geworden. Ein Leben ohne Medien ist nur schwer vorstellbar.«

Aussagen dieser Art kennzeichnen die Alltäglichkeit unseres Medienverständnisses. Der Begriff als einzelner steht gleichbedeutend für eine Vielzahl unterschiedlichster Inhalte und wird im gesellschaftlichen Sprachgebrauch oftmals unreflektiert verwand – ganz so, wie die alltägliche Präsenz verschiedenster Medienarten als selbstverständlich gilt.

Was aber versteckt sich hinter diesem Begriff? Was sind Medien? Wie differenzieren sie sich?

1. *Überlegen Sie, welche unterschiedlichen Medien Sie kennen und erstellen Sie ein Medienliste.*
2. *Versuchen Sie, auf der Grundlage Ihrer Medienliste eine eigene Definition des Medienbegriffs zu entwickeln.*

Medien dienen primär der zwischenmenschlichen Kommunikation. Kommunikation steht in diesem Fall für Informationsaufbereitung, Informationswiedergabe und Informationsempfang.

Beschränken wir uns auf ein einfaches Kommunikationsmodell, so gehen wir von einem Sender aus, der eine Information über ein Kommunikationsmittel an einen Empfänger weitergibt.

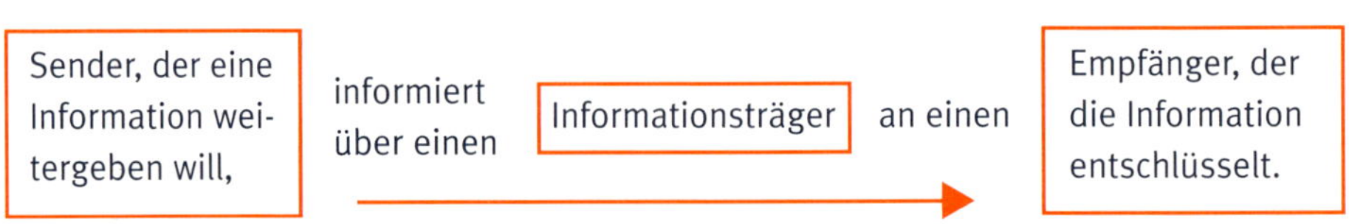

Die Problematik der Informationsübermittlung liegt in der Aufbereitung der Nachricht über den Informationsträger (Medien) und der Entschlüsselung durch den Empfänger. Hier kann es zu Missverständnissen kommen, die verändernd auf den Inhalt wirken.

Vor dem Hintergrund des oben genannten einfachen Kommunikationsmodells können wir Medien bezeichnen als:

Informationsträger, die auf eine ihnen eigene Art und Weise der Informationsübertragung und der Kommunikation dienen.

Grundsätzlich unterscheidet man zwischen einem weiteren und engeren Medienbegriff.

Der **weitere Medienbegriff** beinhaltet die Informationsvermittlung durch den Menschen selbst. Man spricht hier auch von personaler Kommunikation. Mimik, Gestik und Ausdrucksweise sind die jeweils eigene Art und Weise eines Menschen, sich auszudrücken und rufen beim Empfänger eine bestimmte Auffassung der vermittelten Nachricht hervor.

Der **engere Medienbegriff** schließt Menschen als Medien aus. Gemeint sind vielmehr Informationsträger, die auf visueller, auditiver, audiovisueller, taktiler (Fühlen) und olfaktorischer (Riechen) Art und Weise Informationen vermitteln. Der Mensch an sich gilt als Aufbereiter der Medien, der eine Information so verarbeitet, dass sie eine entsprechende Ausdruckskraft für den oder die Empfänger gewährleistet.

Zu den Medien im engeren Medienverständnis zählen z. B.:

- Buch, Zeitung, Zeitschrift, Plakat (Printmedien)
- Fernsehen, Film, Video
- Radio, Funk
- Tonträger in Form von Kassette, CD, MP3-Spieler
- Computer in Form von Datenverarbeitungsgerät und Konsole
- Spielwaren
- Telefon, Telefax, Handy
- Medienverbundsystem, etwa als zusammenhängend themenbezogene Vermarktung oben genannter Medien

2. Mediengeschichte

6.000.000 v. Chr.	Erste Lautbildungen als Formen der Sprache.
350.000 v. Chr.	Rauch und Trommeln dienen der Informationsvermittlung.
2500 v. Chr.	Die Ägypter entwickeln aus der Papyrusstaude ein weißes, elastisches Gewebe, das bemalbar ist.
1300 v. Chr.	In China werden beschriftete Holzstreifen mit Bambus gebunden – das erste Buch.
550 v. Chr.	Militärische Nachrichten werden durch Tauben übermittelt.
450	In China werden mit Tinte bestrichene Siegel auf Papier gedruckt – Geburt des Druckverfahrens.
1450	Gutenberg entwickelt das Druckverfahren.
1609	Gedruckte Wochenzeitungen (z.B. Aviso in Wolfenbüttel).
1842	Erstmals wird in Hamburg eine Fotografie zu Dokumentationszwecken eingesetzt.
1844	Der Amerikaner Samuel Morse verschickt das erste Telegramm.
1887	Emil Berliner stellt die erste Schallplatte her.
1888	Heinrich Hertz entdeckt die elektromagnetischen Wellen.
1895	Erste öffentliche Filmvorführung im Berliner Tiergarten.
1906	Der Rundfunk nimmt in Amerika seinen Betrieb auf.
1925	John Blair überträgt erstmals Bild und Funk zeitgleich.
1933	Hitler lässt den Volksempfänger VE 301 entwickeln.
1938	Konrad Zuse stellt die erste programmgesteuerte Rechenmaschine fertig.
1967	Willy Brandt schaltet auf der Berliner Funkausstellung das erste deutsche Farbfernsehen ein.
1981	Die erste »Maus« hilft bei der Computersteuerung.
1985	In Westdeutschland geht das Telefon auf die Straße.
1999	Das Internet wird für jeden zugänglich.
2000	Das E-Book holt sich seinen Inhalt aus dem Internet.
	Das Handy wird internettauglich.
	Der technologische Fortschritt ist nicht aufzuhalten.

Daten und Fakten entnommen aus: Spiegel-special, Heft 3/99, Seiten 14–19.

3. Mediennutzung und Medienwirkung

Im sozialpädagogischen Arbeitsfeld müssen wir uns die Fragen stellen, welchen Medien Kinder und Jugendliche in ihrem täglichen Leben begegnen, wie und zu welchem Zweck sie diese nutzen.

Der folgende Textauszug soll hierzu ein Beispiel geben.

Medien im Kinderzimmer

Anna hat einen kleinen Tisch in ihrem Zimmer, auf dem ein Stück grünes Moos liegt. Es riecht nach Wald. Sie zeigt es mir und erklärt: »In so einem Kuschelmoos wohnt Bibi Blocksberg, ich hab´ sie gesehen. Und jetzt will ich noch die Kassette, wo´s so spannend ist.« Anna stülpt sich den Kopfhörer über, beißt in eine Birne und lässt mich alleine sitzen. Ich überlasse sie ihrem »Kino im Kopf« und sehe mich im Zimmer um: Unterm Hochbett thront eine beachtliche Versammlung bunter Stofftiere und Puppen aller Art, davor liegen Kissen zum Toben und Lümmeln. Hier kann Anna, die vor kurzem fünf Jahre alt geworden ist, gemütlich »lesen« und Geschichten hören, die Kassettenberge im Regal und die Bilderbücher sind in Griffweite. In ihrem Kinder-zimmer mangelt es an nichts, die Spielzeugindustrie hat sie als Konsumentin ent-deckt und sorgt im Verbund mit anderen Herstellern für ihre Medienausstattung: Zu den Spielzeugen, Bilderbüchern und Kassetten gehören die Stofftier- und Puppen-galerie in drei Regalen, die auch die medientechnische Ausstattung beherbergen: Radiowecker, Kassettenrecorder, »und manchmal darf ich den kleinen Fernseher mit ins Zimmer nehmen, aber der ist nicht so gut wie der große im Wohnzimmer. Der Johannes hat auch einen Fernseher, aber damit kann man spielen.« Gemeint ist der Spiel-Computer ihres Bruders Johannes. Der mag Batman-Comics, sammelt Aufkleber und »darf mehr fernsehen als ich, weil er jetzt schon in die Schule kommt«, sagt Anna.

S. Näger, Kreative Medienerziehung im Kindergarten, Freiburg 1992, Seite 11.

1. *Stellen Sie heraus, welche Medien Anna zur Verfügung hat.*
2. *Diskutieren Sie die Nutzungsmöglichkeiten der verschiedenen Medien.*
3. *Vergleichen Sie die Medien, die Anna zur Verfügung hat, mit denen ihrer eigenen Kindheit. Benutzen Sie hierzu den Fragebogen zur Medienbiografie aus dem ersten Kapitel. Stellen Sie Unterschiede und Gemeinsamkeiten heraus.*

3.1 Warum Kinder und Jugendliche Medien nutzen und welche Wirkungen diese erzielen können

Die Frage nach den Beweggründen, sich bestimmten Medienangeboten zuzuwenden, lässt sich nur schwer pauschal beantworten.

Grundsätzlich sind es nicht nur die inhaltlichen Aspekte, die einen Reiz auf Kinder und Jugendliche ausüben. Bedeutsamer sind die individuellen Lebenssituationen bzw. die sozialen Gefüge in denen sich Kinder und Jugendliche befinden.
Das klassische der Familie mit beiden Elternteilen und Geschwistern, sowie der überwiegenden Erziehung durch die Mutter, ist von einer Vielzahl unterschiedlicher Familienstrukturen abgelöst worden.

Einzelkinder und allein erziehende Mütter oder Väter bilden einen Großteil heutiger Familienkonstellationen. Dazu bedingen wirtschaftliche Faktoren meist die notwendige Berufstätigkeit der Eltern. Das räumliche Umfeld hat sich dahingehend verändert, dass durch eine zunehmende Bebauung und ein gesteigertes Verkehrsaufkommen Spiel- und Erfahrungsräume enger, gefährlicher und insgesamt weniger geworden sind. Wo Spielen früher noch überwiegend im Freien stattfand und durch Bewegung geprägt war, verlagert sich der Alltag von Kindern und Jugendlichen in die häusliche Umgebung und begrenzt die Möglichkeiten ungeplanter Sozialkontakte. Im Prozess ihrer Entwicklung stoßen Kinder wie Jugendliche auf eine wahre Flut unbeantworteter Fragen und ungelöster Probleme. Medien bieten hier Antworten und Lösungsansätze an und ersetzen fehlende Kommunikationspartner.

In ihrem Buch »Kreative Medienerziehung im Kindergarten« stellt Sylvia Näger bezüglich der Mediennutzung von Kindern folgendes heraus:
Kinder verwenden Medienangebote individuell und situationsabhängig:

- Kinder verwenden Medien, um Wissen zu erlangen, Antworten auf ihre Fragen zu finden und neue Welten zu erobern: So verschaffen sie sich Einblicke in die geheimnisvolle Erwachsenenwelt. Welche Themen und sozialen Situationen Kinder jeweils interessieren, hängt von ihrer individuellen emotionalen Befindlichkeit und der Phase ihrer Identitätsentwicklung ab.

- In ihrer Entwicklung brauchen Kinder Impulse, um handlungsleitenden Themen zu bearbeiten. Dazu verwenden sie auch Medieninhalte, deren Symbole eine Auseinandersetzung mit sich selbst und mit dem Anlass, der sie beschäftigt, ermöglichen.

- Kinder verwenden Medienangebote als Sinnesabenteuer. Gerade in einer Umgebung, die kaum mehr sinnliche Erfahrungen zulässt, verstärkt sich das Bedürfnis, diese durch Medienreize zu ersetzen. So schauen die meisten Menschen zum Beispiel automatisch auf einen laufenden Fernseher, auch wenn sie die Sendung nicht wirklich interessiert.

- Kinder verändern durch Mediennutzung ihre Auseinandersetzung mit Erwachsenen. Sie organisieren ihre Mediennutzung zunehmend selbstbestimmt. Da die Geräte hierzu fast überall vorhanden sind, wird sich diese eigenbestimmte Form der Mediennutzung noch ausweiten und immer kleinere Kinder erfassen.

1. *Verdeutlichen Sie den Zusammenhang zwischen der Lebenswelt von Kindern und Jugendlichen und ihrer Mediennutzung. Wählen Sie als Form der Darstellung die Collage.*
2. *Finden Sie konkrete Beispiele, warum Kinder und Jugendliche Medien nutzen. Beziehen Sie sich dabei auf die im Text genannten Aspekte.*

3.2 Ausgewählte Beispiele zur Mediennutzung und Medienwirkung

Grundsätzlich sollten Pauschalaussagen über den Zusammenhang von Medieninhalten und deren Auswirkungen auf die Nutzer vermieden werden, da die jeweils individuelle Situation der Rezipienten dabei eine große Rolle spielt.
Die folgenden Beispiele geben nur einen kleinen Ausschnitt möglicher Mediennutzung und -wirkung wieder. Sie sollen exemplarisch zu einer differenzierten Sichtweise Kinder und Jugendlicher bezüglich des Umgangs mit Medien anregen.

Beispiel 1:

Iris, $1^{1}/_{2}$ Jahre, schaut sich zum dritten Mal eine Kindersendung an. Die Figuren erkennt sie wieder und bezeichnet diese mit den Ausdrücken »Baby« oder »da« und zeigt zum Fernseher. Insbesondere das Gesicht eines Babys fasziniert sie. Sie ahmt einzelne Bewegungen nach und winkt den Figuren zu. Musikalisch unterlegte Szenen kommentiert sie durch Wippen mit dem ganzen Körper. Nachdem die Sendung zu Ende ist, der Fernseher läuft weiter, ist Iris wie am Boden zerstört. Die ihr bekannten Figuren und Gesichter sind nicht mehr da, was sie nicht verstehen kann. Sie verfällt in lautes Weinen und wiederholtes Rufen von »Baby« und »da« und zeigt dabei zum Fernseher. Alternativ kann ihr jetzt nur noch eine Musiksendung mit eingängigen Schlagern und Volksmusik geboten werden, die zumindest auf akustischer Ebene Beruhigung verspricht.

Iris besitzt auch einen eigenen Kinderkassettenrekorder. Diesen bedient sie fast perfekt – nur das Einlegen der Kassetten bereitet ihr noch Schwierigkeiten. Gleiches gilt für die elterliche Stereoanlage. Die einzelnen Musikstücke kommentiert sie durch nachahmendes Lallen und Bewegungen des ganzen Körpers oder, bei Nichtgefallen, durch wiederholtes Betätigen der Tasten. Sie wählt ganz offensichtlich bestimmte Musikstücke aus. Es sind nicht immer die selben Stücke. Was ihr gerade gefällt, hängt von Stimmungslagen wie Fröhlichkeit und Ruhebedürfnis ab.

Ihre Bilderbücher betrachtet sie verhältnismäßig oberflächlich. Sie scheint immer auf der Suche nach Objekten zu sein, die ihr aus der Realität bekannt sind. Hier zeigen sich deutliche Vorlieben für Katzen, Babys und Autos. Erkannte Bilder kommentiert sie mit begeistertem Ausrufen der entsprechenden Worte und zeigt dabei auf die Abbildungen.

Beispiel 2:[1]

Mein Sohn rast ins Zimmer, pfeffert den Schulbeutel in die Ecke und fragt mit der Atemlosigkeit seiner neun Jahre: »Darf ich an den Computer?« Er darf. Aber mein Kopfnicken hat er sowieso nicht abgewartet. Er ist schon in meinem Arbeitszimmer verschwunden, aus dem nun das vertraute Summen des altersmüden PC zu vernehmen ist (ich muss mir bei Gelegenheit mal einen neuen anschaffen!).

Mein Sohn heißt Dominic, besucht die Grundschule im zweiten Schuljahr. Schule und Lehrerin findet er erträglich, Schreiben und Lesen wenig unterhaltsam und Rechnen »blöd«. Dominic ist froh, wenn er aus dem Unterricht raus und wieder zu Hause ist. Heute hat er außerdem enormes Glück. Seine Mutter ist nicht da und das heißt, dass ihn niemand daran hindern wird, noch vor dem Mittagessen und vor den Hausaufgaben sein Lieblingsspielzeug, den Computer, aufzusuchen (»nein«-Sagen ist eine jener pädagogisch allseits empfohlenen Fähigkeiten, über die ich nicht verfüge). Ich höre am eifrigen Klappern der Tastatur und am Surren des Druckers, dass er sein Privileg genießt. Normalerweise hat er nicht so viel Glück. Normalerweise ist es so, dass seine Mutter erst einmal über die pünktliche Erledigung seiner Hausaufgaben wacht – zehn Zeilen schreiben, zwei gemalte Rechenkunststücke, Dominic schimpft und mault –, dass sie anschließend das Ganze kontrolliert, was er mit seufzender Geduld über sich ergehen lässt, und ihn erst danach zu seiner geliebten Freizeitbetätigung entlässt.

Und nun kommt der entscheidende Punkt. Der verblüffende! Was nämlich tut dieser Knabe nach der konfliktreichen und immergleichen Prozedur? Er wendet sich, kaum der Fron der Hausaufgaben und der mütterlichen Kontrolle entronnen, in Windeseile seinem (meinem) alten PC zu, nur, um mit ihm all die Tätigkeiten wieder aufzunehmen, die er eben noch gelangweilt und widerwillig abgelehnt hatte. Er schreibt, er malt, er zählt und rechnet. Und er tut dies alles mit größter Innigkeit und Konzentration und offensichtlich mit unbändigem Spaß.

1. *Stellen Sie in den angeführten Beispielen die Aspekte von kindlichem Bedürfnis, Mediennutzung und Medienwirkung heraus.*
2. *Versuchen Sie, vorsichtige pädagogische Schlussfolgerungen zu ziehen. Formulieren Sie diese als Elternberatungsgespräch.*

[1] W. Bergmann, Computerkids, Zürich 1996, Seite 33 f.

4. Medien in sozialpädagogischen Institutionen

Medien verstehen sich als Teil der gesellschaftlichen Wirklichkeit, sie sind mit dem Alltag der Kinder und Jugendlichen eng verbunden und insofern auch aus dem pädagogischen Arbeitsfeld nicht wegzudenken. Stellt man sich als Erzieherin die Frage, wie auf die medialen Erfahrungen und ihre Auswirkungen zu reagieren ist, so steht man zu erst vor dem Problem, zu entscheiden, wie viel Medienerfahrung man in sozialpädagogischen Einrichtungen zulassen möchte.

Ganz ohne Medien geht es nicht. Bereits Fröbel benutzte seine Spielgaben als Mittler zur Förderung kindlicher Entwicklung. Bilderbücher und Tonkassette sind zum festen Inventar der Elementareinrichtungen geworden. Neben dem Aspekt eines pädagogisch und didaktisch-methodisch aufbereiteten Einsatzes gilt es, die Dinge aufzugreifen, die Kinder und Jugendliche verbal und durch Verhaltensäußerungen mitbringen.

Die Hinführung zu einer reflexiven Mediennutzung, die in den verschiedensten Formen positiv auf den Entwicklungsverlauf einwirken und vor negativen Einflüssen schützen soll, gilt unter dem Stichwort **Medienkompetenz** als zentrales Ziel der Medienpädagogik.

Kindergärten, Horte, Freizeiteinrichtungen, Schulen und andere Institutionen können ihren Auftrag nicht darin sehen, ein Schonraum medialen Einflusses zu sein. Nur wer sich mit den Lebenswelten der Kinder und Jugendlichen auseinander setzt und sie im pädagogischen Arbeitsfeld zulässt, ist in der Lage, medienkompetentes Verhalten zu fördern. Hierzu gehört vor allem, sich mit den aktuellen Bedürfnissen und Interessen zu beschäftigen, das Hineintragen in die Einrichtung zu ermöglichen und ein kompetenter Ansprechpartner zu sein.

»Die alters- und geschlechtsspezifischen handlungsleitenden Theorien der Kinder bergen eine Fülle von Ansatzpunkten für die Förderung von Medienkompetenz. Über sie lässt sich die Ausformung medienspezifischer Fähigkeiten, wie Z. B. das Entschlüsseln von Botschaften, in Inhaltsbereiche einbetten, denen das Interesse der Kinder gewiss ist. Da die Medienaneignung der Kinder in einem Wechselspiel mit der eigenen Wirklichkeit erfolgt, kommt ein solcher Ansatzpunkt zugleich der Beförderung von Alltagskompetenz zugute.

Vor diesem Hintergrund können die Medien selbst Mittel sein, um die Kinder bei der Bewältigung von Entwicklungsaufgaben und Umweltanforderungen zu unterstützen. Die Tatsache, dass sich Kinder den Medien freiwillig und gern zuwenden, verspricht Erfolg. Voraussetzung ist allerdings die Brauchbarkeit des Medienmaterials und diese scheint mit Blick auf so manche Medienprodukte doch fraglich.

Realitäts- und Medienaneignung der Kinder verweisen auf den Wunsch und die Fähigkeit zu selbsttätigem Entdecken und Reflektieren. Dafür Räume zu eröffnen ist ein Erfolg versprechender Weg zur Ausformung von Medienkompetenz. Aufzunehmen ist hier zudem das kindliche Interesse an kollektiver Medienbedeutung, das sich mit zunehmendem Alter insbesondere auf die Gleichaltrigengruppe richtet. Hierin liegen viele Möglichkeiten für die Erweiterung des Horizonts und die Weiterentwicklung von Urteilskriterien.«

H. Theunert/M. Lenssen in F. Schell u. a., Medienkompetenz, München 1999, Seite 68

Die Entwicklung von Medienkompetenz vollzieht sich also nur in einer kritischen Rezeption und vor dem Hintergrund einzelner Lebensumstände. Sie birgt die Chance in sich, Entwicklungsprozesse in Gang zu bringen und zu unterstützen.

An dieser Stelle drängt sich die Frage nach der Auswahl geeigneter Medien bzw. Medieninhalte für Kinder und Jugendliche auf. Scheinbar schnelle Antworten finden wir in der Zuhilfenahme bestehender Kriterienkataloge zur Beurteilung von Medien und deren Inhalten. Hierbei bleibt zunächst zu berücksichtigen, inwieweit die aufgestellten Kriterien im Kontext der Zielgruppe anwendbar sind. Anstatt sich mit Kindern und Jugendlichen und ihren Lebenswelten und Bedürfnissen auseinanderzusetzen werden diese zum Objekt und die Medien/Medieninhalte zum Subjekt. Vielmehr ist zu beachten, dass nicht das Medium das eigentliche Problem ist, sondern die Kinder und Jugendlichen im Zusammenhang ihrer Lebenssituationen gesehen werden müssen.

Folglich gilt, dass die zur Entwicklung von Medienkompetenz ausgewählten Inhalte nicht pauschal bewertet werden können. Beurteilungskriterien müssen auf daher auf ihre Anwendbarkeit im adressatenorientierten Bezugsrahmen überprüft und notfalls verändert oder neu erstellt werden (vgl. Arbeitsanregung 3).

1. *Erstellen Sie auf der Basis Ihrer eigenen Praxiserfahrungen oder von Hospitationen, eine Liste der Medien, die in sozialpädagogischen Einrichtungen vorzufinden sind. Differenzieren Sie in verschiedene Arbeitsfelder.*
2. *Ergänzen Sie Ihre Aufstellung um die Aspekte von Einsatzhäufigkeit und Zielstellungen. Befragen Sie hierzu Erzieherinnen und/oder Sozialpädagogen.*
3. *Erarbeiten Sie in Kleingruppen Kriterien zur Beurteilung von Medien. Bearbeiten Sie pro Kleingruppe ein ausgewähltes Medium. Berücksichtigen Sie die folgenden Aspekte bei der Entwicklung ihrer Beurteilungskriterien:*
   - *Welche Zielgruppe soll mit dem Medium angesprochen werden?*
   - *Welchen wahrnehmungspsychologischen Entwicklungsstand hat die angesprochene Zielgruppe?*
   - *Welche Funktion und Faszination hat das Medium für die Kinder und Jugendlichen?*
4. *Diskutieren Sie in Kleingruppen, wie Sie sich pädagogisches Handeln im Sinne einer Vermittlung von Medienkompetenz vorstellen. Differenzieren Sie auch hier nach verschiedenen Arbeitsfeldern und versuchen Sie, sich an den Bedürfnissen der Adressaten zu orientieren.*

Medienpädagogische Konzepte in der sozialpädagogischen Praxis

Die Pädagogik steht zwischen einem generellen Medienverbot mit dem Anliegen Kinder vor den Medien zu schützen, und einer Akzeptanz des kindlichen Medienkonsums.
Detlev Schnoor (1992) beschreibt vier grundsätzliche Ausrichtungen der Medienpädagogik:

(Vgl. Christine Feil: Handbuch der Medienerziehung im Kindergarten Band 1)

- **Der präventiv-pädagogische Ansatz** will die Kinder vor schädigenden Medieneinflüssen bewahren.
- **Der kulturkritische Ansatz**, der Kinder zu kritischerem und urteilsfähigerem Gebrauch der Medien führen will.
- **Der integrativ-ästhetische Ansatz**, der Kinder zu einer Beurteilung von Medien unter ästhetischen Gesichtspunkten und einer eigenen Medienproduktion heranführen möchte.
- **Der ideologiekritische Ansatz**, der die herrschaftsstabilisierende Funktion der Massenmedien durchschaubar machen will.

»Wollte man den Kindergarten heute zu einem »medienfreien Raum« – der er nie war – deklarieren, setzt man ihn der Gefahr aus, ihn von den Bedürfnissen und Interessen der Kinder und ihrer Familien zu isolieren. Sich den neuen Medien verschließen, wird den Kindern nicht mehr gerecht. Nur alte Konzepte weisen keinen Weg nach vorn, sondern eher zurück und damit ins Leere.«

Paus-Haase: Medien im Alltag von jungen Kindern, Freiburg 1990

Innerhalb der sozialpädagogischen Praxis unterscheidet man **drei Formen der Medienerziehung:**

- Die reproduktionsorientierte Medienarbeit – Verarbeitung von Medienerlebnissen
- Die rezeptionsorientierte Medienarbeit – Vielfältige Nutzung von Medien
- Die produktionsorientierte Medienarbeit – Eigenes Produzieren von Medien

Die **reproduktionsorientierte Medienarbeit** ist die Basis der Medienarbeit überhaupt, da sie sich auf die Beobachtung des Spielverhaltens und des allgemeinen Verhaltens der Kinder bezieht. Medienrollenspiele sollen dabei sehr genau beobachtet werden. Wichtig ist es mit den Kindern über ihre Medienerlebnisse ins Gespräch zu kommen. Dabei darf aber nicht sofort die eigene Meinung über bestimmte Filme oder Sendungen zum Ausdruck gebracht werden, sondern es muss erst echtes Interesse gezeigt werden. Reproduktionsorientierte Medienarbeit greift hauptsächliche Medienerlebnisse auf und bietet im Rahmen der alltäglichen sozialpädagogischen Praxis Verarbeitungsmöglichkeiten der Medienerlebnisse an:

- Verschiedene Bau- und Konstruktionsmöglichkeiten
- Rollenspiel und Verkleidungsbereich
- Kreativbereich bzw. Maltisch
- Spiele im Garten
- Bewegungsbereich

Dem weiteren medienpädagogischen Arbeiten mit Kindern sollte eine Situationsanalyse vorausgehen:

- Welche Medien sind relevant in der Kindergruppe?
- In welcher Weise bringen die Kinder die Medien in die Kindergruppe?
- Wie wollen wir als pädagogisches Personal darauf eingehen?
- Was wollen die Kinder?
- Warum planen wir ein medienpädagogischen Projekt?
- Wie beziehen wir die Eltern bzw. die Öffentlichkeit mit ein?

Die **rezeptionsorientierte und produktionsorientierte Medienarbeit** verfolgt medientechnische Lernziele (z. B. die Technik durchschaubar machen; Umgang mit der Technik) sowie medienästhetische Lernziele (z. B. unterschiedliche Medienerlebnisse kennen lernen, vergleichen und beurteilen).

Bilden Sie 4er-Gruppen. Entscheiden Sie sich für ein sozialpädagogischen Praxisfeld. Sie stellen das Erzieherteam dieser Einrichtung dar. Überlegen Sie, welche Ziele Sie in der medienpädagogischen Arbeit verfolgen möchten. Formulieren Sie diese für eine Vorstellung. Entwickeln Sie aus diesen Zielen heraus Umsetzungsmöglichkeiten für die praktische Arbeit mit Kindern (Projekte oder mehrere einmalige Angebote). Halten Sie auch diese Umsetzungsmöglichkeiten stichwortartig fest. Tauschen Sie sich in der Gesamtgruppe über Ihre Arbeitsergebnisse aus.

5. Rechtliche Aspekte und Jugendschutz

In ihrer Studie über Jugendschutz und Medien stellen P. Behrens, S. Feierabend und T. Schmid bezüglich allgemeiner gesellschaftlichen Einstellungen folgendes heraus:

»Das Thema Jugendschutz genießt in der breiten Bevölkerung einen sehr hohen Stellenwert. Die Medien, ihre Inhalte und der Umgang damit stehen in diesem Zusammenhang zwar nicht an erster Stelle, sind aber aufgrund ihrer Alltäglichkeit ein wichtiges Thema. Dies gilt für Befragte mit Kindern ebenso wie für Kinderlose. Die Notwendigkeit von Jugendmedienschutz erstreckt sich dabei auf alle Medien, vor allem vom Internet bzw. den Online-Diensten geht [...] aber das größte Gefahrenpotential für Kinder und Jugendliche aus. Hier klafft die Schere zwischen Informiertheit/Kompetenz im Umgang und bestehenden Meinungen der Befragten weit auseinander. In der Bevölkerung herrscht eine hohe Unsicherheit vor – die Neuen Medien bieten einerseits viele Möglichkeiten für Kinder und Jugendliche, sind aber meist schwer durchschaubar und produzieren somit ein gewisses Unbehagen.

Daneben gilt das Fernsehen als sensibler Bereich. Kenntnisse geltender Gesetze speziell in den Bereichen Pornographie, Gewalt und Werbung sind in der Bevölkerung kaum vorhanden, werden aber zum Schutz von Kindern und Jugendlichen eingefordert. Verstärkte Aufklärung und Information über praktizierte rechtliche Bestimmungen und die verschiedenen Möglichkeiten der Partizipation könnten hier stärkeren Konsens schaffen.

Für die Praktiker im Bereich Jugendmedienschutz lassen die Untersuchungsergebnisse den Schluss zu, mit den praktizierten Regelungen, z. B. hinsichtlich der Sendezeitbeschränkungen, trotz Unkenntnis in der Bevölkerung auf dem richtigen Weg zu sein. Trotzdem sollten Gesetzgeber, Aufsichtsgremien und vor allem Medienproduzenten die geforderten Nachbesserungen vor allem hinsichtlich des tagsüber ausgestrahlten Programms in zukünftige Überlegungen mit einbeziehen.

Medienerziehung schließlich, also die Anleitung von Kindern und Jugendlichen zum richtigen Umgang mit Medien und ihren Inhalten, liegt nach Ansicht der Befragten in erster Linie im elterlichen Verantwortungsbereich. Gleichwohl werden sowohl institutionelle Einrichtungen als auch die Medien selbst in die Pflicht genommen. Dieser immer wieder erhobenen Forderung wird bereits heute schon in verschiedenen Bereichen Rechnung getragen – Ergebnisse wie die hier vorliegenden fordern dazu auf, dieses Feld weiter auszubauen.«

1. Diskutieren Sie die in der Lerngruppe allgemein vorhandenen Einstellungen zum Thema Medien und Jugendschutz.
2. Versuchen Sie, aus den unterschiedlichen Medienarten Beispiele zu finden, die sich nach ihrem persönlichen Rechtsbewusstsein in einem gesetzlichen Grenzbereich befinden. Analysieren Sie diese bezüglich ihres Einflusses auf unterschiedliche Altersgruppen.
3. Sehen Sie sich die nachfolgenden Gesetzesauszüge an. Überprüfen Sie die unter 2. gefundenen Beispiele auf mögliche Einschränkungen im Zusammenhang der Konsumierung durch unterschiedlicher Altersgruppen.
4. Diskutieren Sie die folgenden Gesetzesauszüge bezüglich ihrer pädagogischen Relevanz und Anwendbarkeit.

5.1 Gesetzesauszüge

Gesetz zum Schutze der Jugend in der Öffentlichkeit (Jugendschutzgesetz - JÖSchG) vom 25. Februar 1985 (BGBl. I S.425), geändert durch Artikel 21 des Dritten Rechtsbereinigungsgesetzes vom 28. Juni 1990 (BGBl. I S. 1221/1227), geändert durch Artikel 16 des Gesetzes vom 28.10.1994 (BGBl. I S. 3168/3197).

§ 6 Öffentliche Filmveranstaltungen

(1) Die Anwesenheit bei öffentlichen Filmveranstaltungen darf Kindern und Jugendlichen nur gestattet werden, wenn die Filme von der Obersten Landesbehörde zur Vorführung vor ihnen freigegeben worden sind. Kinder unter sechs Jahren darf die Anwesenheit nur gestattet werden, wenn sie von einem Erziehungsberechtigten begleitet sind.

(2) Filme, die geeignet sind, das körperliche, geistige oder seelische Wohl von Kindern und Jugendlichen zu beeinträchtigen, dürfen nicht zur Vorführung vor ihnen freigegeben werden.

(3) Die oberste Landesbehörde kennzeichnet die Filme mit

1. »Freigegeben ohne Altersbeschränkung«,
2. »Freigegeben ab sechs Jahren«,
3. »Freigegeben ab zwölf Jahren«,
4. »Freigegeben ab sechzehn Jahren«,
5. »Nicht freigegeben unter achtzehn Jahren«. Kommt in Betracht, dass ein nach Satz 1 Nr. 5 gekennzeichneter Film den Tatbestand des § 130 Abs. 2, des § 131 oder des § 184 des Strafgesetzbuches erfüllt, ist dies der zuständigen Strafverfolgungsbehörde mitzuteilen.

§ 8 Spielhallen / Spiele / Spielgeräte

(1) Die Anwesenheit in öffentlichen Spielhallen oder ähnlichen vorwiegend dem Spielbetrieb dienenden Räumen darf Kindern und Jugendlichen nicht gestattet werden.

(2) Die Teilnahme an Spielen mit Gewinnmöglichkeit in der Öffentlichkeit darf Kindern und Jugendlichen nur auf Volksfesten, Schützenfesten, Jahrmärkten, Spezialmärkten oder ähnlichen Veranstaltungen gestattet werden, wenn der Gewinn in Waren von geringem Wert besteht.

(3) Elektronische Bildschirm-Unterhaltungsspielgeräte ohne Gewinnmöglichkeit dürfen zur entgeltlichen Benutzung:

1. auf Kindern und Jugendlichen zugänglichen öffentlichen Verkehrsflächen,
2. außerhalb von gewerblich oder in sonstiger Weise beruflich oder geschäftsmäßig genutzten Räumen oder
3. in deren unbeaufsichtigten Zugängen, Vorräumen oder Fluren nicht aufgestellt werden.

(4) Das Spielen an elektronischen Bildschirm-Unterhaltungsspielgeräten ohne Gewinnmöglichkeit, die zur entgeltlichen Benutzung öffentlich aufgestellt sind, darf Kindern und Jugendlichen unter sechzehn Jahren ohne Begleitung eines Erziehungsberechtigten nicht gestattet werden.

(5) Unterhaltungsspielgeräte, mit denen sexuelle Handlungen oder Gewalttätigkeiten gegen Menschen oder Tiere dargestellt werden oder die eine Verherrlichung oder Verharmlosung des Krieges zum Gegenstand haben, dürfen in der Öffentlichkeit an Kindern und Jugendlichen zugänglichen Orten nicht aufgestellt werden.

Gesetz über die Verbreitung jugendgefährdender Schriften und Medieninhalte (GjS) in der Fassung der Bekanntmachung vom 12. Juli 1985 (BGBl. I S. 1502) geändert durch Gesetz vom 29.10.1993 (BGBl. I S. 1817), geändert durch Artikel 16 des Gesetzes vom 28.10.1994 (BGBl. I S. 3186/3197), geändert durch Artikel 6 des Informations- und Kommunikationsdienste-Gesetzes (IuKDG) vom 22.07.1997 (BGBl. I S. 1870).

Erster Abschnitt. Jugendgefährdende Schriften

§ 1 Aufnahme von Schriften in eine Liste

(1) Schriften, die geeignet sind, Kinder oder Jugendliche sittlich zu gefährden, sind in eine Liste aufzunehmen. Dazu zählen vor allem unsittliche, verrohend wirkende, zu Gewalttätigkeit, Verbrechen oder Rassenhass anreizende sowie den Krieg verherrlichende Schriften. Die Aufnahme ist bekannt zu machen.

(2) Eine Schrift darf nicht in die Liste aufgenommen werden

1. allein wegen ihres politischen, sozialen, religiösen oder weltanschaulichen Inhalts;
2. wenn sie der Kunst oder der Wissenschaft, der Forschung oder der Lehre dient;
3. wenn sie im öffentlichen Interesse liegt, es sei denn, dass die Art der Darstellung zu beanstanden ist.

(3) Den Schriften stehen Ton- und Bildträger, Abbildungen und andere Darstellungen gleich. Schriften im Sinne dieses Gesetzes sind nicht Rundfunksendungen nach § 2 des Rundfunkstaatsvertrages sowie inhaltliche Angebote bei Verteildiensten und Abrufdiensten, so weit die redaktionelle Gestaltung zur Meinungsbildung für die Allgemeinheit im Vordergrund steht, nach § 2 des Mediendienste-Staatsvertrages in der Fassung vom 20. Januar bis 7. Februar 1997.

§ 5 Beschränkung der Werbung

(1) Bei geschäftlicher Werbung darf nicht darauf hingewiesen werden, dass ein Verfahren zur Aufnahme einer Schrift in die Liste anhängig ist oder gewesen ist.

§ 6 Schwer jugendgefährdende Schriften

Den Beschränkungen der §§ 3 bis 5 unterliegen, ohne dass es einer Aufnahme in die Liste und einer Bekanntmachung bedarf,

1. Schriften, die den in § 130 Abs. 2 oder § 131 des Strafgesetzbuches bezeichneten Inhalt haben,
2. pornographische Schriften (§ 184 des Strafgesetzbuches),
3. sonstige Schriften, die offensichtlich geeignet sind, Kinder oder Jugendliche sittlich schwer zu gefährden.

§ 7 Dauerindizierung periodischer Schriften

Eine periodische Druckschrift kann auf die Dauer von drei bis zwölf Monaten in die Liste aufgenommen werden, wenn innerhalb von zwölf Monaten mehr als zwei ihrer Nummern in die Liste aufgenommen worden sind. Dies gilt nicht für Tageszeitungen und politische Zeitschriften.

§ 8 Einrichtung einer Bundesprüfstelle

(1) Zur Durchführung der Aufgaben dieses Gesetzes wird eine Bundesprüfstelle errichtet.

(2) Die Bundesregierung bestimmt den Sitz der Bundesprüfstelle durch Rechtsverordnung mit Zustimmung des Bundesrates.

(3) Die Kosten der Errichtung und der Verfahren der Bundesprüfstelle fallen dem Bund zu.

Rundfunkstaatsvertrag (RStV) vom 31. August 1991 in der Fassung vom 26. August 1996 - 11. September 1996

§ 3 Unzulässige Sendungen, Jugendschutz

(1) Sendungen sind unzulässig, wenn sie

1. zum Hass gegen Teile der Bevölkerung oder gegen eine nationale, rassische, religiöse oder durch ihr Volkstum bestimmte Gruppe aufstacheln, zu Gewalt- oder Willkürmaßnahmen gegen sie auffordern oder die Menschenwürde anderer dadurch angreifen, dass Teile der Bevölkerung oder eine vorbezeichnete Gruppe beschimpft, böswillig verächtlich gemacht oder verleumdet werden (§ 130 StGB),

1. grausame oder sonst unmenschliche Gewalttätigkeiten gegen Menschen in einer Art schildern, die eine Verherrlichung oder Verharmlosung solcher Gewalttätigkeiten ausdrückt, oder die das Grausame oder Unmenschliche des Vorgangs in einer die Menschenwürde verletzenden Weise darstellt (§ 131 StGB),

2. den Krieg verherrlichen,

3. pornographisch sind (§ 184 StGB),

4. offensichtlich geeignet sind, Kinder oder Jugendliche sittlich schwer zu gefährden

5. Menschen, die sterben oder schweren körperlichen oder seelischen Leiden ausgesetzt sind oder waren, in einer die Menschenwürde verletzenden Weise darstellen und ein tatsächliches Geschehen wiedergeben, ohne dass ein überwiegendes berechtigtes Interesse gerade an dieser Form der Berichterstattung vorliegt; eine Einwilligung ist unbeachtlich.

(2) Sendungen, die geeignet sind, das körperliche, geistige oder seelische Wohl von Kindern oder Jugendlichen zu beeinträchtigen, dürfen nicht verbreitet werden, es sei denn, der Veranstalter trifft aufgrund der Sendezeit oder auf andere Weise Vorsorge, dass Kinder oder Jugendliche der betroffenen Altersstufen die Sendungen üblicherweise nicht wahrnehmen; der Veranstalter darf dies bei Sendungen zwischen 23.00 Uhr und 6.00 Uhr annehmen. Bei Filmen, die nach dem Gesetz zum Schutz der Jugend in der Öffentlichkeit unter zwölf Jahren nicht freigegeben sind, ist bei der Wahl der Sendezeit dem Wohl jüngerer Kinder Rechnung zu tragen. Filme, die nach dem Gesetz zum Schutz der Jugend in der Öffentlichkeit für Jugendliche unter 16 Jahren nicht freigegeben sind, dürfen nur zwischen 22.00 Uhr und 6.00 Uhr und Filme, die für Jugendliche unter 18 Jahren nicht freigegeben sind, nur zwischen 23.00 Uhr und 6.00 Uhr verbreitet werden.

(3) Sendungen, die ganz oder im Wesentlichen mit Schriften inhaltsgleich sind, die in der Liste nach § 1 des Gesetzes über die Verbreitung jugendgefährdender Schriften aufgenommen sind, sind nur in der Zeit zwischen 23.00 Uhr und 6.00 Uhr und nur dann zulässig, wenn die mögliche sittliche Gefährdung von Kindern oder Jugendlichen unter Berücksichtigung aller Umstände nicht als schwer angesehen werden kann. Die Gründe, die zu einer entsprechenden Bewertung geführt haben, sind vor der Ausstrahlung schriftlich niederzulegen und auf Anforderung der nach Landesrecht für private Veranstalter zuständigen Stelle (Landesmedienanstalt), bei den in der Arbeitsgemeinschaft der öffentlichrechtlichen Rundfunkanstalten der Bundesrepublik Deutschland (ARD) zusammengeschlossenen Landesrundfunkanstalten und beim Zweiten Deutschen Fernsehen (ZDF) dem zuständigen Organ, zu übermitteln.

(4) Für Sendungen, die nach den Absätzen 2 oder 3 Sendezeitbeschränkungen unterliegen, dürfen Programmankündigungen mit Bewegtbildern nur zu diesen Zeiten ausgestrahlt werden.

(5) Die in der ARD zusammengeschlossenen Landesrundfunkanstalten und das ZDF sowie die Landesmedienanstalten können jeweils in Richtlinien oder für den Einzelfall Ausnahmen von den Zeitgrenzen nach Absatz 2 Satz 3 und Absatz 3 Satz 1 gestatten und von der Bewertung nach Absatz 2 Satz 3 und Absatz 3 Satz 1 abweichen; dies gilt im Falle von Absatz 2 Satz 3 vor allem für Filme, deren Bewertung länger als 15 Jahren zurückliegt. Sie können in Richtlinien oder für den Einzelfall auch für Filme, auf die das Gesetz zum Schutz der Jugend in der Öffentlichkeit keine Anwendung findet oder die nach diesem Gesetz für Jugendliche unter 16 Jahren freigegeben sind, zeitliche Beschränkungen vorsehen, um den Besonderheiten der Ausstrahlung von Filmen im Fernsehen, vor allem bei Fernsehserien, gerecht zu werden.

(6) Gutachten freiwilliger Selbstkontrolleinrichtungen zu Programmfragen, insbesondere zu Fragen des Jugendschutzes, sind von den Landesmedienanstalten bei ihren Entscheidungen einzubeziehen.

Medien und Freizeit

Medienszene 2000 ???

Familie Kabeljau

Herr und Frau Kabeljau glotzen Video und TV
ständig rappelt der Recorder und die Pizza kommt per Fernsehorder
Kabelfernsehen. BTX-Computerspiele – 1000 Tricks
Pantoffelcockpit-Heimpiloten – das sind echte Videoten

Und das Söhnchen spielt so gerne – Krieg der Knöpfe, Krieg der Sterne
tüchtig süchtig – Atarie Junki – voll verseuchtes kleines Kranki
und man sieht ihn auch vorm Testbild liegen
und sich ohne Grund vor Lachen biegen
und überhaupt, wie toll, denkt er, daß man
mit Computi besser spielen kann als mit Jan von nebenan

Familie Kabeljau glotzt die Nonstop-Schau
mit dem Vierkant-Auge im Gesicht
und der Erleuchtung im dunklen Flimmerlicht
Familie Kabeljau sieht die Horrorschau
mit dem Schlafwagenhirn und der Neandertalerstirn
ja, an den Kabeln hängt der hohle Kopf
wie an einem Tropf

Und es sprach der Minister Dr. H.C. Kabelknister
von der schönen neuen Welt – keine Arbeit – trotzdem Geld
ja, der Microchip aus Taiwan macht die Arbeit dann
und wenn dann nix mehr zu tun is', fahren wir nach Tunis
wo wir in der Sonne sitzen und ganz locker um die Ecke schwitzen

Familie Kabeljau glotzt die Nonstop-Schau
mit dem Vierkant-Auge im Gesicht
und der Erleuchtung im dunklen Flimmerlicht
Familie Kabeljau sieht die Horrorschau
mit dem Schlafwagenhirn und der Neandertalerstirn
die Hirne sind total verödet
macht ja nix, wenn man verblödet

Udo Lindenberg, 1984 auf «Götterhämmerung«

Udo Lindenberg zeichnet 1984 in diesem Lied seine Vision von einer »Freizeitgesellschaft«, in der der Alltag wesentlich von Medien bestimmt wird.
Beschreiben Sie sein Zukunftsbild.
Welche seiner Visionen sind zum jetzigen Zeitpunkt eingetreten?
Wie beurteilen Sie sein Zukunftsbild?

1. Freizeit – was ist das?

»Ich geh dann mal«, sagt das Kind, das zwölf Jahre alt und fast schon kein Kind mehr ist.
»Wohin?« frage ich.
»Mal sehen«, sagt das Kind. »Woolworth oder Kaufhalle, weiß noch nicht.«
»Was zum Teufel treibt ihr dort eigentlich dauernd?« frage ich erzieherisch.
»Spielen«, sagt das Kind und ist verschwunden.
Keine weitere Erklärung, ich verstehe ja doch nichts davon. Kaufhalle, Woolworth, Hertie und wie sie heißen, sie sind zu den wichtigsten Kinderspielplätzen in unseren Städten geworden. Stundenlang treiben sie sich in den vielstöckigen Kaufhäusern herum, fahren die Rolltreppe rauf und runter, rennen gegen die Laufrichtung des Rollbandes und kommen tatsächlich unten an, sie sind geübt und geschickt bei allem, was sie tun, sie lassen sich von einer Abteilung in die andere treiben, von Homeelectronic zu den CDs, von dort in den Spielzeugbereich und wieder zurück, trinken Cola oder sonstwas Herbes an den Stehbistros, die diesen Kaufhallen ein gemütliches Ambiente verleihen sollen, und entfalten bei all dem einen tierischen Lärm.

Bergmann, W. Computerkids, Zürich 1996, S. 121

Beschreiben und beurteilen Sie das Freizeitverhalten dieses Kindes.
Gehen Sie in die Computerabteilungen von Kaufhäusern und Spielwarengeschäften; beobachten Sie dort das Verhalten der Kinder und Jugendlichen.

Beide Beispiele zeigen, dass ein Teil des Tagesablaufs dadurch bestimmt wird, dass verschiedene Medien zur Unterhaltung genutzt werden.
Um das Verhalten richtig einordnen zu können, ist es notwendig zu erläutern, was unter Freizeit verstanden wird.

»Der Begriff Freizeit wird in unterschiedlicher Bedeutung gebraucht. Manche verstehen darunter alle Zeit, die nicht zur Arbeitszeit gehört. Sinnvollerweise bezeichnet man jedoch nur die Zeit als Freizeit, die frei verfügbar ist und nicht den unmittelbar lebenserhaltenden Beschäftigungen dient. Arbeitswege, Schlafen, Mahlzeiten, Körperpflege gehören im eigentlichen Sinn nicht zur Freizeit.«

Kraus, D. u. a., Jugendlexikon Erziehung, Reinbek 1976, S.103

In anderen Definitionen finden wir ähnliche Aussagen, wobei auffällt, dass oft eine Erweiterung vorgenommen wird, indem ergänzend gesagt wird, dass die Freizeit durch Freiheit, Zeit und Raum, der nicht der Arbeitsplatz sein kann, gekennzeichnet ist.

Versuchen Sie anhand dieser Definitionen für sich ein Freizeittagebuch zu führen.
Erstellen Sie einen Fragebogen, mit dessen Hilfe Sie eine Umfrage über das Freizeitbudget Ihrer Mitschüler durchführen können.
Werten Sie diese Umfrage aus und machen Sie das Ergebnis in geeigneter Weise der Schulöffentlichkeit zugänglich.

2. Die Entwicklung der Freizeit

Sprechen Erwachsene heute über ihre Freizeit, die sie als Kinder und Jugendliche hatten, wird häufig von ihnen gesagt, dass die Freizeit früher sehr viel knapper bemessen war.

Obwohl es bereits in der Antike Zeiten gab, in denen nicht gearbeitet wurde, lässt sich erst mit dem Aufkommen der Industrialisierung seit ca. 1850 in Europa genauer zwischen Arbeits- und Freizeit unterscheiden.

Bis zu Beginn des 20. Jahrhunderts betrug die tägliche Arbeitszeit für Männer und Frauen in der Regel 16 Stunden während des ganzen Jahres. Selbst Kinder (unter 14 Jahren) arbeiteten bis zum Verbot der Kinderarbeit 1903 häufig 12 Stunden am Tag. Eine erste Verbesserung gab es 1908, als die Arbeitszeit für Frauen auf 10 Stunden pro Tag beschränkt wurde. Nach Beendigung des ersten Weltkrieges wurde dann für alle Beschäftigten der Acht-Stunden-Tag eingeführt. Diese Regelung wurde während der Zeit des Nationalsozialismus außer Kraft gesetzt und erst 1946 wieder eingeführt.
Parallel zu der Verkürzung der wöchentlichen Arbeit entwickelte sich die Zeit des bezahlten Urlaubs, der heute bis zu ca. 6 Wochen pro Jahr dauert.

Mittlerweile ist in vielen Arbeitsbereichen bereits die Arbeitszeit auf 38,5 Stunden pro Woche begrenzt, in der Diskussion ist bereits eine 32-Stunden-Woche.
Im Gespräch ist aber auch eine Erhöhung der Wochenarbeitszeit, die flexibel angewendet werden soll, um effizientere Arbeitsabläufe zu erreichen.

Die arbeitsfreie Zeit war bis in die Jahre nach dem 2. Weltkrieg wesentlich dazu bestimmt sich von der Arbeit zu erholen und die Arbeitskraft wieder herzustellen. Diese Einstellung wandelte sich aber in den 70er Jahren dahingehend, dass der Wunsch nach Selbstverwirklichung und das Streben nach Erlebnissen in den Vordergrund trat. Diese zunächst sehr allgemein gehaltene Betrachtung der Freizeit bezieht sich weitgehend auf alle Erwerbstätigen sowohl Erwachsene als auch Jugendliche. Die durchschnittliche Zeit über die Jugendliche frei verfügen können, beträgt ungefähr 5,2 Stunden pro Tag.[1] In den alten Bundesländern sind es 5,1 Stunden und 5,4 Stunden in den neuen Bundesländern.

[1] Vgl. Elmar Lange, Jugendkonsum im Wandel. Konsummuster, Freizeitverhalten, soziale Milieus und Kaufsucht 1990 und 1996, Opladen 1997, S. 89

3. Die Freizeitgestaltung der Kinder und Jugendlichen

Wie gestalten nun Kinder und Jugendliche die Zeit, die sie außerhalb ihrer Arbeitsstelle oder der Schule verbringen?

Oft wird behauptet, dass durch die Zunahme der verschiedenen Neuen Medien, gemeint sind meistens Computerspiele, Fernsehen und Video, der größte Teil der Freizeit hiermit verbracht wird.

Im Hintergrund schwingt der Gedanke mit, all diese Beschäftigungen berieseln den Einzelnen und fördern eher die Passivität, sind also mit negativen Vorzeichen versehen. Dem wird häufig von Erwachsenen das Lesen als positive Freizeitbeschäftigung entgegengesetzt.

Hinzu kommt die Befürchtung, Kinder und Jugendliche sammeln viel weniger primäre Erfahrungen in und durch ihre direkte Umwelt, sondern erhalten ihre Erfahrungen und Urteilsgrundlagen aus zweiter Hand, im Wesentlichen vermittelt durch das Fernsehen. Hierzu reichen die unterschiedlichen Aussagen von der kulturpessimistischen Sichtweise, die vor der Verführung der Kinder und Jugendlichen durch die Fernsehwerbung warnt. Hervorgehoben wurde dies insbesondere 1985 durch Neil Postman in seinem Buch *»Wir amüsieren uns zu Tode.* Urteilsbildung im Zeitalter der Unterhaltungsindustrie«.

Eine ähnliche Argumentation verfolgt Hartmut von Hentig 1984 in seinem Buch *»Das allmähliche Verschwinden der Wirklichkeit.* Ein Pädagoge ermutigt zum Nachdenken über die neuen Medien«.

Hinzu kommen immer wieder Aussagen, die versuchen, einen Zusammenhang zwischen den Programminhalten (Gewaltdarstellung etc.) und der Beeinflussung der Fernsehzuschauer herzustellen. Bisher sind diese Zusammenhänge aber in der wissenschaftlichen Diskussion noch umstritten.

Welchen Freizeitaktivitäten gehen Kinder- und Jugendliche nach?

Erste Anhaltspunkte geben uns die Ergebnisse einer Repräsentativumfrage, bei der im September 1998 3000 Personen ab 14 Jahren befragt wurden.

Die Umfrage wurde von INRA Deutschland Gesellschaft für Markt- und Sozialforschung mbH im Auftrag des Freizeit-Forschungsinstituts der British American Tobacco (BAT) durchgeführt.

Die folgende Auswahl wurde ihnen vorgegeben:

»Auf diesen Karten stehen verschiedene Dinge, die man in seiner Freizeit tun kann. Suchen Sie bitte die heraus, die Sie in der letzten Woche oder am Wochenende ausgeübt haben.«

Von 100 Befragten nennen als regelmäßige Aktivität (=mindestens einmal pro Woche):	Gesamtbevölkerung	14 bis 29 Jahre
Fernsehen	92	89
Radio hören	72	70
Zeitung/Illustrierte lesen	73	68
Schallplatten/CDs/Musikkassetten hören	38	63
Telefonieren	62	62
Videofilme sehen	24	44
Buch lesen	34	35
Ins Kino gehen	12	33
Mit dem eigenen Computer beschäftigen	15	29
Videospiele spielen	7	20
Lexikon/Nachschlagewerke benutzen	11	15
Internet/Onlinedienste nutzen	3	7

Werten Sie die Aussagen dieser Tabelle aus.
Nehmen Sie diese Tabelle als Grundlage für eine eigene Umfrage unter Ihren Mitschülern.
Vergleichen Sie die Ergebnisse Ihrer Umfrage mit den Ergebnissen der Tabelle.
Überlegen Sie, wodurch Unterschiede oder Gemeinsamkeiten zu begründen sind.
Machen Sie die Ergebnisse Ihrer Umfrage in geeigneter visualisierter Form der Schulöffentlichkeit zugänglich.

Auffallend bei dieser Untersuchung ist, dass die Behauptung, Jugendliche lesen weniger als Erwachsene so nicht zutrifft; denn immerhin 35 % der Jugendlichen geben an, dass sie mindestens einmal in der Woche zu einem Buch greifen. Dies ist 1 % mehr als der Durchschnitt der Gesamtbevölkerung. Noch größer ist der Unterschied dann, wenn wir uns den Büchern des »Wissens« zuwenden. Jeder Sechste benutzt regelmäßig ein Nachschlagewerk oder ein Lexikon. Dies zeigt sicherlich auch, dass Jugendliche den Wunsch nach zusätzlicher Information verspüren und ihm nachgehen.

Aus der vorgestellten Untersuchung geht, verallgemeinernd gesagt, zunächst nur hervor, dass die unterschiedlichen Freizeitaktivitäten zumindest einmal in der Woche ergriffen werden. Über die Nutzungsdauer selber wird an dieser Stelle nicht gesprochen. Die einzige fundierte Folgerung, die wir ziehen können, ist die, dass ein Kinobesuch gleich ob er am Wochenende oder einem Wochentag mit An- und Abfahrt ca. 3 Stunden in Anspruch nimmt.

Wenn kontrovers über die Freizeitaktivitäten der Kinder und Jugendlichen diskutiert wird, geht es fast ausschließlich um zwei Streitobjekte: Fernsehen und Videospiele. Um hier zu einer fundierten und möglichst objektivierbaren Aussage zu kommen, müssen wir uns die tägliche Verweildauer der Kinder und Jugendlichen vor dem Fernseher genauer ansehen.

Einen Einblick darin, wie lange Kinder und Jugendliche nun an einem durchschnittlichen Tag vor dem Fernseher verbringen, vermittelt uns die Sehdauer. Hiermit wird erfasst, welche Zeitspanne die entsprechende Gruppe von Personen, in unserem Fall Kinder und Jugendliche vor dem Fernsehgerät verbringen.

»Für die Sehdauer wird dabei der Durchschnittswert aus der Fernsehnutzungszeit aller Kinder – fernsehende und nicht fernsehende – gezogen. Basis für die Sehdauer bildet also immer die jeweils gesamte betrachtete Personengruppe.«

Feierabend, S.,Klingler, W., Simon, E., Was Kinder sehen in: Media Perspektiven, Heft 4, 1999, S. 174

4. Fernsehnutzung von Kindern

An einem beliebig gewählten durchschnittichen Tag des Jahre 1999 saßen rund 5,44 Millionen der drei- bis dreizehnjährigen Kinder (dies sind ca. 61 Prozent dieser Altersstufe) vor dem Fernsehgerät.

Wenn wir eine solche Zahl hören, leuchten bei uns direkt viele Warnlampen auf; denn in unseren Köpfen entstehen Bilder von Kindern, die auf dem Wege sind, ihre Kindheit zu verlieren und die Realität nur noch aus zweiter Hand wahrnehmen. Bevor aber ein solches Urteil gefällt wird, sollten wir uns zunächst den Zahlen zuwenden, die uns über die Fernsehgewohnheiten von Kindern aber auch von uns selber Auskunft geben.

Die Vergleichszahlen der Jahre 1997/1998 sind für unsere Betrachtung interessant; denn 1997 ging bei den Öffentlich-Rechtlichen (ARD und ZDF) der gewalt- und werbefreie Kinderkanal auf Sendung. Gleichzeitig stellte im Mai 1998 der privatrechtliche Anbieter Nickelodeon sein Programm ein.
In diesen Jahren hat sich also die Zahl der Anbieter von Kinder- und Jugendprogrammen nur für einen kurzen Zeitraum erhöht.

5. Wie lange sehen Kinder tatsächlich fern?

Entwicklung der Sehdauer von Kindern in den Jahren 1992 – 1999, Mo – So
Sehdauer in Min. / Tag zwischen 3.00 – 3.00 Uhr

	1992	1993	1994	1995	1996	1997	1998	1999
3 – 13 Jahre	93	94	93	95	101	95	99	97
3 – 5 Jahre	66	64	73	74	81	76	76	77
6 – 9 Jahre	97	99	92	92	96	91	96	92
10 – 13 Jahre	111	112	108	114	120	113	117	114
Erwachsene ab 14 Jahre	168	176	178	186	195	196	201	198

AFG/Gfk Fernsehforschung. PC#TV Aktuell

1. *Beschreiben Sie die Entwicklung der Sehdauer in den einzelnen Altersgruppen.*
2. *Vergleichen Sie die Entwicklung der Sehdauer bei den Kindern mit denen der Altersgruppe über 14 Jahren.*

6. Normalseher und Vielseher?

Das »durchschnittliche« Kind verbringt, wie wir gesehen haben, 97 Minuten täglich vor dem Bildschirm, dennoch kennen wir alle verschiedene Beispiele von Kindern, die so gut wie gar nicht vor dem Bildschirm hocken aber auch solche, von denen wir annehmen, dass sie ihre Zeit fast ausschließlich dort verbringen. Es gibt kaum Kinder (ihr Anteil liegt bei 1,4 Prozent), die weniger als fünf Minuten mit dem Fernsehen verbringen, auf der anderen Seite sind es 6,3 Prozent der Kinder, die mehr als 3 Stunden täglich fernsehen, wie wir der folgenden Tabelle entnehmen können.

Sehdauer von Kindern 1998
Mo. – So. in Prozent

	3 – 13 Jahre	3 – 5 Jahre	6 – 9 Jahre	10 – 13 Jahre
unter 5 Min	1,4	1,7	1,4	1,4
5 bis unter 15 Min	3,1	3,8	2,7	3,0
15 bis unter 30 Min	6,7	7,4	6,4	6,5
1/2 bis unter 1 Std.	14,5	14,4	14,2	14,7
1 bis unter 2 Std.	20,3	16,3	20,8	22,6
2 bis unter 3 Std.	9,4	7,4	9,6	10,6
3 bis unter 4 Std.	3,6	2,9	3,8	4,0
4 bis unter 5 Std.	1,5	1,3	1,6	1,6
5 bis unter 6 Std.	0,6	0,5	0,6	0,6
6 Std. und mehr	0,6	0,5	0,6	0,6

Media Perspektiven 4/1999, S.177

Definieren Sie für Ihre Lerngruppe mit Hilfe der Tabelle die Begriffe »Normalseher« und »Vielseher«.

7. Fernsehnutzung an verschiedenen Wochentagen und im Jahresverlauf

Es liegt die Vermutung nahe, dass die Sehdauer an normalen Wochentagen (Montag bis Donnerstag) niedriger liegt als am Wochenende. Aufschluss hierüber gibt uns die folgende Tabelle.

Fernsehnutzung in Minuten an verschiedenen Wochentagen 1999
Mo – So, 3.00 – 3.00 Uhr, BRD gesamt

	Mo – Do	Fr	Sa	So
Kinder 3 – 13 Jahre	85	104	120	112
Kinder 3 – 5 Jahre	72	79	85	87
Kinder 6 – 9 Jahre	78	100	122	110
Kinder 10 – 13 Jahre	101	123	139	130
Mädchen 3 – 13 Jahre	87	103	116	108
Jungen 3 – 13 Jahre	84	104	123	117

Media Perspektiven 4/2000, S.142

Beschreiben Sie die Entwicklung der Sehdauer im Verlauf der Woche.
Vergleichen Sie die hierbei das Verhalten von Jungen und Mädchen.
Überlegen Sie, worin die Ursachen für die unterschiedliche Sehdauer begründet liegen.
Versuchen Sie Ihre Ergebnisse grafisch (Säulen - oder Kurvendiagramm) darzustellen.

Auch wenn wir die Fernsehgewohnheiten im Jahresverlauf betrachten, erkennen wir, dass es eine unterschiedliche Verteilung gibt.

Fernsehnutzung von Kindern im Jahresverlauf 1999
Kinder von 3 – 13 Jahre, Mo – So, 3.00 – 3.00 Uhr, BRD gesamt

	Mo – Do	Fr	Sa	So
Januar/Februar	95	119	147	132
März/April	84	97	121	117
Mai/Juni	76	94	105	97
Juli/August	81	88	87	88
September/Oktober	79	96	118	113
November/Dezember	97	126	143	129

Media Perspektiven 4/2000, S.162

Anmerkung:
Die Verfahren, die von der GfK Fernsehforschung angewendet werden, um seriöse Daten zu ermitteln, gelten weltweit als sehr genau und zuverlässig. Vor ihrer Veröffentlichung werden sie mehrfach daraufhin überprüft, wie plausibel sie sind. Die erhobenen Daten für die Gruppe der Kinder sind dabei anders als in der Gruppe der Erwachsenen unter Umständen einigen Einschränkungen unterworfen, da von Kindern manchmal vergessen wird, sich als Zuschauer anzumelden. Dies geschieht im Regelfall durch Drücken eines bestimmten Knopfes auf der Fernbedienung.

Datengrundlage der GfK Fernsehforschung sind 1537 Kinder der untersuchten Altersgruppe, die einen repräsentativen Querschnitt aller Kinder dieser Altersgruppe darstellen.

Interpretieren Sie die Aussagen der Tabelle.
Vergleichen Sie die Sehdauer in der Tabelle über die Fernsehnutzung an den verschiedenen Wochentagen mit der Sehdauer im Jahresverlauf.
Zeigen Sie Unterschiede und Gemeinsamkeiten auf.

Diese quantitative Analyse zeigt uns die Fakten über die Sehdauer der Kinder und Jugendlichen auf. Sie sagt aber noch nichts über die Motive, die für die Sehgewohnheiten genannt werden, aus. Weiterhin erfahren wir hierdurch noch nichts über die tatsächlichen Verhaltensweisen während der einzelnen Sendungen.

Das Medium Fernsehen wird in der Gruppe der über 14-jährigen zur Information (ca. 60 %), zum Zeitvertreib (ca. 58 %) und zur Entspannung (ca. 41 %) genutzt (durch die Möglichkeit der Mehrfachnennung ergibt sich in der Addition eine Ergebnis von über 100 %). Nicht umstritten in der Diskussion zur Fernsehnutzung dürften die Aussagen zur Informationsbeschaffung und zur Entspannung sein, denn dies ist in unserer Gesellschaft mit positiven Werten besetzt.

Problematischer wird es dann, wenn wir uns anschauen, was mit dem Begriff »Zeitvertreib« gemeint ist. Hier schwingt in den Aussagen häufig mit, dass dieses aus Langeweile getan wird, weil man keiner anderen sinnvollen Beschäftigung nachgehen kann oder weil man sich alleine fühlt.

In den Anfängen des Fernsehens, als dieses für das breite Publikum neu und interessant war, konzentrierten sich die Zuschauer noch voll auf das Fernsehprogramm, das sie ausgewählt hatten. Die zunehmende Vielzahl und Vielfalt der Programmangebote veränderte das Zuschauerverhalten.

»Fernsehsendungen wurden sich immer ähnlicher, weil sich die TV-Sender auf der Jagd nach Einschaltquoten gegenseitig kopierten und imitierten. Niveauverlust und Verfall der Programmvielfalt waren die Folge. Und: Nachrichten und politische Programme drohten auf der Strecke zu bleiben.«

Opaschowski, H.W., Generation @, Die Medienrevolution entläßt ihre Kinder: Leben im Informationszeitalter, Hamburg 1999, S.34

Mit dieser Veränderung in der Fernsehlandschaft änderte sich aber auch der »Typ des Fernsehzuschauers«. Die Verweildauer bei der einzelnen Sendung nahm ab, der Zuschauer sprang einfach weiter, wenn ihm eine Sendung zu langweilig oder zu anstrengend wurde:

Kleine TV-Typologie

Flipper
Schalten ihr TV-Gerät ein, ohne sich vorher informiert oder für ein bestimmtes Programm entschieden zu haben.

Switcher
Wechseln mit der Fernbedienung zwischen den Kanälen hin und her, ohne eine Sendung von Anfang bis Ende zu verfolgen.

Hopper
Sehen gleichzeitig zwei bis drei (oder noch mehr) Programme und hüpfen beispielsweise von einer Nachrichtensendung über eine Spielshow auf einen Spielfilm und zurück.

Zapper
»schießen« unliebsame Fernsehsendungen (insbesondere Werbespots) ab und schalten kurzfristig auf ein anderes Programm um.

Zipper
Nehmen über Video interessante Sendungen (z. B. Sportreportagen, Spielfilme) unter Vermeidung von Werbeprogrammen auf.

Zusammenstellung nach H.G. Niemeyer/J.H. Czycholl: Typologie der selektiven TV-Nutzung, Hamburg 1994, zitiert nach Opaschowski, H.W., Generation @, Die Medienrevolution entläßt ihre Kinder: Leben im Informationszeitalter, Hamburg 1999, S.33

Neben dieser Ruhelosigkeit und Ungeduld vor dem Fernsehgerät zeigte sich aber noch ein zweites Phänomen. Selbst wenn der einzelne Zuschauer nicht unbedingt einem der vorher beschriebenen Typen zuzurechnen war, blieb er dennoch nicht konzentriert bei einer Sendung. Das Fernsehen wurde für viele Menschen zu einem »Nebenbei-Medium«. Der Wunsch ausschließlich fernzusehen verringerte sich merklich, andere Beschäftigungen zur gleichen Zeit erhielten einen höheren Stellenwert.
In einer Repräsentativbefragung von 3000 Personen ab 14 Jahren in den Jahren 1996 und 1999 in Deutschland wurde die Frage gestellt:

»Haben Sie während dieser Sendung nur ferngesehen oder sich nebenbei auch mit anderen Dingen beschäftigt?
Antworten Sie bitte anhand dieser Liste.«

TV-Konsum im Wandel
Sehdauer in Min./Tag

Von je 100 Befragten, die gestern ferngesehen haben, nannten als Nebenbeibeschäftigung:	Gesamtbevölkerung 1996	14 bis 29 Jahre 1996	Gesamtbevölkerung 1999	14 bis 29 Jahre 1999
Zu Abend gegessen	21	22	24	30
Sich mit anderen unterhalten	24	21	24	27
Telefoniert	12	18	17	26
Gelesen	16	13	18	16
Andere Tätigkeiten	7	10	8	9
Mit Kindern gespielt	4	8	4	7
Zeitweilig geschlafen	9	5	8	3
Gebügelt	4	3	4	4
Handarbeiten gemacht	7	2	5	3

Opaschowski, H.W., Generation @, Die Medienrevolution entläßt ihre Kinder: Leben im Informationszeitalter, Hamburg 1999, S.192

Interpretieren Sie die Tabelle und vergleichen Sie sie mit den Aussagen, die vorher im Text gemacht wurden. Nehmen Sie die Umfrage als Grundlage für einen eigenen Fragebogen, den Sie Ihren Mitschülerinnen vorlegen können.
Werten Sie Ihre eigene Umfrage aus und stellen Sie Ihre Ergebnisse in geeigneter Form der Schulöffentlichkeit vor.

8. Medienausstattung im Kinderzimmer

Kinder und Jugendliche werden je nach Alter wahrscheinlich immer wieder die gleichen Sendungen wie »Pokémon«, »Sailor Moon« oder »Teletubbies« nennen. Dies sind aber nur »punktuelle« Angebote; denn das Fernsehprogramm bietet Kindern und Jugendlichen täglich eine sehr viel größere Auswahl. Die Vielzahl und Vielfalt der Sendungen, die täglich in den verschiedenen Programmen angeboten werden, ist im Laufe der vergangenen Jahre ungleich höher geworden.

Die Medienausstattung der Haushalte in denen Kinder und Jugendliche in der Bundesrepublik leben ist nahezu vollständig. 100 Prozent der Haushalte verfügen zumindest über ein Radiogerät und 99 Prozent über zumindest ein Fernsehgerät.

Inwieweit die Haushalte mit weiteren Geräten ausgestattet sind, zeigen die Ergebnisse der Untersuchung »Kinder und Medien 1999« (KIM 99), die im Auftrag des Medienpädagogischen Forschungsverbundes Südwest in Familien mit Kindern im Alter von sechs bis dreizehn Jahren durchgeführt wurde. Zu diesem Verbund haben sich die Landesanstalt für Kommunikation Baden-Württemberg, die Landeszentrale für private Rundfunkveranstalter und der Südwestfunk zusammengeschlossen.

Diese Untersuchung im Jahr 1999 ergab u. a., dass neben der bereits erwähnten fast vollständigen Medienausstattung in vielen Haushalten mit Kindern Videorekorder (92%), HIFI-Kompaktanlagen (80%), CD-Player (72%), Videokamera oder Camcorder (48%), Videospielgerät (44%) und Computer (47%) vorhanden waren. Es ist zu vermuten, dass insbesondere der Anteil der Haushalte, in denen ein Computer bzw. ein Videospielgerät benutzt wird, in absehbarer Zukunft weiter kontinuierlich ansteigen wird.

Bei der Betrachtung dieser Ergebnisse wird deutlich, dass die Zugangsmöglichkeit zu den verschiedenen hier angesprochenen Medien für Kinder und Jugendliche recht gut ist. Schwierigkeiten wird es sicherlich dann geben, wenn verschiedene Familienmitglieder zur gleichen Zeit unterschiedliche Wünsche bei ihrer eigenen »Programmgestaltung« haben.

Es zeigt sich jedoch, dass diese Schwierigkeiten zunehmend geringer werden, da es in vielen Haushalten mittlerweile eine zunehmende Zahl von Zweit- oder sogar Drittgeräten gibt. Im Jahr 1999 galt dies für 22,7% der Haushalte (vgl. Media Perspektiven, Basisdaten, Daten zur Mediensituation in Deutschland 1999, S. 67). Interessant ist hier, in wie vielen Kinderzimmern eines dieser zusätzlichen Geräte steht.

Gerätebesitz von Kindern nach Angabe der Mütter, in %	1999	1990
Walkman/Discman	54	48
Radiogerät	*	47
Fernseher	29	19
Stereoanlage	28	8
Videospielgerät	28	3
CD-Player	26	2
Videorekorder	10	1
Computer (ohne Laptop)	11	7

* Nicht erhoben bzw. abweichende Fragestellung

Kinder und Medien 1999, zitiert nach Media Perspektiven 11/99, S.611

Werten Sie die empirischen Angaben der Tabelle aus, beziehen Sie hierbei die vorher genannten Ergebnisse mit ein.
Nehmen Sie die verschiedenen Medienarten als Grundlage für eine eigene Umfrage unter Ihren Mitschülerinnen.

8.1 Bevorzugte Fernsehsender

Über die unterschiedliche Dauer, die Kinder vor dem Fernseher verbringen, wird auf den Seiten 39ff. konkret Auskunft gegeben.
Vorlieben für bestimmte Fernsehgenres und Fernsehsender können wir aus diesem Datenmaterial jedoch nicht ableiten.

ARD
5.30 Morgenmagazin 92-798-694
9.00 heute 29-830
9.05 Glückliche Familie 4040965
9.55 Wetterschau 3-549-101
10.03 Brisant 300-007-149
10.30 **Prinzessin Alexandra** (1) 2-tlg. 425-410 TV-Liebesfilm, F '92 · Mit Anne Roussel, M. Habich Teil 2: Freitag
12.00 heute mittag 60-149
12.15 ARD-Buffet 5-626-491
13.00 ZDF-Mittagsmagazin 58-651

ZDF
5.30 Morgenmagazin 92-796-236
9.00 heute 27-472
9.05 Volle Kanne, Susanne Magazin 3-493-033
10.00 heute 40-323
10.03 Das Erbe der Guldenburgs 302-109-323
10.50 Florida Lady 2-390-675
11.35 Praxis täglich 1-765-762
12.00 heute mittag 51-491
12.15 drehscheibe Dt. 5-624-033
13.00 ZDF-Mittagsmagazin 58-633
14.00 heute – in Dt. 56-304

RTL
6.00 Punkt 6 6-014
6.30 Guten Morgen Dt. 4-033
7.00 Unter uns 5-762
7.30 Gute Zeiten, schlechte Zeiten 5-149
8.00 Hör mal, wer da hämmert! 35-217
9.00 Punkt 9 9-743
9.30 Dr. Stefan Frank 45-694 Auf Messers Schneide
10.30 OP ruft Dr. Bruckner 49-410 Serie · Ein Albtraum
11.30 Familienduell 2-694

SAT.1
5.30 Frühstücks-TV 24-190-168
9.00 Jake und McCabe 92-014 Der Bestseller
10.00 Hallo, Onkel Doc! 96-830 Kreis der Erleuchteten
11.00 Franklin 67-304 Meine Frau kann nicht kochen – wer tauscht mit mir?
12.00 Vera am Mittag 61-120 Es macht mich fertig, wie ihr mich anstarrt!
13.00 Britt 87-168

PRO 7
5.30 Andreas Türck 4-936-502
6.25 Galileo 1-047-697
6.50 s. a. m. 5-902-255
7.45 Wer ist der Boss? 1-373-762
8.40 Roseanne 8-699-385
9.05 Jesse 4-239-014
9.35 **Dem Tod geweiht**
FILM Thriller, USA '95 4-806-149
★★ Mit Geoffrey Blake u.a. Regie: Dan Lerner
11.15 Matlock 7-988-526
12.10 Roseanne 1-008-453
12.35 Oh Baby 40-472

Das Bild verdeutlicht uns, wie groß und mannigfach unsere Auswahlmöglichkeit ist, wenn wir ein Fernsehprogramm aussuchen wollen. Dies setzt aber voraus, dass unser Haushalt über einen Kabelanschluss oder eine Satellitenempfangsanlage verfügt. Wir können heute davon ausgehen, dass bereits mehr als die Hälfte aller Wohnungen über zumindest eine dieser beiden Möglichkeiten verfügt. Andernfalls sind wir darauf angewiesen, welche Programme wir durch eine normale Dachantenne empfangen können.
Die folgende Tabelle gibt uns Auskunft über die Beliebtheit verschiedener Sendeanstalten bei Kindern:

Nutzung verschiedener Programme bei Kindern 1999
Mo-So, 3.00 – 3.00 Uhr, Marktanteile in %

	Kinder 3 – 13 Jahre	Mädchen 3 – 13 Jahre	Jungen 3 – 13 Jahre
ARD	6,8	7,5	6,1
ZDF	5,4	5,9	4,9
Dritte	4,7	4,9	4,6
Kinderkanal	11,5	13,3	9,7
RTL	13,8	14,4	13,3
RTL II	8,7	9,7	7,9
Super RTL	18,7	15,1	22,1
SAT.1	6,9	6,1	7,6
ProSieben	10,3	10,4	10,3
VOX	1,8	2,1	1,6
Kabel 1	2,4	2,3	2,4
Gesamt	91,1	91,6	90,7

Quelle: AGF/GFK Fernsehforschung. PC#TV Aktuell, zitiert nach: Media Perspektiven 4/2000, S. 167

1. *Werten Sie die Tabelle aus und stellen Sie in Form eines Diagramms eine Rangfolge der Beliebtheit der verschiedenen Sendeanstalten dar.*
2. *Stellen Sie anhand verschiedener Programmzeitschriften Hypothesen darüber an, welche einzelnen Sendungen bei Kindern besonders beliebt sind.*
3. *Machen Sie in verschiedenen sozialpädagogischen Einrichtungen unter Kindern der oben angesprochenen Altersgruppe eine Umfrage über ihre Vorlieben der verschiedenen Sendeanstalten und Sendungen.*
4. *Vergleichen Sie Ihre Umfrageergebnisse mit den Aussagen der Tabelle und Ihren Hypothesen*

8.2 Bevorzugte Fernsehkategorien

Auch wenn sich einige Fernsehsendungen je nach Altersstufe einer besonderen Beliebtheit erfreuen, ist es nicht ganz einfach hierüber zu jeder Zeit konkrete Aussagen zu machen. Die Ursache hierfür liegt darin begründet, dass die Fernsehanstalten immer wieder auf bestimmte Trends reagieren oder Trends propagieren. Sehen wir uns die geschichtliche Entwicklung an, werden wir sehr bald eine Bestätigung hierfür bekommen.

1. *Befragen Sie Personen verschiedener Altersstufen (Eltern, Großeltern und andere) nach den Lieblingssendungen ihrer Kindheit.*
2. *Vielleicht ist es Ihnen möglich Videoaufzeichnungen der genannten Sendungen zu bekommen. Vergleichen Sie diese mit beliebten Sendungen von heute.*
   (Quellen für solche Aufzeichnungen können u. a. Stadt- und Landesbildstellen oder Bildstellen der kath. und evang. Kirchen sein.)

Kinder und Jugendliche bevorzugen Sendungen, die ihnen Spaß machen, spannend, unterhaltsam und interessant sind. Diese Anforderungen erfüllen weitgehend Kindersendungen, tägliche Serien (daily soaps) und Zeichentrickfilme.
Wie die genaue Verteilung der Vorlieben ist, kann der folgenden Tabelle entnommen werden:

Bevorzugte Fernsehkategorien nach Angaben der Kinder, max. 3 Nennungen, in %

	Gesamt	6-7 J.	8-9 J.	10-11 J.	12–13 J.
Zeichentrickfilme/-serien	37	49	48	30	21
Serien, die jeden Tag kommen	33	17	27	37	41
Sendungen für Kinder	31	43	38	22	17
Sportsendungen	21	16	21	26	18
Sendungen über Tiere	20	20	23	18	20
(Pop-)Musiksendungen	16	9	9	19	22
Krimis	12	10	8	11	15
Actionfilme/-serien	12	7	8	16	12
Filme für die ganze Familie	12	16	12	11	10
Show- und Quizsendungen	12	10	13	12	11
Science-fiction-Filme/Serien	9	3	4	12	11
Talkshows am Nachmittag	8	8	4	8	11
Mystery-Serien	7	7	3	9	8

Quelle: KIM 99, zitiert nach Media Perspektiven 12/99, S. 615

Hinter den unterschiedlichen Kategorien finden wir konkrete Programmangebote. Bei den Zeichentrickfilmen und -serien standen Angebote wie »Arielle und die Meerjungfrau« von Super RTL mit einem Marktanteil von über 40% im Vordergrund. Aber auch Filme mit Asterix und Obelix, die bei SAT.1 um 20.15 Uhr liefen waren sehr beliebt.

Wendet man sich den Kategorien zu, bei denen »Spannung« das wesentliche Auswahlkriterium ist, findet man Spielfilme wie »Arche Noah«, »Free Willy« (Pro-Sieben) oder »Golden Eye« (ZDF) sehr weit oben auf der Beliebtheitsskala. Bei den Serien dieser Kategorie waren es Sendungen wie »Medicopter 117« und »Alarm für Cobra 11« (beide RTL), die hohe Einschaltqoten erzielten.

Steht der Wunsch nach lustiger Unterhaltung im Vordergrund, erreichten häufig Spielfilme, die erst um 20.15 Uhr begannen, die größte Nachfrage. Hierzu gehörten u. a. »Frühstück mit Einstein« (SAT.1), »E-mail an Gott« (ProSieben) oder »Ich schenk dir einen Mann« (ZDF).

Ebenfalls erst am Abend begannen die Shows wie »Wetten, dass ...?« (ZDF) oder »Wer wird Millionär« (RTL), die in diesem Zusammenhang zu nennen sind. Klassiker unter den Kindersendungen wie »Die Sendung mit der Maus« (ARD) und »Löwenzahn« (ZDF), die nicht nur unterhalten sondern auch Informationen und Wissen vermitteln wollen, erreichten zum Teil einen Marktanteil von über 40%.

Die Spitzenstellung bei den täglichen Serien (Daily Soaps) wird eindeutig von »Gute Zeiten, schlechte Zeiten« eingenommen.

1. *Versuchen Sie mit Hilfe verschiedener Programmzeitschriften herauszufinden, welche konkreten Sendungen noch zu den einzelnen Kategorien gehören.*
2. *Ordnen Sie diese Sendungen den einzelnen Fernsehanstalten zu.*
3. *Nehmen Sie mit dem Videorekorder verschiedene dieser Sendungen auf.*
4. *Bewerten Sie die verschiedenen Sendungen im Hinblick auf Kinder und Jugendliche in Ihren sozialpädagogischen Einrichtungen.*
5. *Stellen Sie unter Verwendung der verschiedenen Aufnahmen ein »ideales« Kinderprogramm zusammen.*

8.3 Zu welchen Tageszeiten sehen Kinder fern?

Auffällig ist, dass Kinder und Jugendliche über den gesamten Tagesverlauf verteilt vor dem Fernseher sitzen. Dies wird deutlich, wenn man sich noch einmal die verschiedenen Kategorien vor Augen führt. Hierbei ist festzustellen, dass bestimmte Kategorien, die überwiegend in den Abendstunden gesendet werden, einen hohen Marktanteil bei Kindern haben. Hierzu zählen insbesondere abendliche Shows, Spielfilme und Serien. Sendungen, die Kinder und Jugendliche zum Ziel haben, werden eher am Vor- oder Nachmittag ausgestrahlt. So beendet z. B. der Kinderkanal von ARD und ZDF seine regelmäßigen Ausstrahlungen bereits um 19.00 Uhr. Analysen des Zuschauerverhaltens der 3 – 13 Kinder und Jugendlichen zeigen, dass die bevorzugte Zeit (die sogenannte Prime-Time) zwischen 18.00 und 21.00 Uhr (vgl. die Tabelle) liegt.

Fernsehnutzung zu verschiedenen Tageszeiten 1999
Mo – So, BRD gesamt

	6.00 – 9.00	9.00 – 12.00	12.00 – 15.00	15.00 – 18.00	18.00 – 21.00	21.00 – 0.00
3 – 13 Jahre						
in Mio 1999	0,30	0,56	0,79	0,85	1,63	0,66
In %	3	6	9	10	18	7
3 – 5 Jahre						
in Mio 1999	0,07	0,14	0,19	0,17	0,30	0,07
In %	3	6	9	8	14	3
6 – 9 Jahre						
in Mio 1999	0,13	0,21	0,29	0,29	0,53	0,18
In %	4	7	9	9	17	5
10 – 13 Jahre						
in Mio 1999	0,10	0,20	0,32	0,39	0,75	0,40
In %	3	6	9	11	21	12

Quelle: AGF/GFK Fernsehforschung. PC#TV Aktuell, zitiert nach: Media Perspektiven 4/2000, S. 163

Auch wenn diese Tabelle keine Aussage über die Nutzungszeit zwischen 0.00 Uhr und 6.00 Uhr macht, sollte man nicht die Vorstellung haben, dass zu dieser Zeit alle Kinder schlafen. In dieser Zeitspanne, so zeigt die Fernsehforschung, verbringen immer noch zwischen zehn- und vierzigtausend Kinder ihre Zeit vor dem Fernseher.

1. Stellen Sie die Aussagen der Tabelle grafisch dar.
2. Interpretieren Sie die Tabelle in Verbindung mit Ihrer grafischen Umsetzung.
3. Ziehen Sie Folgerungen aus Ihrer Interpretation.
4. In der Diskussion um die Gefährdung der Kinder durch den Konsum unterschiedlicher Sendungen behauptet Susanne Gaschke in der Zeit Nr. 42 (S. 47) vom 12. Oktober 2000:

»Die meisten Kinder sitzen abends zwischen 18 und 21 Uhr vor der Mattscheibe. Gefährdet werden sie also vor allem durch ungeeignete Erwachsenenprogramme, Dauerfernsehen und Schlafmangel.«

Nehmen Sie auf dem Hintergrund der Aussagen dieses Kapitels Stellung zu dieser Aussage.

9. Der Computer als Medium in der Freizeit

Die Computerindustrie hat in den letzten Jahren einen rasanten Aufschwung genommen. Die Zahl der PC-Benutzer ist stark angestiegen. Es gibt immer weitere Bereiche, in denen der Computer eine wichtige Rolle spielt und weiterhin spielen wird.

Die wichtigsten Worte in der beginnenden Informationsgesellschaft sind Internet, online-banking und e-commerce. Etwa 40% der Arbeitnehmer arbeiten bereits an ihrem Arbeitsplatz an und mit einem Computer.

Qualifizierte Arbeitskräfte für die Informationstechnologie zu finden, fällt immer schwerer.

Auch wenn die Tendenz steigend ist, zwischen der beruflichen und der privaten Nutzung klafft aber noch eine große Lücke, denn hier liegt der Anteil zur Zeit (1999) erst bei 28%, wobei er aber nur von 16% tatsächlich genutzt wird. Für das Jahr 2000 erwartet man einen Anstieg auf etwa 32%.

Anders sehen die Zahlen aus, wenn man sich den Jugendlichen im Alter zwischen 14 und 17 Jahren zuwendet. Hier können bereits ca. 47% vor ihrem eigenen Computer sitzen.

Bei den Freizeitaktivitäten hat der Computer aber noch nicht die Rolle eingenommen, die man – je nach Standpunkt – erhofft oder befürchtet hat. Es gibt immer noch mehr Menschen, die sich in ihrer Freizeit mit anderen Dingen beschäftigen.
Sicherlich wird es die »Freaks« geben, deren Lebensinhalt fast nur durch den Computer bestimmt wird, bisher sind dies aber noch die Ausnahmen.

Repräsentativbefragung von 3000 Personen ab 14 Jahren im Februar 1999 in Deutschland:	Gesamtbevölkerung 1999	14 bis 29 Jahre 1999
Zeitung, Illustrierte lesen	74	53
Buch lesen	40	40
Mit dem eigenen Computer beschäftigen	16	29
Videospiele spielen	6	18
Lexikon, Nachschlagewerk benutzen	13	15

Gefragt wurde hier: »Es gibt verschiedene Dinge, die man in der Freizeit tun kann. Suchen Sie bitte aus dieser Liste die heraus, die Sie in der letzten Woche oder am Wochenende zu Hause ausgeübt haben.«

Opaschowski, H.W., Generation @, Die Medienrevolution entläßt ihre Kinder: Leben im Informationszeitalter, Hamburg 1999, S.192

In der Untersuchung des Freizeitforschungsinstituts hat sich gezeigt, dass ungefähr 42% der Altersgruppe der 14 bis 29 jährigen über einen eigenen Computer verfügen. Über die Altersgruppe der unter 14 jährigen liegen keine verlässlichen Zahlen vor. Es ist aber zu vermuten, dass die Zahl geringer ist.

Wir haben gesehen, dass sich ungefähr 47% der 14 bis 29 jährigen in ihrer Freizeit mit dem Computer beschäftigen (diese Zahl ergibt sich aus der Addition der Aussagen über Videospiele und der nicht beruflichen Beschäftigung).

Wozu wird der Computer von dieser Personengruppe genutzt? Auskunft hierüber gibt uns wieder eine Repräsentativbefragung von jeweils 3000 Personen ab 14 Jahren in den Jahren 1996 bis 1999.

Die genaue Fragestellung lautete:
»Besitzen Sie selber einen Computer, den Sie persönlich privat nutzen? Und wofür nutzen Sie diesen Computer? Antworten Sie bitte anhand dieser Liste.«

Von je 100 Befragten nutzten den Computer so:	1996	1997	1998	1999
Schreiben, Textverarbeitung	16	17	19	22
Spielprogramme	11	12	12	14
Buchhaltung	6	7	7	7
Grafikprogramme	6	6	7	7
Tabellenkalkulation	6	6	7	7
Lern- und Sprachprogramme	5	5	6	7
Internet/Online-Dienste	2	2	4	6
Datenbankanwendung	4	4	4	4
Programmieren	4	4	3	2

Opaschowski, H.W., Generation @, Die Medienrevolution entläßt ihre Kinder: Leben im Informationszeitalter, Hamburg 1999, S.194

Interpretieren Sie die Aussagen der Untersuchung.
Nehmen Sie den Befragungstext als Grundlage und machen Sie eine Befragung unter Ihren Mitschülerinnen.
In Ihrer sozialpädagogischen Praxis kommen Sie mit der Altersgruppe der unter 14 jährigen zusammen. Versuchen Sie in Gesprächen herauszufinden, wieviel Personen dieser Altersgruppe über einen eigenen Computer verfügen.
Tragen Sie die Ergebnisse in Ihrer Lerngruppe zusammen.
Beachten Sie hierbei, wenn Sie Folgerungen ziehen, dass Ihre Ergebnisse keinen repräsentativen Durchschnitt darstellen.

10. Ein Ausblick

Es zeigt sich, dass bei der Ausstattung mit Computern und bei der Nutzung von Computern ein kontinuierlicher aber zur Zeit noch langsamer Anstieg zu erkennen ist. Dies ermöglicht auch die Schlussfolgerung, dass die Vorbehalte gegenüber den Informations- und Kommunikationstechnologien einem Abwärtstrend folgen.

Die Angst vor der multimedialen Durchdringung des Alltags nimmt weiterhin ab, dies insbesondere bei der Gruppe von Personen, die sich als kompetente PC-Nutzer bezeichnen. Da wo Ängste vorherrschen, resultieren diese häufig aus Nichtwissen oder Uninformiertheit. Wichtig ist es also, über Chancen und Risiken einer Informationsgesellschaft zu informieren und Kompetenzen insbesondere Medienkompetenzen zu vermitteln. Dies heißt aber nicht: »Technikkompetenz löst nicht zwangsläufig Technikeuphorie aus. Die realistische Problemsicht bleibt dabei erhalten. Zukunftsängste werden jedoch durch Zukunftshoffnungen weitgehend ausgeglichen. Die Initiative »Schulen ans Netz« des Bundesministeriums für Bildung, Wissenschaft, Forschung und Technologie ist daher ein richtiger Schritt in die richtige Richtung. In den Schulen müssen die Grundlagen für die Erlangung von Medienkompetenzen geschaffen werden. In gleichem Maße, wie die Kompetenz im Umgang mit den neuen Medien wächst, sinkt die Angst vor der Medienflut.«

Opaschowski, H.W., Generation @, Die Medienrevolution entläßt ihre Kinder: Leben im Informationszeitalter, Hamburg 1999, S.51

»Im Übergang zum 21. Jahrhundert droht eine neue Ungleichheit die künftige Informationsgesellschaft zu spalten. Die Kluft zwischen den höhergebildeten Bevölkerungsschichten, die problemlos mit den neuen Medien umgehen, und den Medien-Analphabeten, die mit der technologischen Entwicklung nicht mehr mithalten können, wird immer größer.«

Opaschowski, H.W., Generation @, Die Medienrevolution entläßt ihre Kinder: Leben im Informationszeitalter, Hamburg 1999, S.191

Versuchen Sie sich in der Arbeitsform einer »Zukunftswerkstatt« mit dieser Aussage auseinander zusetzen. (Auch wenn für eine Zukunftswerkstatt normalerweise ein längerer Zeitraum vorgesehen ist, sollte es möglich sein, diese im Schulalltag als eine Arbeitsphase von Projektagen durchzuführen).
Eine Zukunftswerkstatt verläuft idealtypisch nach folgendem Schema:

1. *Vorbereitungsphase*
   Dies sollte in diesem Fall die Auseinandersetzung, das Gespräch im Unterricht über den Zusammenhang von Medien und Freizeitgestaltung sein. Hieraus könnte dann auf dem Hintergrund des Zitats eine Themenkonkretisierung vorgenommen werden.

2. *Kritikphase*
   An dieser Stelle erfolgt eine Kritiksammlung am gegenwärtigen Zustand, die auf Karten, Blättern oder einer Wandzeitung zunächst kommentarlos festgehalten werden. Anschließend werden diese systematisiert, bewertet und zu Problembereichen zusammengefasst.

3. *Phantasiephase*
   Die Kritikpunkte werden positiv umformuliert, um so zu neuen Zielvorgaben zu kommen, ergänzt und erweitert werden kann dies durch ein Brainstorming. Die

Ergebnisse werden wieder visualisiert und in der Gruppe diskutiert und bewertet. Bei der Diskussion sollte im Vordergrund stehen, was neu und originell etc. an diesen Zukunftsentwürfen ist.

4. *Verwirklichungsphase*
   Die Zukunftsentwürfe werden daraufhin überprüft, wie die Chancen für Realisierbarkeit stehen. Es werden anschließend Strategien zur Verwirklichung entwickelt, die in ein gemeinsames Projekt oder eine gemeinsame Aktion münden.

5. *Nachbereitungsphase*
   Über den Prozess der Zukunftswerkstatt sollte ein gemeinsamer Bericht (z. B. in Form einer Zeitung) verfasst und der Öffentlichkeit zugänglich gemacht werden, um so auch die Ergebnisse zu verbreiten. Das geplante Projekt oder die geplante Aktion sollten durchgeführt und die Ergebnisse für die Schulöffentlichkeit visualisiert und dokumentiert werden.

Fotografie

1. Bevor die Bilder laufen lernten

Lange bevor die Menschen von Kino- und Fernsehfilmen fasziniert waren, strebten sie danach, den flüchtigen Augenblick eines Ereignisses für sich und die Nachwelt fest zu halten und ihn sich immer wieder vor Augen zu führen, auch wenn bereits Jahre vergangen waren.

Erfüllt werden konnte ihnen dieser Traum anfangs nur von Malern und Zeichnern. Wie man sich aber sicher vorstellen kann, dauerte es mitunter sehr lange, bis eine solche Dokumentation fertig war. Und dennoch zeigte sie dann nicht immer die Realität; denn Auftraggeber und Ausführender hatten eine eigene individuelle Sichtweise von dem, was und wie etwas dargestellt werden sollte. Objektivität der Darstellung war die Ausnahme. So wurde geschönt und verherrlicht, aber auch ins Negative verkehrt, wenn es dem Anliegen diente. Ein »objektives« Bild der Wirklichkeit wurde es selten. Ein erster Schritt auf dem neugewonnenen Weg zur Objektivität war die Erfindung der Fotografie. Es war ein langer Weg, der von den ersten Kenntnissen über die Eigenschaften des Lichtes zur ersten erhaltenen Fotografie führte.

2. Die Camera obscura

Bereits vor 2000 Jahren war griechischen und chinesische Wissenschaftlern bekannt, dass Licht, welches durch ein Loch fiel, eine seitenverkehrte Abbildung von dem zeigte, was sich auf der anderen Seite des Loches befand.

Auch Leonardo da Vinci, den wir nicht nur als großen Maler und Bildhauer kennen, schrieb bereits in seinen Geheimschrift-Notizen über dieses Phänomen: »Wenn die Fassade eines Gebäudes, oder ein Platz, oder eine Landschaft von der Sonne beleuchtet wird und man bringt auf der gegenüberliegenden Seite in der Wand einer nicht von der Sonne getroffenen Wohnung ein kleines Löchlein an, so werden alle erleuchteten Gegenstände ihr Bild durch diese Öffnung senden und umgekehrt erscheinen.« Eine Zeichnung darüber, wie er sich dieses Experiment konkret vorstellte, hat er aber nicht angefertigt.

Eine erste Darstellung der Camera obscura (wörtlich: die dunkle Kammer) stammt aus dem Jahre 1544. Der Astronom Gemma Frisius gestaltete einen Raum so, dass es ihm möglich war, am 24. Januar eine Sonnenfinsternis zu beobachten. Da er noch

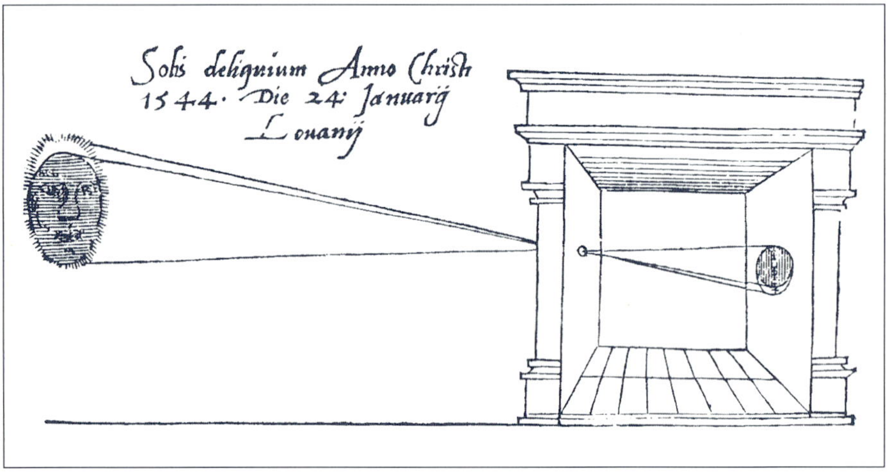

nicht mit optischen Linsen arbeitete, musste er ein sehr kleines Loch in die Wand eines Raumes bohren, damit das einfallende Licht auf der gegenüberliegenden Seite die Sonnenfinsternis abbilden konnte. Die Helligkeit und Schärfe des projizierten Lichtes waren aber noch sehr gering.

Da den Wissenschaftlern – vor allem den Astronomen – seiner Zeit dieses Beobachtungswerkzeug bereits bekannt war, wurde das Verfahren von ihm nicht weiter beschrieben. Das Interesse vieler anderer Wissenschaftler war aber so groß, dass sie es waren, die die Entwicklung hin zur Fotografie wesentlich mit voran trieben.

Versuchen Sie anhand der Beschreibung einen Raum der Schule (Klassenraum, Kellerraum) so herzurichten (zu verdunkeln), dass Sie dieses Experiment nachvollziehen können.
Dieses Experiment ist nicht ganz leicht durchzuführen, denn der Raum muss vollständig abgedunkelt sein. Aber mit ein wenig Geduld wird es Ihnen an einem möglichst sonnigen Tag gelingen.

Die Größe der Camera obscura, die ja tatsächlich ein nicht transportabler Raum war, der von den Wissenschaftlern betreten werden konnte, machte sie weitgehend nutzlos. Dazu kam noch ein weiterer wichtiger Hinderungsgrund, der die wissenschaftliche Arbeit mit der Camera obscura problematisch machte: Die Abbildungen an der Wand waren nicht nur seitenverkehrt sondern standen auch auf dem Kopf.

Neben den Wissenschaftlern gab es aber noch eine zweite Gruppe von Menschen, die ein großes Interesse an der prinzipiellen Funktionsweise der Camera obscura hatten: die Künstler. In Anwendung der Frisius'schen Prinzipien entwickelten Künstler, insbesondere Maler und Grafiker, verschiedene, teilweise transportable Geräte, die es ihnen ermöglichten genau und schnell zu arbeiten.

Wichtig waren für sie vor allem Apparaturen, die ihnen halfen, Landschaften und Gebäude nachzuzeichnen. Ein Beispiel für das Aussehen und die Nutzung eines solchen Gerätes liefert uns Albrecht Dürer in seinem Holzschnitt »Zeichner des liegenden Weibes« aus dem Jahr 1525. In der Abbildung sieht man eine Hilfskonstruktion, die es dem Künstler erlauben sollte, perspektivisch zu zeichnen. Als Grundlage diente eine Glasplatte, die zwischen dem Objekt und dem Maler in einem Rahmen befestigt war. Der Künstler zeichnete die Umrisse seines Modells auf der Platte nach und musste das Ergebnis anschließend nur noch auf ein Blatt Papier übertragen.

Mit dem Einsatz von optischen Linsen (vergleichbar dem Objektiv an einer modernen Kamera, allerdings noch nicht so vollkommen) und einem Spiegel, der um 45 Grad geneigt war, wurde es möglich, die Abbildung vom Kopf auf die Füße zu stellen, so dass der Künstler, wenn er ein dünnes Blatt Papier auf die Scheibe an der Rückseite legte, dieses Bild einfach nachzeichnen konnte.

Auf den Abbildungen sieht man verschiedene Ausführungen einer Camera obscura wie sie häufig benutzt wurden: Oben in Form eines begehbaren Zeltes mit einem Objektiv, das es ermöglichte, das Objekt richtig darzustellen, darunter einen in der äußeren Form einem Klavier ähnendeln Kasten mit Vorhang und Spiegel, dessen Neigung verstellt werden konnte und so auf verschiedene Gegenstände ausgerichtet werden konnte. Die dritte Darstellung zeigt noch einmal eine der Urformen der Camera obscura.

Einen Nachteil hatten aber alle diese Geräte: Ihre Bilder waren dann, wenn sie nicht abgezeichnet wurden, nur flüchtig in einem abgedunkelten Raum zu sehen.

Über viele Jahre arbeitete man weiter an der Verfeinerung und Verbesserung der Camera obscura. Durch den Einsatz immer ausgeklügelterer Linsensysteme wurden sie immer kleiner und ihre Abbildungen immer schärfer – aber sie verschwanden noch immer.

In der verkleinerten Form der Camera obscura erkennen Sie sicherlich schon das Prinzip der, vielen bekannten Lochkamera.
Nehmen Sie sich einen Karton (Schuhkarton), den Sie innen schwarz streichen und bohren Sie ein kleines Loch in eine Seite. Anschließend schneiden Sie aus der gegenüberliegenden Seite ein größeres Viereck und bekleben diese Öffnung mit Pergamentpapier. Jetzt fehlt Ihnen nur noch ein großes schwarzes Tuch, das Sie über Ihren Kopf und einen Teil des Kartons ziehen können.
Wenn Sie sich nun an einem möglichst sonnigen Tag verschiedene Objekte im Freien anschauen, werden Sie diese auf dem Pergamentpapier (»Mattscheibe«) sehen können.
Mit dieser Art der Camera obscura können Sie auch leicht in Ihrer sozialpädagogischen Praxis experimentieren.

3. Laterna magica und Guckkasten

Ein erster Schritt auf dem Weg sich Bilder für eine längere Zeit anzusehen, war die Laterna magica. Sie ermöglichte es, Bilder an die Wand zu projizieren und war vom Prinzip her der Vorläufer unseres heutigen Diaprojektors. Allerdings müssen zwei Einschränkungen gemacht werden: Noch immer wurden keine Fotografien (Dias) verwendet und die Lichtquelle war noch recht bescheiden, da noch keine Glühbirnen existierten. Lichtquellen waren vielmehr Kerzen, Petroleum- oder Öllampen.

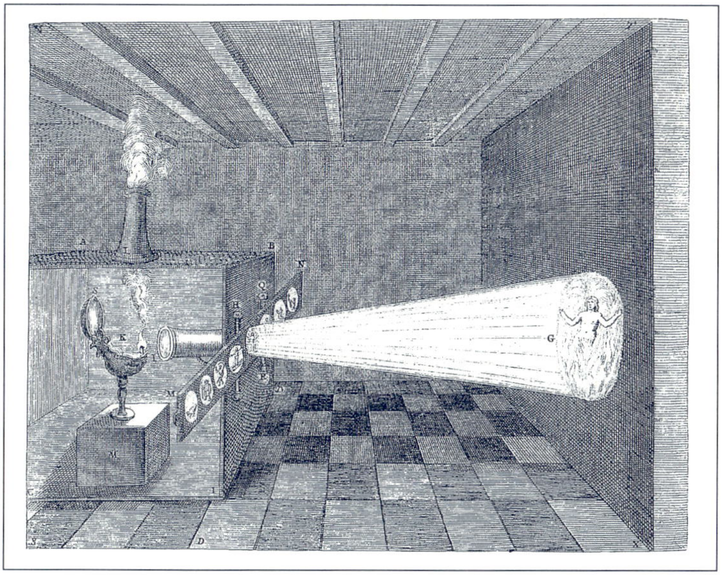

Die obenstehende Darstellung einer Laterna magica aus dem Jahre 1671 stammt von dem deutschen Mathematiker und Philosophen Athanasius Kircher, der lange Zeit als ihr Erfinder galt. Tatsächlich aber liegen die Anfänge dieser Technik im Dunkeln.

Bei der Darstellung ist Kircher allerdings ein kleiner aber entscheidender Fehler unterlaufen. Um eine Projektion der einzelnen Bilder überhaupt zu ermöglichen, müsste der Streifen mit den Bildern zwischen Lichtquelle und Objektiv befestigt werden und nicht davor. Zu seiner Ehrenrettung muss aber gesagt werden, dass ihm dieser Fehler nur in der gezeigten Darstellung unterlaufen ist, denn in seinen übrigen wissenschaftlichen Werken beschreibt er den Bau und die Funktionsweise der Laterna magica richtig. Als Lichtquelle diente bei diesem Modell, das, wie man unschwer erkennen kann, in eine große »Kiste« eingebaut worden war, eine Laterne mit einer Öllampe. Vervollständigt wurde die ganze, noch sehr unhandliche Apparatur durch einen Spiegel in Form einer Halbkugel, der hinter der Öllampe zur Bündelung der Lichtstrahlen angebracht wurde.

Die Entwicklung der Laterna magica hin zu kleinen, in jeder Wohnung benutzbaren Apparaten war so rasant, dass es heute unzählige, zum Teil äußerst künstlerisch gestaltete Modelle gibt.

Ein Beispiel für eine kleinere Form der Laterna magica sowie einen der früher benutzten Bildstreifen zeigen die folgenden Abbildungen.

Mit ein wenig Vorstellungskraft ist es sicherlich möglich, in diesem Gerät einen weiteren Vorläufer unserer heutigen Diaprojektoren zu erkennen.

Das Prinzip der Laterna magica ist auch heute noch die Grundlage moderner Diaprojektoren. Es würde den Rahmen dieses Kapitels allerdings sprengen, wollte man noch auf die vielen verschiedenen Konstruktionen und Gestaltungen des Projektors eingehen. Dazu finden sich in vielen Kunst- und Kulturgeschichtlichen Museen zahlreiche Abbildungen und Ausstellungsstücke.

Ebenso werden Sie viele verschieden Ausführungen des Guckkastens finden. Er ist »nur« die Weiterentwicklung der Laterna magica, denn nun wird das Bild nicht mehr an die Wand eines Raumes projiziert, sondern an die Rückwand eines Kastens. Voraussetzung hierfür waren Linsen, die so geschliffen wurden, dass sie auf sehr kurze Entfernung ein Bild vergrößern konnten.

Mit dem Einzug der Laterna magica ergab sich gleichzeitig die Möglichkeit über den Buchdruck hinaus weiten Kreisen lustige Geschichten weiter zu geben, die dem staunenden Publikum von wandernden »Bildvorführern und Erzählern« näher gebracht wurden.

Ein Beispiel für eine solche handgemalte Bilderserie, die von einem wandernden »Vorführer« benutzt worden sein dürfte, ist hier abgebildet.

Neben der Unterhaltung dienten die handgemalten Bilder aber auch dazu, den Menschen, die es sich leisten konnten, Bilder aus der Wissenschaft oder aus fernen Ländern näher zubringen.

Eine Laterna magica können Sie leicht nachbauen.
Nehmen Sie dazu einen Diaprojektor (möglichst keinen, der automatisch funktioniert) und verschiedene Bilderserien. Diese können Sie leicht selbst herstellen, indem Sie Diarähmchen nehmen, deren Glas Sie dann vorsichtig mit dem aufsteigenden Ruß einer brennenden Kerze schwärzen. Anschließend können Sie dann vorsichtig mit einem dünnen Holz (Schaschlikspieß) Figuren oder Muster einritzen.
Neben diesen Schwarzweißbildern ist es auch möglich farbige Bilder zu gestalten; dabei müssen Sie nur darauf achten, dass Sie Farben verwenden, die auf Glas oder Kunststoff haften.
Diese Technik können Sie leicht mit Kindern in Ihrer praktischen Arbeit anwenden.

Laterna magica und Guckkasten waren nicht nur Geräte, mit denen Geschichten bebildert und erzählt wurden, sie fanden auch selbst in die Literatur Eingang.

»Am 18. Julius. Wilhelm, was ist unserem Herzen die Welt ohne Liebe! Was eine Zauberlaterne ist ohne Licht! Kaum bringst du das Lämpchen hinein, so scheinen dir die buntesten Bilder an deine weiße Wand! Und wenn nichts wäre als das, als vorübergehende Phantome, so machts doch immer unser Glück, wenn wir wie frische Jugend davor stehen und uns über die Wundererscheinungen entzücken.«

Goethe,J. W. Die Leiden des jungen Werther, in: Goethes Werke, Auswahl in zehn Teilen, Sechster Teil, Berlin – Leipzig, o.J, S. 33

So schreibt Goethe im ersten Buch des »Werther« über die Laterna magica oder wie er sie nennt über die Zauberlaterne.

4. Daguerreotypie

Trotz aller Kunstfertigkeit, die die Gestalter der unterschiedlichen Bilderserien auszeichnete, fehlte den Menschen noch immer die uneingeschränkte realistische Abbildung der Welt. Kein noch so genau gezeichnetes Bild konnte diesen Mangel beheben.

Es gab viele Ideen, die den Wettlauf nach einer Lösung beflügelten; ganz ohne Hilfe der Hand sollte die Realität durch das Licht selbst festgehalten werden. Diese »Lichtschrift« gab dann auch später dem Verfahren mit Hilfe beschichteter Aufzeichnungsmaterialien (Papier, Zelluloid, Kunststoff) den Namen »Fotografie«.
Vor allem fehlte den Menschen, die nach neuen Wegen der Abbildung suchten, ein Material, mit und auf dem sie ihre Ergebnisse für längere Zeit festhalten konnten.
Seit 1727 war ihnen jedoch durch den Arzt J. H. Schulze bekannt, dass Silbernitrate eine große Lichtempfindlichkeit besaßen.

Am Ende des 18. Jahrhunderts begannen der Engländer Thomas Wedgewood und der Franzose Nicéphore Niépce damit Silbernitrate zu verwenden, um Bilder, die mit

der Camera obscura gemacht wurden, auf Leder oder Papier festzuhalten. Wie Th. Wedgewood vorgegangen ist, zeigen die Aufzeichnungen eines seiner Freunde:
»Weißes Papier oder weißes Leder, mit einer Lösung von Silbernitrat befeuchtet, erleiden im Dunkeln keine Veränderung. Setzt man sie aber dem Tageslicht aus, so ändern sie schnell ihre Farbe, die durch mehrere Schattierungen von Grau und Braun endlich beinahe in Schwarz übergeht.

Entwirft man den Schatten einer Figur auf die mit Silbernitratlösung bestrichene Fläche, so bleibt der im Schatten liegende Teil weiß, während die anderen Partien schnell geschwärzt werden. Um Glasbilder zu kopieren, soll man mit Silbernitrat bestrichenes Leder benutzen, weil dann die Wirkung des Lichtes schneller erfolgt als beim Papier.«

W. Baier, Quellendarstellung zur Geschichte der Fotografie, München 1980; zitiert nach B. Newhall, Geschichte der Photographie, München 1998, S.13

Zeigen konnte Th. Wedgewood seine Ergebnisse den Interessierten nur dann, wenn er sie in einem dunklen Raum aufbewahrte, denn es gelang ihm nicht, diese »Licht-schrift« bei Tageslicht zu erhalten.
Ähnliche Beschreibungen über die Ergebnisse seiner Experimente kennen wir von Nicéphore Niépce.

Experimente wie sie von den beiden Forschern beschrieben wurden, können Sie selbst nachvollziehen.
Da es nicht ungefährlich ist mit chemischen Lösungen zu hantieren, sollten Sie darauf verzichten, ein solches »Silbernitratpapier« selber herzustellen. Nehmen Sie stattdessen Fotopapier und stellen Sie den Versuch nach.
Wenn Sie die Möglichkeit haben, Ihre Ergebnisse zu fixieren, sind Sie auf dem Weg, Ihre ersten Fotogramme zu erstellen.

L. J. M. Daguerre, »Stillleben«, 1887 Daguerreotypie, Société Francais de Photographie, Paris

Die Bekanntschaft von N. Niépce mit Louis J. Daguerre bringt die Geschichte der Fotografie einen entscheidenden Schritt weiter. Denn nun gelingt es, auf einer lichtempfindlichen Silberplatte nach Belichtung und anschließender Entwicklung in Quecksilberdampf ein positives, seitenverkehrtes Abbild zu fixieren.

Zunächst war es aber nur möglich »Daguerreotypien«, der Name, der sich für dieses Verfahren einbürgerte, von ruhenden Objekten (Stillleben, Architektur) zu machen, da die Belichtungszeiten viel zu lange dauerten, um sie einem Menschen zuzumuten.

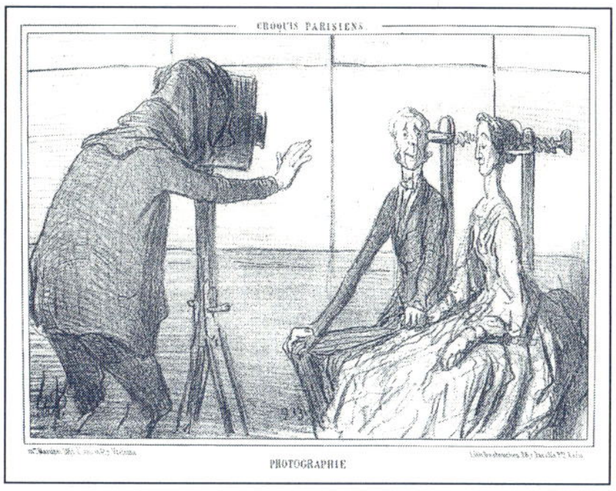

Da die Menschen aber den Wunsch hatten, ihren Freunden und Bekannten zu demonstrieren, dass sie mit dem Fortschritt gingen und es sich leisten konnten, sich porträtieren zu lassen, wurden die unterschiedlichsten Gestelle erfunden, damit sie für einige Zeit ruhig saßen oder standen. In der Abbildung sehen wir eine bissige Karikatur des französischen Malers H. Daumier: »Fotografie. Neues Verfahren zum Erzielen graziöser Haltung.«

Es war allerdings noch nicht möglich von diesen Bildern mehrere Abzüge zu machen, es gab nur Einzelstücke (Unikate). Desweiteren fehlte ihnen auch die Farbigkeit: Es konnten nur Bilder in Graustufen produziert werden und da das »Fotopapier« noch sehr unempfindlich war, mussten lange Belichtungszeiten in Kauf genommen werden. Scharfe Schnappschüsse von beweglichen Objekten waren somit nicht möglich. Um dennoch den Anschein von Farbigkeit zu erzeugen, wurden die Bilder mit der Hand nachcoloriert.

Sie können die Technik der Daguerreotypien nachvollziehen:
Erinnern Sie sich an die Camera obscura im Format eines Schuhkartons. Anstelle der Mattscheibe aus Pergamentpapier verwenden Sie nun ein Fotopapier. Wenn Sie dieses Papier für einige Zeit durch das kleine Loch belichten, können Sie in einem Entwicklungs- und Fixierbad ihr erstes Bild einer Lochkamera sichtbar machen. Sie können auch versuchen Ihre Bilder durch Colorieren weiter zu verarbeiten.
In der Praxis sollten Sie das Verfahren nur mit Vorsicht einsetzen, da hier mit chemischen Mitteln gearbeitet wird. Was Sie hierfür alles benötigen, finden Sie in der Beschreibung der verschiedenen Projekte weiter hinten im Buch.

Schon im Jahre 1841 war ein weiterer großer Schritt zur Entwicklung der Farbfotografie geschafft: Der englische Privatgelehrte H.F. Talbot erfand den sogenannten »Calotype-Prozess«, mit dem es möglich wurde von einem »Negativ« beliebig viele Abzüge herzustellen.

Die Popularisierung der Fotografie ist seit 1895 entscheidend mit dem Namen George Eastman verbunden. Ihm gelingt es einen Rollfilm zu entwickeln, der ein handliches und preiswertes Ausmaß der Kameras ermöglichte, so konnten es sich viele Menschen leisten, zu fotografieren. Das wohl bekannteste Modell der damaligen Zeit, welches auch noch nach dem 2. Weltkrieg vertrieben wurde, war eine faltbare Kamera mit einem Balgen, der »Folding Pocket«. Die Rollfilme, die hierfür verwendet wurden, hatten ein Bildformat von 6x6 cm. Ein Format, das auch heute noch in sogenannten Mittelformatkameras Verwendung findet. Da diese nicht ganz preiswert sind, nutzen nur noch anspruchsvolle Amateurfotografen und Profis dieses Format.

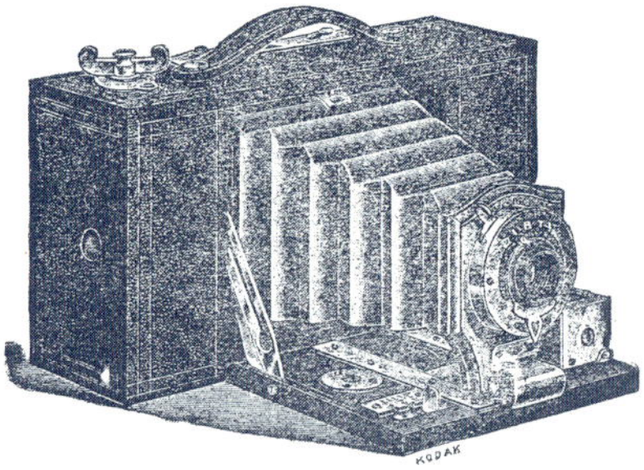

Heute hat sich in unseren Kameras ein Bildformat von 24x36 mm als Standard durchgesetzt.

5. Fotografie heute

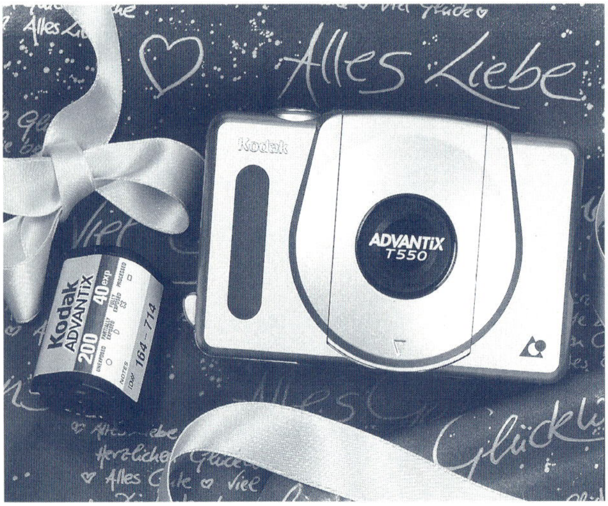

Der grundlegende Aufbau der modernen Kameras unterscheidet sich nur geringfügig von denen George Eastmans.

Wir unterscheiden heute zwei unterschiedliche Modelle:

Die Sucherkamera, die vergleichbar dem vorher abgebildeten Modell zwei Objektive hat. Durch das obere peilen wir mit dem Auge das Motiv, das wir aufnehmen wollen an, durch das untere wird nach dem Betätigen des Auslösers das Bild auf den dahinter befindlichen Film gebannt.

Diese Art der Kamera hat ein fest eingebautes Objektiv mit nur einer Brennweite, sodass man nur in einem vorgegebenen Bildformat, das durch die Größe des Negativs (24x36mm) bestimmt wird, fotografieren kann. Einen Fortschritt stellt hier das APS (Advanced Photo System) dar, mit dem Sie verschiedene Bildformate auswählen können.

Bei der einäugigen **Spiegelreflexkamera** wird das Motiv durch ein Objektiv angepeilt und anschließend aufgenommen. Dies wird dadurch ermöglicht, dass vor dem Betätigen des Auslösers, ein Spiegel und ein Prisma den Lichtstrahl so umleiten, dass das Motiv zwar durch das Okular zu sehen ist, der Film aber noch nicht belichtet wird. Da das Objektiv beweglich ist, hat man die Möglichkeit das Motiv genau auszuwählen und scharf zu stellen. Hinzu kommt, dass viele Spiegelreflexkameras mit Objektiven angeboten werden, die stufenlos zwischen verschiedenen Brennweiten verstellt werden können.

Beim Filmmaterial können Sie heute zwischen Schwarzweißfilmen, Farbfilmen und Filmen für Diapositive wählen. Wenn Sie selber mit der Fotografie experimentieren wollen, bieten sich Schwarzweißfilme an, da Sie von der Aufnahme über die Entwicklung bis hin zur Vergrößerung alles selber machen können.

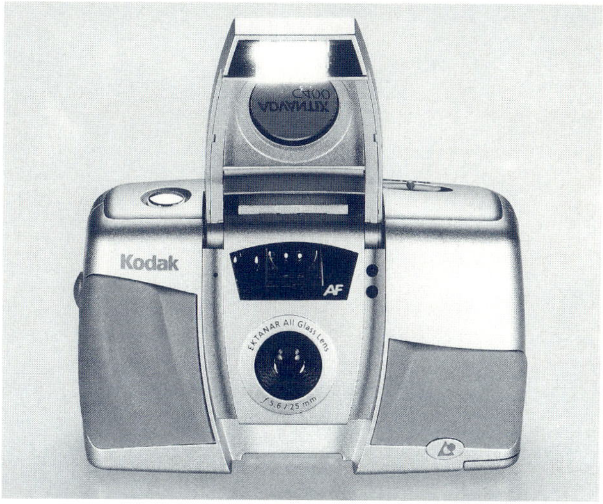

Bei der **digitalen Fotografie** arbeitet man nicht mehr mit dem normalen Filmmaterial. Hier befindet sich in der Kamera ein Speicherbaustein, der alle nötigen Bildinformationen aufnimmt. Ist man im Besitz eines eigenen Computers, können diese Informationen direkt auf die Festplatte überspielt und mit dem Drucker ausgedruckt werden. Im Gegensatz zur »Manipulation« eigener Aufnahmen, die mit dem herkömmlichen Film gemacht wurden, lassen sich mit Hilfe eines Bildbearbeitungsprogramms nun die unterschiedlichsten Veränderungen vornehmen. Gesichtszüge von Personen, die Farben des Hinter- oder Vordergrunds, die Formen der Pflanzen alles kann ohne große Probleme geändert werden.

Verschiedene Vorschläge zum Experimentieren mit einem Fotoapparat finden Sie weiter hinten im Buch bei den verschiedenen Projektvorschlägen.

Hörfunk

»Achtung, Achtung, hier ist die Sendestelle Berlin im Vox-Haus auf Welle 400 Meter.

Meine Damen und Herren, wir machen ihnen davon Mitteilung, dass am heutigen Tag der Unterhaltungsrundfunkdienst mit Verbreitung von Musikvorführungen auf drahtlostelefonischem Weg beginnt.

Die Benutzung ist genehmigungspflichtig.

Als erste Nummer spielen wir ...«

Diese Worte vernahmen am Abend des 29. Oktober 1923 um 20 Uhr in Berlin die Hörer der ersten öffentlichen Hörfunksendung in Deutschland.

1. Ein bisschen Geschichte ...

Begonnen hatte alles im 19. Jahrhundert als der deutsche Physiker Heinrich Hertz Beweise dafür lieferte, dass die Möglichkeit besteht, drahtlose elektromagnetische Wellen zu erzeugen.

Bald schon wurden Politiker und Militärs auf die neuen Übertragungsmöglichkeiten aufmerksam und nutzten diese zunächst zur Nachrichtenübermittlung durch Töne und Sprache (also nicht mehr ausschließlich durch Morsezeichen). Selbst in die Schützengräben wurde am Ende des I. Weltkrieges vermehrt Musik gesendet, damit die Soldaten ihre »Kampfmoral« behielten.

Ähnlich wie bei der Einführung der Telekommunikation (Computer, multimediale Anwendungen, Internet) in den letzten Jahrzehnten wurden auch bei der Einführung des Hörfunks bereits zwei Seiten gesehen: Unterhaltung und Zerstreuung für die Bevölkerung auf der einen und Absatzmärkte für die Industrie, da nun eine große Anzahl von Empfangsgeräten produziert werden musste, auf der anderen.

Diese Erwartungen wurden bald erfüllt, waren es anfangs nur wenige, die die öffentlichen Sendungen hören konnten, wurden drei Jahre später, 1926, bereits über eine Millionen Rundfunkhörer gezählt.

Nur zehn Jahre später war die deutsche Rundfunktechnik so weit entwickelt, um in über 3000 Berichten weltweit von den Ereignissen während der Olympischen Spiele 1936 in Berlin zu berichten. Heute können wir davon ausgehen, dass es keinen Haushalt und kein Auto in Deutschland gibt, in dem nicht zumindest ein Radio vorhanden ist.

2. ... im Dienste der Politik

Neben der Darstellung deutscher Technikentwicklung diente diese intensive Berichterstattung den nationalsozialistischen Machthabern aber auch dazu, von der Kriegsvorbereitung, die bereits anlief, abzulenken; denn sie hatten erkannt, wie der Hörfunk für propagandistische Zwecke missbraucht werden konnte. Um eine möglichst große Zahl von Menschen zu erreichen, sollten Einheitsempfangsgeräte, die »Volksempfänger«, alle Haushalte und alle Wehrmachtsangehörigen versorgen. Eine erste »eindrucksvolle« Demonstration hatten sie bereits am 10. Mai 1933 geliefert, als in einer Rundfunkreportage über die Bücherverbrennung auf dem Opernplatz von Berlin berichtet wurde. Dies geschah kurz nachdem Joseph Goebbels, der Reichspropagandaminister, vor Intendanten seine rundfunkpolitischen Ziele offen ausgesprochen hatte:

»... Ich bin nicht der Meinung, dass der Rundfunk ein tendenzloser Betrieb sei. Das ist ein Unfug an sich, es gibt überhaupt nichts ohne Tendenz. ... Ich bin auch nicht der Meinung, dass der Rundfunk keine Absicht verfolgt ... Wir machen keinen Hehl daraus: Der Rundfunk gehört uns, niemandem sonst! Und den Rundfunk werden wir in den Dienst unserer Idee stellen, und keine andere Idee soll hier zu Wort kommen ... Wenn ich also sage: Auch der Rundfunk hat seine Tendenz – dann will ich damit zum Ausdruck bringen: Der Rundfunk hat sich der Zielsetzung, die sich die Regierung der nationalen Revolution gestellt hat, ein- und unterzuordnen! Die Weisungen dazu gibt die Regierung! ... Diese geistige Mobilmachung, die wir mit den Mitteln der öffentlichen Aufklärung betreiben wollen, ist eine Hauptaufgabe des Rundfunks ... Ich halte den Rundfunk für das allermodernste und für das allerwichtigste Massenbeeinflussungsinstrument, das es überhaupt gibt ... Die wirkliche Durchtränkung des Volkes mit den geistigen Inhalten unserer Zeit ... das ist eine Hauptaufgabe der rundfunkpolitischen Betätigung ... Gesinnung muss sein, aber Gesinnung braucht nicht Langeweile zu bedeuten ... Der Rundfunk soll niemals an dem Wort kranken: Man merkt die Absicht, und man wird verstimmt ... Das ist ja das Geheimnis der Propaganda: den, den die Propaganda fassen will, ganz mit den Ideen der Propaganda zu durchtränken, ohne dass er überhaupt merkt, dass er durchtränkt wird. Selbstverständlich hat die Propaganda eine Absicht, aber die Absicht muss so klug und so virtuos kaschiert sein, dass der, der von dieser Absicht erfüllt werden soll, das überhaupt nicht bemerkt ... Das Volk wird dankbar sein, denn das Volk wird dann auch wieder den Rundfunk schätzen lernen. Das Volk wird dann wissen: Das ist der Übermittler, das ist der Segenspender ...«

J. Goebbels, 25.3.1933 Berlin, Haus des Rundfunks

3. ... und heute?

Nach Beendigung des 2. Weltkrieges im Jahr 1945 sollte diese Machtfülle über den Hörfunk, wie sie bis dahin bei der Reichsregierung und ihrem Propagandaminister gelegen hatte, nicht wieder in eine Hand gelangen. Vielmehr sollte der Hörfunk wie auch die übrige Presse eine politische Öffentlichkeit gewährleisten, ohne die ein demokratisches Gemeinwesen nicht funktionieren kann. Während des Aufbaus der föderalistischen Bundesrepubik wurden die bereits bestehenden Rundfunksender zu öffentlich-rechtlichen Sendeanstalten (am 5. August 1950 wurde die »Arbeitsgemeinschaft der Rundfunkanstalten Deutschlands« – ARD – gegründet) in den einzelnen Bundesländern mit einem plural zusammengesetzten Rundfunkrat als Aufsichtsgremium. Weiterhin entstanden private Sender mit regionalem und lokalem Charakter, die in den Landesmedienanstalten ihr Aufsichtsgremium haben. Darüber hinaus verhinderte der Gesetzgeber bei der Verabschiedung des Grundgesetzes, dass irgendwer, sei es eine staatliche Institution, seien es Politiker oder Privatleute einen annähernd ähnlichen Einfluss auf die Presse und damit auch auf den Hörfunk erlangen kann. Gleichzeitig weist er der Presse eine zentrale Funktion in einer demokratischen Gesellschaft zu.

Bei der Wahrnehmung und Erfüllung dieser Aufgaben können sich die Massenmedien nicht nur auf die in Artikel 5 des Grundgesetzes verbriefte Meinungsfreiheit berufen:

(1) »Jeder hat das Recht, seine Meinung in Wort, Schrift und Bild frei zu äußern und zu verbreiten und sich aus allgemein zugänglichen Quellen ungehindert zu unterrichten. Die Pressefreiheit und die Freiheit der Berichterstattung durch Rundfunk und Film werden gewährleistet. Eine Zensur findet nicht statt.
(2) Diese Rechte finden ihre Schranken in den Vorschriften der allgemeinen Gesetze, den gesetzlichen Bestimmungen zum Schutze der Jugend und in dem Recht der persönlichen Ehre.
(3) Kunst und Wissenschaft, Forschung und Lehre sind frei. Die Freiheit der Lehre entbindet nicht von der Treue zur Verfassung.«

Das Bundesverfassungsgericht hat in verschiedenen Urteilen die besondere Bedeutung der Meinungs- und Medienfreiheit hervorgehoben und ihren Anspruch und Auftrag charakterisiert: So heißt es z.B.:

»Das Grundrecht auf freie Meinungsäußerung ist als unmittelbarster Ausdruck der menschlichen Persönlichkeit eines der vornehmsten Menschenrechte überhaupt [...] Für eine freiheitliche Grundordnung ist es schlechthin konstituierend, denn es ermöglicht erst die ständige geistige Auseinandersetzung, den Kampf der Meinungen, der ihr Lebenselement ist. Es ist im gewissen Sinn die Grundlage der Freiheit überhaupt.«

Darüber hinaus wird vom Bundesverfassungsgericht die Trennlinie zwischen Staat und freier Presse eindeutig und scharf gezogen:

»Eine freie, nicht von der öffentlichen Gewalt gelenkte, keiner Zensur unterworfene Presse ist ein Wesenselement des freiheitlichen Staates; insbesondere ist eine freie, regelmäßig erscheinende Presse für die moderne Demokratie unentbehrlich.«

Dieser Grundsatz wird noch ergänzt:

»So wichtig die damit der Presse zufallende öffentliche Aufgabe ist, so wenig kann diese von der organisierten staatlichen Gewalt erfüllt werden. Presseunternehmen müssen sich im gesellschaftlichen Rahmen frei bilden können. Sie arbeiten nach privatwirtschaftlichen Grundsätzen und in privatrechtlichen Organisationsformen. Sie stehen miteinander in geistiger und wirtschaftlicher Konkurrenz.«

(Die Zitate sind entnommen aus der Sammlung der Entscheidungen des Bundesverfassungsgericht)

1. *Wie interpretiert das Bundesverfassungsgericht die Freiheit der Presse?*
2. *Welche Unterscheidung trifft das Bundesverfassungsgericht zwischen »staatlicher Gewalt« und Pressefreiheit?*
3. *Welche Bedeutung sollen die Medien (Rundfunk) nach Meinung von Joseph Goebbels haben?*
4. *Erklären Sie die Gefahren, die sich für eine demokratische Gesellschaft ergeben, wenn Medien so funktionieren, wie J. Goebbels es sich vorstellte.*

4. Hörfunknutzung heute

In den Jahren nach dem Zweiten Weltkrieg erlebt der Hörfunk einen Höhepunkt, der bis in die Mitte der sechziger Jahre anhielt. Viele Hörfunkanstalten sendeten regelmäßig Kinder und Jugendsendungen aus, die sich bei den Hörern großer Beliebtheit erfreuten.

»Ich sehe mich noch als 9- oder 10-jähriger am Samstagvormittag vor unserem Saba-Röhrenempfänger [...] hocken und mit Hingabe das wöchentliche Jugend-Abenteuer- Hörspiel verfolgen.«[1]

Wie diesem Jungen ging es vielen – das Radio – die täglichen Sendungen wurden für sie zu einem »Tor zur Welt«, zu einem Kino im Kopf, dass sie auf viel intensivere Phantasiereisen mitnahm, als es das Fernsehen konnte.

Mitte der sechziger Jahre begann dann der Siegeszug der visuellen Medien, die eine scheinbar unüberwindliche Konkurrenz für den Hörfunk darstellten. Sprach man von Mediennutzung, wurde dies gleichgesetzt mit der Nutzung des Fernsehens und eine Welle der kritischen Auseinandersetzung mit diesem Medium setzte ein.

Die Chancen, die der Hörfunk für viele bot, wurden aus den Augen verloren. Wortbeiträge für Kinder- und Jugendfunksendungen wurden immer weiter zurückgeschraubt bzw. verloren gänzlich ihren Sendeplatz.

Und dennoch verlor das Hörfunkmedium seine Attraktivität für Kinder und Jugendliche nicht, wie wir erkennen können, wenn wir vergleichen, wie die Nutzungsdauer der verschiedenen Medien durch Jugendliche ist (vgl. Tabelle 1).

»Die einzelnen elektronischen Medien weisen im Tagesablauf von Jugendlichen spezifische Nutzungskurven auf, die auf die unterschiedlichen Funktionen dieser Medien zurückzuführen sind.

Für Jugendliche (von 14 – 19 Jahren) ist das Radio das dominante Medium bis in den Nachmittag hinein, bis am frühen und späteren Abend das Fernsehen die Spitzenposition übernimmt.«[2]

[1] F. Hagedorn: Zwischen Röhrenempfänger und Cyberspace, in: Kompetent für Medien ... S. 39
[2] (media perspektiven 11/98, S. 572 f.)

Tab. 1

Mediennutzung Jugendlicher 1998 BRD gesamt, Mo – So, in Min.	Radio gesamt	Fernsehen gesamt	LP/Kass./CD	PC	Video
Gesamt 14 – 19 Jahre	128	136	55	13	11
14 – 16 Jahre	120	141	55	14	13
Mädchen	132	136	56	8	8
Jungen	108	145	54	19	17
17 – 19 Jahre	136	131	55	12	10
Mädchen	146	140	54	3	6
Jungen	127	122	55	20	14

Quelle: media perspektiven 11/98, S. 572

»Legt man den durchschnittlichen Werktag von 5.00 bis 24.00 Uhr zugrunde, so wird morgens Radio beim Aufstehen bzw. Essen wie auch auf dem Schulweg (im Auto, Bus usw.) stark genutzt. Vormittags hören Jugendliche häufig während der Arbeit oder auf dem Schulweg Radio. Am frühen Nachmittag wird der Hörfunk in der Freizeit, bei Tätigkeiten im Haus (Schulaufgaben u.a.) sowie bei der Arbeit genutzt. Ab 20.00 Uhr begleitet das Radio die Freizeit.«[1]

Dies lässt vermuten, dass die Nutzung des Hörfunks nur noch in seltenen Fällen alleinige Beschäftigung für die Jugendlichen ist, sondern eher in Kombination mit unterschiedlichen Tätigkeiten einen Stellenwert hat (vgl. Tab. 2); denn im Gegensatz zur vorher ausgedrückten Hingabe, mit der nach Angaben vieler das Radio genutzt wurde, hat es heute eher die Funktion der Untermalung alltäglicher Handlungen.

[1] (media perspektiven a.a.O S. 573)

Tab. 2

Hörfunknutzungskonstellation Jugendlicher
14 – 19 Jahre, BRD gesamt, Mo – So, in Min

Radio hören und ...	14 – 19 Jahre	14 – 16 Jahre männl.	14 – 16 Jahre weibl.	17 – 19 Jahre männl.	17 – 19 Jahre weibl.
... freie Zeit gesamt	48	51	62	38	43
... freie Zeit im Haus	43	44	55	35	39
... freie Zeit außer Haus	5	7	7	4	4
... Essen gesamt	21	20	20	22	22
... Schlafen	4	4	5	3	5
... Körperpflege / Anziehen	10	9	10	10	12
... Arbeit im Haus	16	14	21	15	25
... Schule / Beruf außer H.	11	2	4	19	24
... Autofahren	10	5	4	18	14
... Kneipe / Disco	1	0	0	1	1
... Freunde / Bekannte	6	5	9	4	5
... PC nutzen	2	2	1	3	0

Quelle: media perspektiven 11/98, S. 573

Während dieser unterschiedlichen Aktivitäten, bei denen die Nutzung des Hörfunks eine Rolle spielt, ist ebenfalls zu beobachten, welche Vorlieben Kinder und Jugendliche haben. Hierbei ist es nicht erstaunlich, wenn die überwiegende Zahl (94 %) angibt, Musik als Erstes zu wählen, gefolgt von humoristischen Sendungen (Sketche). Darüber hinaus zeigt sich aber auch, dass über die Hälfte der jugendlichen Zuhörer (56 %) an aktuellen Nachrichten und Informationen interessiert ist.

Der Wunsch nach Musik und Unterhaltung deutet darauf hin, dass Jugendliche ihren Hörfunkkonsum häufig davon abhängig machen, in welcher Stimmung sie sich gerade befinden (vgl. Tabelle 3).

Tab. 3

Mediennutzung bei Jugendlichen in unterschiedlichen Stimmungen
12 – 19 Jahren, in %

	Radio	Fernsehen	Computer	CD / Kassetten	Bücher	Zeitungen
Bei Langeweile	12	23	14	13	16	0
Bei Trauer	19	13	4	43	8	2
Bei Sorgen und Problemen	15	25	9	31	9	3
Spaß / Unterhaltung	16	40	1	15	2	3

Quelle: media perspektiven 11/98, S. 575

1. *Interpretieren Sie die vorliegenden Tabellen zur Mediennutzung.*
2. *Erstellen Sie nach dem Muster dieser Tabellen einen Fragebogen.*
3. *Führen Sie bei möglichst vielen Schulkolleginnen und -kollegen anhand dieses Fragebogens eine Umfrage durch.*
4. *Werten Sie die Ergebnisse Ihrer Umfrage aus.*
5. *Überlegen Sie, welche Möglichkeiten der Präsentation Ihrer Umfrageergebnisse möglich sind, um diese einer breiten Schulöffentlichkeit zugänglich zu machen.*

5. Hörfunkangebote für Kinder

Wie wir bereits gesehen haben war der Hörfunk nach dem Zweiten Weltkrieg der Attraktivität des neuen Mediums nicht gewachsen, zumal er häufig nur mit seinen alten Rezepten versuchte, seine Hörer zu begeistern.

Erst mit Beginn der siebziger Jahre entwickelten sich parallel zur Erneuerung der Kinder- und Jugendliteratur neue Formen der Sendekultur. Es gelang den Redaktionen in den verschiedenen Funkhäusern u.a. bekannte Kinderbuchautoren zu gewinnen, die bereit waren, für dieses Medium zu arbeiten und durch künstlerisches Experimentieren für Kinder interessante Sendeformen zu finden. So entwickelten viele Sender, teilweise in Gemeinschaftsproduktionen, in Anlehnung an erfolgreiche Sendungen für Erwachsene, Kinderfunkmagazine, die von ihrer Grundstruktur her auch heute noch Bestand haben.

Gerade die kleineren Sender (Radio Bremen, RIAS und der Sender Freies Berlin/SFB) gingen einen Schritt weiter und trugen durch ihre Hörspielproduktionen dazu bei, dass auch für Kinder Möglichkeiten zur Entwicklung einer anspruchsvollen Hörkultur entstand. Viele dieser Produktionen waren so erfolgreich, dass sie auch heute noch als Audiokassetten erhältlich sind.

6. Auswahlmöglichkeiten

Die Dominanz des Fernsehens hat u.a. dazu geführt, dass auf dem weiten Feld der Programmzeitschriften, die Seiten für das Hörfunkprogramm immer weiter abgenommen haben, wenn sie teilweise nicht sogar ganz verschwunden sind. Bei vorhandenen Rundfunkprogrammen ist auffällig, wie wenig Hörfunksendungen im Vergleich zum Fernsehen ausführlich besprochen und für Kinder gekennzeichnet werden. Dadurch wird es häufig Eltern, denen der Rat gegeben wird, gemeinsam mit ihren Kinder eine Programmauswahl zu treffen, unmöglich gemacht, sich hier zurecht zu finden.

5.55 Marktbericht
6.06 Volksmusik
7.08 Der Funkstreifzug
7.20 Volksmusik
Aus alten Notenbüchern
Mit Dieter Kirsch
7.58 Gedanken zum Tag
8.05 7 Tage Radio – **die Wochenvorschau**
Von Carmen Winklmüller
8.30 Geschichte und Geschichten
Der Mord von Manau
Eine Ritualmordlegende aus Unterfranken
Von Christiane Kolbet
9.04 Das Gesundheitsgespräch
Mit Dr. Marianne Koch
„Leben wie alle anderen auch? – Moderne Diabetestherapie“
Tel.: 0800-24 62 46 9
Fax: (0 89) 59 00-35 91
E-Mail: gesundheitsgespraech@br-online.de
Live-Chat im Internet: http:/www.gesundheitsgespraech.de – (Zeitgleich mit BR-alpha)
10.03 RADIO THEMA
Sicher in die Zukunft
Private Altersvorsorge – Tipps für Anleger
Fankurve – Studiogäste und skurrile Stories rund um Menschen, die Fans sind oder haben
16.04 Bayern2Radiopost
Tel.: 0 18 01-35 35 35
Fax: (0 89) 59 00-49 49
E-Mail: bayern2radiopost@br-online.de
Internet: http://www.bayern2radio.de/radiopost
16.15 Phono-Shop
Mit Joe Kienemann
17.00 Neun Koffer (4)
Aus einem Roman von Béla Zsolt
Sprecher: Horst Raspe
18.00 Aktuelles
18.15 Politik am Samstag – Darin:
Aus erster Hand und Kommentar der Woche *(Wdh. So., 8.05 und 19.35 Uhr, B5 aktuell)*
18.55 Zum Sonntag
Wolfgang Duschl
19.00 Heute im Radio
19.05 Samstagsbrettl
Brettl-Gastspiel
Mit Dodo Hug & Band, Ludwig W. Müller, Gunter Böhnke & Bernd-Lutz Lange (Aufn. vom 2. 11. 2000,

9.03 B 4 – am Wochenende
Mit Michael Atzinger
9.30 Podium international
Otto Olsson: Introduktiion und Scherzo, op.19; Irène Mannheimer (Klavier)
Philharmonisches Orchester Stockholm
Hugo Alfvén: Schwedische Rhapsodie Nr.3, op.47; Philharmon. Orchester Stockholm
Kurt Atterberg: Symphonie Nr.7
Sinfonieorch. Malmö
F. Berwald: Doppelquartett d-Moll, op.64
Mitglieder des Melos Ensemble
Wilh. Stenhammar: Symphonie Nr.2 g-Moll
Royal Stockholm Philharmonic Orchestra
11.55 Terminkalender
Musik in Bayern
12.05 Kaiser's Corner
Beethoven – Werk und Wirkung
Eine Sendereihe von und mit Joachim Kaiser
13.00 Klassik ohne Worte
Oleg Kagan (Violine), Natalia Gutman (Cello)
18.00 Prisma
CDs kritisch gehört
Von Susanne Schmerda
Alte Musik in Neuaufnahmen
19.45 Für Sie gelesen...
Die B 4-Presseschau
20.05 Ein Pionier der amerikanischen Musik
Aaron Copland zum 100. Geburtstag
„El salón México“
New York Philharmonic Orchestra
Ltg.: Leonard Bernstein
Symphonie Nr.3
Atlanta Symphony Orchestra
Ltg.: Yoël Levi
Violinsonate
Anne A. Meyers (Violine), André-M. Schub (Klavier) – „Quiet City“
Raymond Mase (Trompete), Stephen Taylor (Englischhorn)
Orpheus Chamber Orchestra
„Appalachian Spring“
Los Angeles Philharmonic Orchestra
Ltg.: Leonard Bernstein

Veranschaulicht wird dies, wenn man sich den oben willkürlich aus einer Programmzeitschrift ausgewählten Ausschnitt ansieht und versucht, hiermit geeignete Sendungen für Kinder auszuwählen.

Da viele Sendeanstalten den Mangel an Informationen für Kinder und Eltern erkannt haben, gehen sie neue Wege, um ihre Hörer zu erreichen. So finden sich mittlerweile unter ihren Internet-Adressen eigene Seiten für Kinder und Jugendliche, die über das Programmangebot, den Sendeplatz und die Inhalte der einzelnen Sendungen informieren, so dass es für die Kinder, die Zuhause mit dem Computer umgehen, einen zusätzlichen Anreiz geben kann, sich mit dem Hörfunk zu beschäftigen.
Auch ist es möglich, sich auf den Videotextseiten über das Programmangebot zu informieren.

7. Aktuelle Angebote

Auch wenn die Hörfunksendungen für Kinder in den Programmzeitschriften »versteckt« sind, es gibt sie doch. So gibt es keine öffentlich-rechtliche Rundfunkanstalt, die nicht Sendungen für Kinder produziert und ausstrahlt: »Der Ohrenbär ist ein richtiger Radiobär und zeigt sich am liebsten den Kindern und den Schriftstellern, vor denen er sich nicht zu fürchten braucht ...«

Mit diesen Worten des Schriftstellers Ludwig Harig stellt der Westdeutsche Rundfunk in Koproduktion mit dem Sender Freies Berlin und dem Norddeutschen Rundfunk eine seiner erfolgreichsten Sendungen vor, eben den Ohrenbären, der seit 1987 täglich Geschichten für kleine Leute erzählt.

Hinzu kommen in der Sendereihe »Lilipuz« der »Klicker«, in dem versucht wird eine eigene Nachrichtensendung für Kinder zu produzieren, um so den Kindern die Welt, in der sie leben, nahe zu bringen und verständlicher zu machen. Der Hessische

Rundfunk bringt in seiner Sendung »Domino« die regelmäßig am Samstag ausgestrahlt wird anspruchsvolle Hörspiele und Information für Kinder von 6 – 11 Jahren. Neben Sendungen wie »Jetzt geht's los« und »das Sonntagshuhn« bietet der Bayerische Rundfunk für Kinder ab 8 Jahren die Sendereihe »Kinder machen Radio«. Einmal im Monat können Kinder ein eigenes Programm für 30 Minuten selbst erstellen. Die Mitarbeiter des Senders beraten und geben Hilfestellung.

Hörfunkprogramme können für Vorschulkinder immer noch spezifische Funktionen wahrnehmen:

- Sie können beim Aufbau von Stimmungen oder Tagträumen helfen.
- Sie lassen der Phantasie von Kindern (dem Buch verwandt) mehr Raum als audiovisuelle Darbietungen.
- Sie können mehr sein als musikalische Berieselung oder banale Unterhaltung.
- Sie können Denkanstöße geben.
- Sie können Hilfen bei der Welterfahrung geben,
- und sie können irritieren.

»Hörfunkprogramme fordern ein Sich-mehr-Einlassen, sie zwingen zur Konzentration auf die gesprochene Darbietung. Hörfunkbeiträge erreichen immer noch – im Vergleich zu anderen Medien – viele junge Hörer. Wenn z.B. im Einzugbereich des SFB nur 0,5 % der Rundfunkgeräte bei einer »Ohrenbär« – Geschichte eingeschaltet sind, kann man davon ausgehen, dass 20 000 bis 50 000 Kinder sie hören (die Durchschnittsauflagen von Kinderbüchern liegen bei 5 000 bis 6 000 Exemplaren).[1]«

1. Wählen Sie einen Sender ihres Sendegebietes aus und informieren Sie sich über sein Hörfunkangebot.
2. Erstellen Sie eine quantitative Analyse seines Angebotes.
Wie hoch ist der Anteil der verschiedenen Sendeformate in Minuten?
Wie hoch ist der Anteil der Kinder- und Jugendfunksendungen in Minuten am Gesamtprogramm?
3. Interpretieren Sie Ihre Ergebnisse.
4. Zeichnen Sie mehrere Kinder- und Jugendfunksendungen mit dem Kassettenrecorder auf.
5. Erstellen Sie eine qualitative Analyse dieses Angebotes.
Sprechen diese Sendungen Kinder und Jugendliche an?
6. Hören Sie diese Sendungen gemeinsam mit Kindern Ihrer sozialpädagogischen Einrichtung.
Beobachten Sie das Verhalten der Kinder.
Versuchen Sie in Gesprächen mit den Kindern etwas über ihre Hörerlebnisse zu erfahren.
7. Erfinden Sie mit den Kindern (oder mit Ihrer Klasse) das ideale Hörfunkprogramm.
8. Präsentieren Sie Ihre Ergebnisse der Schulöffentlichkeit.

[1] H. Heidtmann, Hörfunk für Vorschulkinder. In: Deutsches Jugendinstitut (Hrsg.), Handbuch für Medienerziehung im Kindergarten, Teil 1: Pädagogische Grundlagen, Opladen 1994, S. 328f.

Kino – Film

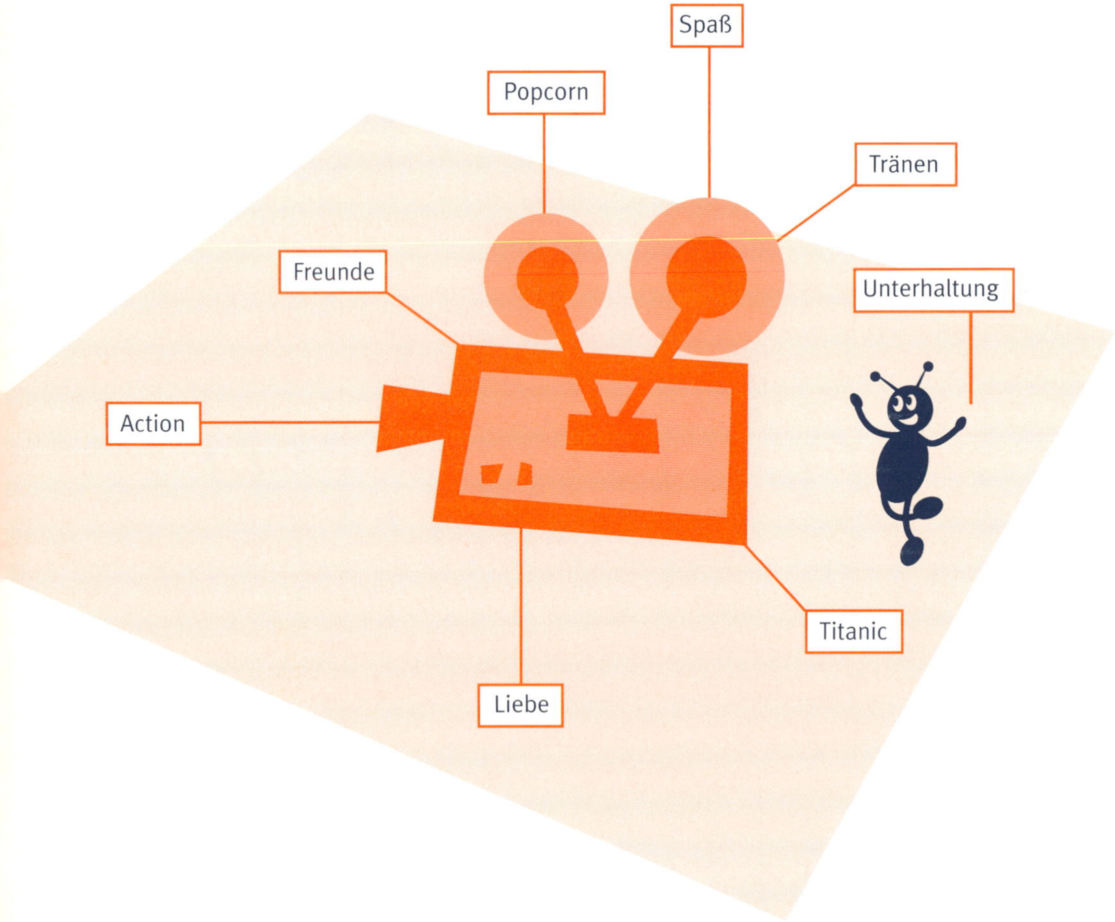

1. *Ergänzen Sie das Cluster mit verschiedenen Beispielen, die Ihnen einfallen.*
2. *Versuchen Sie ein Cluster oder eine Mind-Map zu erstellen, die Ihr eigenes Verhältnis zum Kino veranschaulichen. Die folgenden Fragen können Sie hierbei unterstützen. Sie können diese aber auch als Anregung zum Erfahrungsaustausch nutzen.*

Erinnern Sie sich daran, welchen Film Sie zuletzt im Kino gesehen haben.

- *Erzeugte er in Ihnen positive Gefühle?*
- *Wie sind Sie mit diesen Gefühlen umgegangen? Versuchen Sie sich an Ihren ersten (oder einen der ersten) Kinobesuch(e) als Kind zu erinnern.*
- *Gingen Sie alleine ins Kino oder in Begleitung?*
- *Was empfanden Sie damals?*
- *Wurden Sie mit Ihren Gefühlen alleine gelassen oder hatten Sie Ansprechpartner?*
- *Erging es Ihnen ähnlich wie heute?*

Sprechen wir heute von Filmen, so meinen wir überwiegend Videofilme oder die verschiedenen Filme im Fernsehen. Sehr viel seltener sprechen wir von Kinofilmen.

Doch Kinofilme vermitteln ein eigenständiges und anderes Erleben der fiktiven Filmwelt: Wir sitzen nicht im bzw. vor dem Pantoffelkino, wie der Fernseher häufig auch genannt wird, sondern sind mit vielen Menschen zusammen, hören ihre Geräusche, leiden oder freuen uns mit ihnen. Wir gehen nicht mal eben von einem Zimmer ins andere, sondern setzen uns hin und lassen uns unterhalten. Schon der Weg ins Kino, um einen bestimmten Film zu sehen, ist eine bewusste Entscheidung – da er zumindest einen geringen Aufwand erfordert, wird er auch zu etwas Besonderem.

Das Faszinierende, das den Kinobesuch für uns als Zuschauer ausmacht, besteht gerade darin, dass wir den Eindruck haben im Bild selber zu sein, da durch die Art der Projektion, die Proportionen der Menschen und Landschaften – anders als im Fernsehen – eher der natürlichen Größe entsprechen können.

Die technische Entwicklung der Tonprojektion ist mittlerweile so weit, dass wir das Gefühl bekommen, die Menschen auf der Leinwand stünden direkt neben uns und flüstern oder schreien uns etwas in unser Ohr.

Die Kinobetreiber haben in den letzten Jahren sehr viel dazu beigetragen, dass der Kinobesuch sich nicht allein darauf beschränkt, für die Dauer der Filmvorführung in ihrem Haus zu verweilen. An vielen Orten entstanden neue Kinos (Multiplexe), die mit weitergehenden Angeboten (u. a. gastronomischer Art) und besserer Ausstattung dem Publikum einen erlebnisreichen Besuch ermöglichen wollen.

1. Wie die Bilder laufen lernten

Wie wir im Kapitel über die Fotografie erfahren haben, war es schon lange der Wunsch der Menschen, dass sie nicht nur gemalte und gezeichnete »Abbilder« der Welt erzeugen und weitergeben konnten, sondern eine realistische Wiedergabe des Gesehenen. Auf der Suche nach diesem Bild, der Fotografie, war aber auch immer wieder zu sehen, dass in dem Augenblick, da die Menschen glaubten, ihrem Ziel näher zu sein, der Wunsch nach mehr auftrat. Dies war der Wunsch nicht nur ein »Standbild« zu haben, sondern auch die Bewegung in der Natur zu dokumentieren.

Wir können hier nicht die gesamte Entwicklung der Filmgeschichte vorstellen. Somit werden im Folgenden nur einige ausgewählte, wichtige Stationen auf dem Weg hin zu den Großkinos wie wir sie heute kennen, vorgestellt.

Ein entscheidendes Kriterium für diese Auswahl besteht darin, dass es möglich sein soll, die »Bildbewegungsapparate« in der sozialpädagogischen Praxis erfolgversprechend einzusetzen und sie mit geringen Mitteln und wenig Aufwand nachzuempfinden.

2. Bewegte Bilder

Vielversprechende Ergebnisse gab es schon in der Zeit, als die Laterna magica Gestalt annahm. Es wurden nicht nur stehende Bilder an eine Wand projiziert, vielmehr versuchte man die Trägheit des Auges zu überlisten

Die Erfindungen, die hier auf den folgenden Bildern aus dem Jahr 1729 zu sehen sind, stammen von dem holländischen Erfinder P. Musschenbroek.
Durch verschiedene Konstruktionen war es ihm möglich, die Illusion einer Bewegung zu erzeugen.

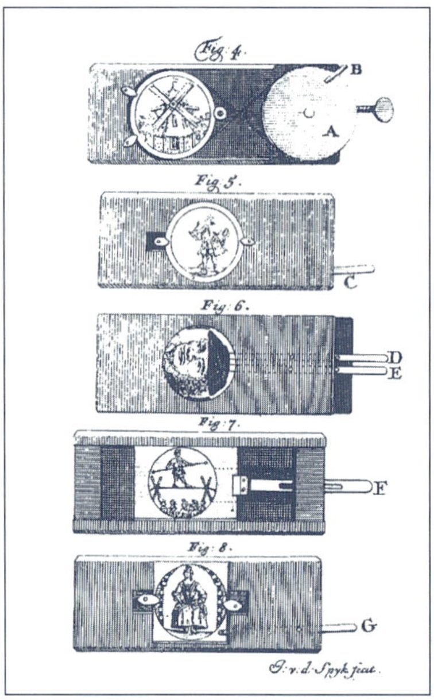

In der oberen Abbildung sieht man, wie ein Band kreuzweise über zwei Rollen läuft. Wird das eine Rad gedreht, bewegen sich die Windflügel. Auf ähnliche Weise werden die Bilder in den übrigen Darstellungen animiert. Wichtig dabei ist vor allem die Geschwindigkeit der Bewegung, da unser Auge sehr träge ist. Bei höherer Geschwindigkeit (heute wissen wir, dass es möglichst 24 Einzelbilder pro Sekunde sein sollten) erscheint die vorgeführte Aktion immer realistischer.

Neben dem Band waren die wichtigen Materialien zum Bau dieses Apparates Holz und Glas; denn diese scheinbar recht einfachen Konstruktionen waren nicht dazu gedacht, ausschließlich mit ihnen zu spielen. Vielmehr waren sie, vergleichbar den Bildstreifen, die wir schon im Kapitel zur Fotografie gesehen haben, als Vorsatz für eine Laterna magica gedacht. In einem abgedunkelten Raum mit an die Wand projizierten Bildern, entstand für die Menschen der damaligen Zeit, eine Illusion der Bewegung.

Eine Verfeinerung der Konstruktion von Musschenbroek ist auf der linken Seite abgebildet. Bild- oder Motivträger sind zwei bemalte Glasscheiben. In der oberen Abbildung ist eine Glasscheibe fest verankert, die auch hier wieder durch die Drehung einer Handkurbel in Bewegung gesetzt wird.

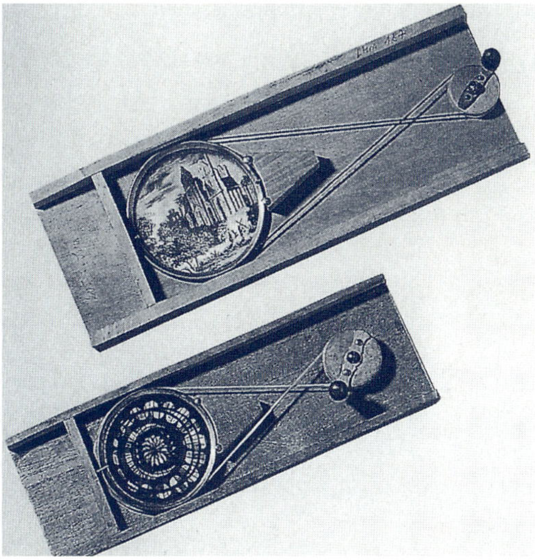

In der zweiten Abbildung sind beide Glasscheiben gegeneinander drehbar, sodass fast schon der Effekt eines Stroboskoplichts, wie wir es heute kennen, entsteht.

Bei beiden Abbildungen müssen wir daran denken, dass dies Vorsätze für eine Laterna magica waren.

1. *Überlegen Sie, wie Sie diese Konstruktionen mit einfachen Mitteln nachbauen können.*
2. *Versuchen Sie anschließend einen Bewegungsablauf in mehrere Einzelschritte zu unterteilen und diese dann auf einem Bildträger festzuhalten.*

3. Lebensräder

Eine echte Bewegung, wie sie uns heute auf der Filmleinwand dargeboten wird, konnten diese technischen Verfahren noch nicht bieten, da sie nur aus wenigen Einzelbildern bestanden.

Wichtig für die weitere Entwicklung der Filmtechnik wurde die Beschäftigung der Forscher und Erfinder mit dem, was das Sehen von Bewegungsabläufen eigentlich beeinflusst.

Nehmen Sie ein Geldstück oder eine runde Scheibe mit unterschiedlich bebilderten Seiten.
Beobachten und beschreiben Sie was geschieht, wenn Sie es wie einen Kreisel auf einer Platte drehen.

Physiologisch betrachtet, sprechen wir von einem »Nachbild«. Dies liegt daran, dass ein Bild auf unserer Netzhaut im Auge länger sichtbar ist, als seine tatsächliche Einwirkung.
Durch diese Entdeckung wurde die Entwicklung verschiedener Spielzeuge angeregt, die sich dieses Phänomens bedienten.

Nehmen Sie noch einmal eine runde Scheibe (z. B. einen Bierdeckel): Zeichnen oder malen Sie auf die Vorderseite einen Vogel und auf die andere Seite einen Käfig mit Gitterstäben. Bohren Sie oben und unten mit einem Nagel ein Loch, durch das Sie einen Faden ziehen und ihn am Ende verknoten.
Spannen Sie die Schnüre leicht an und zwirbeln das Ganze zwischen Daumen und Zeigefinger. Beschreiben und erläutern Sie, was Sie sehen.

Von einem Vorläufer des Kinos wurde in diesem Zusammenhang häufig gesprochen, doch ist dieses so nicht richtig. Für die Weiterarbeit am Bewegungssehen war das Wissen über das »Nachbild« aber wichtig.
Nun wollten die Forscher wissen, wie schnell sich eine Scheibe, die in mehrere Sektoren eingeteilt war, drehen musste, damit die Abgehacktheit der Bewegung verschwindet und ein möglichst flimmerfreies Bild entsteht.

»Lebensräder« wurden dabei zu einem entscheidenden Faktor. Auf einer kreisförmigen Scheibe wurde eine Bewegung, die vorher in Einzelschritte zerlegt wurde, gezeichnet. Eine zweite Scheibe mit einer entsprechenden Anzahl von Schlitzen wurde davor gesetzt und gedreht. Erreichte die zweite Scheibe die entsprechende Geschwindigkeit, so vervollständigten sich die einzelnen Bewegungsphasen zu einem Bild.

Die »Lebensräder« waren in ihrer Zeit so erfolgreich, dass es sie in den unterschiedlichstenen Varianten und Motiven gab. Gemeinsam hatten aber alle eins, sie blieben Spielzeuge, da die tatsächliche Bewegung in der Realität nicht dargestellt werden konnte.

Man hatte aber erkannt, dass zur Darstellung von Bewegungen nicht das Auge »überlistet« werden musste sondern das Gehirn. Dieses ist nämlich dafür verantwortlich, die Trägheit der Netzhaut zu überwinden und die Bildpausen und Bewegungsphasen zu einem Bild zusammenzufügen.

1. *Versuchen Sie aus der obigen Beschreibung eines »Lebensrades« ein eigenes Modell zu bauen.*
2. *Überlegen Sie, wie Sie ein solches Modell in Ihrer sozialpädagogischen Praxis einsetzen können.*

In der Folgezeit wurden sehr viele verschiedene Geräte entwickelt, die, obwohl sie bereits mit Fotografien bestückt waren, aber weiterhin einen Mangel aufwiesen: Sie zeigten noch nicht den Bewegungsablauf in einem Film, wie wir ihn heute kennen.

Einen ersten Film mit immerhin einer Dauer von zwölf Minuten produzierte der Franzose Emile Reynaud im Jahr 1888. 700 gezeichnete Bilder sind auf einem perforierten Gewebeband befestigt und ähneln bei ihrer Vorführung eher den ersten Zeichentrickfilmen.

Bei der Beleuchtung verwenden die meisten Erfinder mittlerweile elektrisches Licht und so ist es nicht verwunderlich, dass der Amerikaner Thomas Alva Edison, von dem auf dem Gebiet der Elektrizität und Tonaufzeichnung eine Vielzahl von Erfindungen und Weiterentwicklungen stammen, sich auch mit der Weiterentwicklung der Filmaufnahme und Filmprojektion befasste. Ziel seiner Überlegungen war ursprünglich aber nicht der Film, vielmehr suchte er eine Apparatur, die es möglich machte, eine seiner Erfindungen zu ergänzen. Er wollte seinen Phonographen, eine beschichtete Walze die Tonaufnahmen abspielen konnte, mit Bildern versehen.

So erfand Edison einen Filmbetrachter, den er sich 1891 patentieren ließ. Dem Einzelbetrachter war es nun möglich, durch eine trichterförmige Öffnung in diesem »Kinetoskop«, wie das Gerät genannt wurde, einen Film zu betrachten, der auf Grund seines Laufs über verschiedene Rollen zu einem Endlosfilm wurde.

Seinen Kinetoskopen ließ Edison sehr erfolgreich in öffentlichen Sälen aufstellen, in denen die Zuschauer das Gerät durch Einwurf einer Münze in Bewegung setzen und sich unterhalten lassen konnten. Neben diesem sehr fortschrittlichen Modell gab es in amerikanischen Spielsalons ein weiteres, eigentlich noch sehr antiquiertes aber dennoch erfolgreiches Modell eines »Filmmünzautomaten«.

Was aber auch ihm noch nicht gelang war die Projektion eines Films auf eine Leinwand. Es folgt in seinen Konstruktionsprinzipien dem uns bekannten Daumenkino, ist durch seine Größe aber nicht mehr mit dem Daumen zu betätigen. Hierzu war vielmehr an der Seite eine Handkurbel angebracht. Die Walze, auf der die »Filmbilder« befestigt waren, konnten ähnlich wie bei einem Leierkasten immer wieder durch neue ersetzt werden.

Erstellen Sie mit einem kleinen Notizblock oder einem Drehkalender ein eigenes Daumenkino.
Bei einem Drehkalender müssen Sie daran denken, eine Vorrichtung anzubringen, die für kurze Zeit das sichtbare Bild anhält.

Der wesentliche Durchbruch wurde dann aber doch durch Edison beeinflusst. Auf einer Reise nach Paris im Jahre 1894 führte er sein Kinestokop vor und begeisterte damit ein breites Publikum.

Unter den Zuschauern befand sich auch ein Fotograf aus Lyon. Er kaufte bei Edison eines seiner Geräte mit einer Anzahl von Filmen. Zurück in Lyon zeigte er seinen Söhnen Auguste und Louis den Kinetoskopen, die dadurch angeregt, das Ziel nun selbst verfolgten, Filme an die Wand zu projizieren.

Auf dem Weg zu einer Lösung, die sie bald fanden, entwickelten sie nicht nur eine Kamera zur Aufnahme von Filmen, sondern gestalteten diese gleichzeitig so, dass sie sich in Verbindung mit einer Lampe auch als Projektionsgerät eignete.

Die Abbildung zeigt die Kamera der Brüder Lumière. In dem kleinen Kasten oberhalb des Gehäuses befand sich der unbelichtete Film, der durch einen Mechanismus aus Zahnrädern so vorwärts transportiert wurde, dass er ein Objektiv passierte und belichtet wurde. Der Antrieb dieser Kamera – ebenso wie des Projektionsapparates – geschah durch eine Handkurbel in der Seitenklappe.

Gleichzeitig lösten die Brüder Lumière das Problem des Filmtransportes und der Perforation des Films, wie wir sie auch heute noch kennen. Darüber hinaus stellten sie eigenes Filmmaterial her und fanden auch eine Möglichkeit, dieses zu entwickeln. Am 22. März 1895 wurde in privatem Kreis der erste Film vorgeführt, die erste öffentliche Filmvorführung fand dann am 28. Dezember des gleichen Jahres in Paris statt. Gezeigt wurde ein kurzer Film, auf dem Arbeiter die Fabrik der Familie Lumière verlassen. Als der Cinématographe, wie sie ihn nannten, die Werkstätten der Erfinder verließ, läutete er damit das Zeitalter der professionellen Filmaufnahme und Filmwiedergabe ein.

Obwohl mit der Erfindung des Cinématographen ein großer Schritt in der Filmgeschichte gemacht wurde, stehen wir aus der Rückschau betrachtet noch am Anfang der Entwicklung.

Die Filme, die gezeigt wurden, waren reine Schwarz-Weiß-Filme, die noch keinen eigenen Ton hatten. Begleitet wurden die Vorführungen von Klavier- oder Orgelspielern, die versuchten, die Dramarturgie des Bildes durch ihr Spiel zu unterstützen.

Am Ende der zwanziger Jahre wurden erste Versuche zur Synchronisation durchgeführt. Mit Schallplatten versuchte man, das Bild mit gesprochenem Text zu unterlegen. Erfolg war dieser Technik aber nicht beschieden, da die Übereinstimmung von Wort und Bild zu ungenau war.

Trotz dieser Mängel bedeutete es für die Menschen der damaligen Zeit aber ein ungeheuer spannendes und fesselndes Erlebnis, wirkliche nachvollziehbare Bewegung auf der Leinwand zu verfolgen. Erklärbar war sie für viele nicht. So sollen Zuschauer einer Filmvorführung bei der ein Zug gezeigt wurde, der in einen Bahnhof einlief, aus lauter Angst das Kino verlassen haben, da sie Schein und Wirklichkeit nicht unterscheiden konnten.

Den entscheidenden Durchbruch erreichte die Filmwirtschaft mit der Einführung von Tonfilmen und Farbfilmen.

In Berlin wurde 1929 der erste deutsche Tonfilm vorgeführt. Kurz darauf ging dann auch 1932 der Wunsch nach einem Farbfilm in Erfüllung.

Im Verlauf der folgenden Jahre bis hin zur Gegenwart zeigt es sich, dass die Grundelemente der Technik weiterhin von den bereits bekannten Elementen des perforierten Films, der Kamera und des Projektors bestimmt werden. Eine grundlegende Veränderung wird nicht mehr vorgenommen.

Was erfolgte ist allerdings eine Verfeinerung und Verbesserung auf den unterschiedlichen Gebieten bis hin zum Ton, sodass die Kinos ihre eigene Ausstattung erweitern mussten, um hiermit Schritt zu halten.

Einen wesentlichen Sprung in der Entwicklung des Films wurde in dem Augenblick gemacht, als die Computertechnik so weit fortgeschritten war, dass ihre Rechenleistung dafür ausreichte, Bilder zu »manipulieren«, bzw. auf dem Bildschirm zu entwerfen und zu einem Ganzen zu komponieren. Ein Filmklassiker wie »Jurassic-Park« wäre ohne diese Technik heute nicht denkbar.

4. Film und Politik

Auch der Filmwirtschaft blieb ein ähnliches Schicksal wie es der Rundfunk (vgl. Kapitel zum Hörfunk) durchleben musste, nicht erspart.

Schon bald nachdem sie ihre ersten brauchbaren Ergebnisse einer breiten Öffentlichkeit präsentiert hatte und diese begeistert auf das neue Medium reagierte, wurde der Film zu wirtschaftspolitischen und propagandistischen Zwecken eingesetzt und missbraucht.

»Der Erste Weltkrieg war der erste größere internationale Konflikt, der auch auf dem Feld der Massenmedien ausgetragen wurde. Nach Kriegsausbruch erschwerte das Deutsche Reich die Einfuhr ausländischer Filme massiv. Dies betraf die französischen, italienischen und amerikanischen Produktionen gleichermaßen. Dadurch sollte der deutschen Filmbranche die Möglichkeit gegeben werden, zumindest auf dem heimischen Markt eine einflussreiche Position zu gewinnen.«

T. Kramer, Film im Laufe der Zeit, 100 Jahre Kino in Deutschland, Österreich und der Schweiz, Wien, 1994, S.13

Über diese wirtschaftlichen Interessen hinaus wurde der politischen und militärischen Führung im Ersten Weltkrieg sehr schnell bewusst, welches Propagandapotential sie in Händen hielt, um die Masse der Bevölkerung zu beeinflussen.
In zwei parallelen Strängen wurde die Entwicklung des Films vorangetrieben:

- Die Deutsche Lichtspielgesellschaft (Deulig) bekam den Auftrag Filme über Deutschland zu produzieren, die dem Ausland ein positives Bild des Landes vermitteln und so Reklame machen sollte.

- Das Bild- und Filmamt (Bufa) sollte positive Filmberichte von den Kriegsschauplätzen liefern, um so die Begeisterung für diesen Krieg aufrecht zu erhalten. Hinzu kam die Aufgabe, die Soldaten mit Filmvorführungen von den Problemen des grausamen Alltags abzulenken.

In die Zeit des Ersten Weltkriegs fällt auch die Gründung der damals größten Filmgesellschaft, der Universum Film AG (Ufa). Auch dies geschah auf Grund einer Initiative der militärischen Führung (Graf Ludendorff), die den Zusammenschluss der größten deutschen Filmfirmen befürwortete.

Die Ufa, deren Namen wir auch heute noch kennen, kaufte zielstrebig weitere Firmen auf und wurde bis 1945 zur wichtigsten Filmfirma, die bis hin zum Kinobetrieb alle Produktionszweige unter einem Dach vereinte.

Mit dem Film »Blutendes Deutschland« der den Untertitel »Der Film der nationalen Erhebung« trägt, wurde ein weiterer Schritt auf dem Weg zum politischen Film gemacht. Er feierte 1933 die Machtergreifung durch die Nationalsozialisten mit Hitler als Reichskanzler an der Spitze.

»Von der »Geburtsstunde« des Deutschen Reiches 1871 über Bismarcks »Reich der Kraft und Herrlichkeit«, die »Stahlgewitter« des

Weltkriegs und den »Versailler Schmachfrieden« bis hin zur »Schicksalswende« vom 30. Januar 1933 – die ganze deutsche Geschichte wurde so zusammengeschustert, dass die Machtübernahme Hitlers als einzig folgerichtiges Ziel und als Rückkehr zu früherer Größe erschien.«

T. Kramer, a.a.O., S. 88

Während der Zeit der nationalsozialistischen Herrschaft wurden bis 1945 ungefähr 200 Filme produziert, die der Propaganda dienten.
1940 erschien unter der Regie von Veit Harlan einer der schlimmsten NS-Propaganda-Filme, der sich die historische Figuren und Wahrheiten so zurecht bog, wie es nützlich erschien: Jud Süß.

1. *Suchen Sie die gesetzlichen Grundlagen, die die Veröffentlichung und Verbreitung von Filmen in Deutschland regeln.*
2. *Überlegen und diskutieren Sie auf diesem Hintergrund, ob es heute noch möglich ist, in öffentlichen Filmvorführungen verschiedene Gruppen der Gesellschaft zu diskriminieren oder zu Propagandazwecken zu missbrauchen.*

5. Filmerleben

»Und dann das Kino! Schon allein die dunklen Höhlen der Kinoauslagen, die mit ihren Filmbildern und reißerischen Titeln die Filmproduktion im Kopf in Gang setzen und einen wunderbaren verruchten und faszinierenden Raum für Geschichten freisetzten, die bei aller örtlichen und zeitlichen Exotik immer auch das pubertierende Subjekt der Traumwelten einbinden konnten.

(...) Winnetou-Filme, mit der ersten großen – leider nur allzu heimlichen – Liebe genossen, waren die, wenn auch suspekten, so doch immerhin von den Eltern geduldeten Kinobesuche. Andere mit Filmen »ab 12« und später »ab 16« waren da noch packender, der Ruch des Verbotenen, andere Erfahrungswelten, »erotische« Phantasien weckten ein sehr lebhaftes, heimlich, auch ohne Freunde oder gar Freundin genossenes Interesse für »die Kinowelt«.«

H. Brinkmöller-Becker, Ein Zuhause in Ätherwelt und Kinohöhle – bis hin zu Cybernetzen, in: Landesinstitut für Schule und Weiterbildung (hrsg.), Kompetent für Medien. Kompetent durch Medien.Soest 1998, S.26.

1. *Überlegen Sie, was den Reiz der »Kinowelt« für den Autor ausmachte.*
2. *Vergleichen Sie die Aussagen mit Ihren eigenen Überlegungen, die Sie zu Anfang des Kapitels angestellt haben.*

6. Filmgattungen

Filme lassen sich durch den verfilmten und dramaturgisch bearbeiteten Stoff in verschiedene Kategorien einteilen:

Filmkomödien
wollen den Zuschauer unterhalten, indem sie sich ihrem Thema auf komische und heitere Weise nähern. Komödien leben häufig von der Qualität ihrer Darsteller. Die bekanntesten Darsteller in der Stummfilmzeit waren Charlie Chaplin, Buster Keaton, Stan Laurel und Oliver Hardy.
Im deutschsprachigen Raum wurden Heinz Rühmann, Theo Lingen, Heinz Erhardt u. a. bekannt.

In den neunziger Jahren erlebte die Komödie in Deutschland einen neuen Höhepunkt. Filme wie: »Schtonk« und »Rossini« von H. Dietl, »Männer« von Doris Dörrie und »Männerpension« von Detlev Buck kamen erfolgreich in die Kinos und lockten viele Zuschauer an.

Kriminalfilm und Thriller
Im Kriminalfilm steht die Aufklärung eines Verbrechens oder die Überführung eines Verbrechers im Vordergrund. Steht im Mittelpunkt der Handlung ein Gangster (z. B. Al Capone), sprechen wir von einem »Gangsterfilm«. »Im Detektivfilm« wird sehr viel deutlicher die Person des Ermittlers (z. B. ein Privatdetektiv wie Philipp Marlowe, gespielt von Humphrey Bogart) herausgestellt.

Mit dem Kriminalfilm verwandt ist der Thriller, der aber – anders als der Kriminalfilm – mehr und intensiver auf die Emotionen des Zuschauers abzielt, um diese stärker in das Geschehen einzubeziehen. Zwei der bekanntesten Filme sind »Psycho« von Alfred Hitchcock und »Das Schweigen der Lämmer« von Jonathan Demmes.

Actionfilm

Unter der Bezeichnung Actionfilm werden Filme zusammengefasst, deren Gemeinsamkeit darin besteht, dass sie besonders reich an Handlungen und Aktionen sind. Häufig leben diese Filme von spektakulären Verfolgungs- und Kampfszenen, die durch Spezialeffekte zusätzlich unterstützt werden.

Zu den Actionfilmen zählen u. a. Abenteuer-, Sciencefiction-, Kriegs-und Katastrophenfilme. »Terminator« von James Cameron und »Indianer Jones« von Steven Spielberg sind Beispiele für neuere Actionfilme.

Zu den bekanntesten Schauspielern gehören Sylvester Stallone, Arnold Schwarzenegger und Bruce Willies.

Der Western ist eine Spielart des Actionfilms, der wesentlich während der Kolonisationszeit des amerikanischen Kontinents im 19. Jahrhundert spielt. Thematische Schwerpunkte sind die Indianerkriege, der Goldrausch und der amerikanische Bürgerkrieg.

Horrorfilm

Ähnlich wie der Thriller versucht der Horrorfilm Emotionen der Zuschauer anzusprechen. Im Gegensatz zum Thriller, der mehr mit Andeutungen arbeitet, werden im Horrorfilm viele grausame und lebensbedrohende Handlungen dargestellt. Durch die Geschichte des Horrorfilms zieht sich die Verfilmung von Frankenstein und Graf Dracula in den verschiedenen Variationen.

Dokumentarfilm

Basierten die bisher angesprochen Filmgattungen auf erfundenen (fiktionalen) Stoffen, so bemüht sich der Dokumentarfilm dem Zuschauer die Realität nahe zu bringen und durch unterlegte Textpassagen zu erläutern.

Eine Spielart des Dokumentarfilms ist der »dokumentarische Spielfilm«, der als Mischform reale Geschehnisse mit fiktionalen Handlungen verbindet, um so die Aufmerksamkeit des Zuschauers zu erhöhen.

Der Technik des Dokumentarfilms bedienen sich auch neuere »Spielfilme« wie z. B. Steven Spielbergs »Schindlers Liste«.

Diese Einteilung der unterschiedlichen Filme ist bei näherem Betrachten – mit wenigen Ausnahmen – eine idealtypische. Sie bietet aber dem Zuschauer einen ersten Einstieg bei der Auswahl

Neben der »reinen« Unterhaltung verfolgen viele Filme aber noch weitere Ziele, die nicht direkt bei einem »Spielfilm« – egal zu welcher Gattung er gehört – erwartet werden.

In der filmischen Umsetzung der Realität versuchen sie dem Zuschauer auch eine »Botschaft« zu vermitteln. Hierzu zählt die oft subjektive Auseinandersetzung mit sozialen Missständen in einer Gesellschaft, die dazu beitragen soll, dass sich der Zuschauer durch seine Betroffenheit hiermit identifiziert und engagiert.

Bekannte Beispiele hierfür sind einige Filme von Charlie Chaplin und Rainer Werner Faßbinder.

Von Dokumentarfilmen, die sich mit historischen Ereignissen beschäftigen, erwartet man Informationen über eine geschichtliche Epoche. Aber auch ein »Spielfilm« kann dieses leisten. Eine Voraussetzung hierfür ist, dass sich die Filmschaffenden an die geschichtliche Wahrheit halten. Ein Film der z. B. zur Zeit von »Robin Hood« in England spielt, muss nicht unbedingt alle historischen Ereignisse dieser Zeit reflektieren. Er kann uns aber Auskunft darüber geben, wie die Menschen zu dieser Zeit gelebt, was sie gegessen haben und wie sie gekleidet waren.

Beides – Darstellung der Realität und Auseinandersetzung mit der Zeitgeschichte – leistet einer der bekanntesten und erfolgreichsten Filme der letzten Jahre: »Schindlers Liste« von Steven Spielberg.

1. *Leihen Sie sich Filme der verschieden Gattungen aus und sehen Sie sich diese an.*
2. *Stellen Sie heraus, wodurch Sie den Zuschauer fesseln wollen.*
3. *Achten Sie darauf, inwieweit diese Filme auch zeitgeschichtliche und zeitkritische Elemente enthalten.*

(Anmerkung: Bei einigen Filmen – u. a. aus den Gattungen »Horrorfilm und Thriller« – muss die Teilnahme freiwillig sein.)

7. Filme für Kinder

Anders als das Fernseherleben Zuhause bietet das Kino den Kindern einen neuen Erlebnisraum, der Wünsche und Träume hervorruft und in Erfüllung gehen lässt. Das Kino fasziniert durch seine dunkle und heimelige manchmal auch unheimliche Atmosphäre.

Kinder lassen sich von dieser Atmosphäre leicht fesseln und können so zu begeisterten Zuschauern werden. Neben dem Bilderbuch ist für sie der Film häufig die erste Begegnung mit der Literatur, da sie auf literarischen Vorlagen basieren.

1. *Besuchen Sie verschiedene Kinos und informieren Sie sich über das Angebot.*
2. *Ermitteln Sie das quantitative Verhältnis von Filmen für Kinder und Erwachsenen.*
3. *Welche Filme werden direkt für Kinder angeboten?*

8. Beurteilungskriterien für gute Kinderfilme

Will der Kinderfilm qualitativen Ansprüchen genügen, muss er die Persönlichkeit des Kindes akzeptieren. Er sollte:

- Träume und Sehnsüchte ermöglichen,
- den Kindern die Möglichkeit geben, ihre eigene Welt zu erkennen,
- die Bedürfnisse nach Spaß und Abenteuer befriedigen,
- Kinder ernst nehmen,
- Geschichten glaubhaft erzählen,
- künstlerisch anspruchsvoll gestaltet sein,
- mit guten Schauspielern arbeiten.[1]

Vergleichbar der Inszenierung von Fernsehfilmen sollten Kinderfilme im Kino nur mit den Mitteln (bildlich, dramaturgisch) arbeiten, die der Altersstufe angemessen sind. Für Vorschulkinder sind schnelle Bildschnitte schlecht zu verfolgen. Die Kameraführung und der Wechsel der Perspektiven sollte ruhig und nicht hektisch springend sein. Nach spannenden Filmabschnitten sorgen ruhigere Passagen dafür, dass sich die Zuschauer entspannen können. Vor- und Rückblenden müssen deutlich erkennbar sein.[2]

Wählen Sie verschiedene Kinderfilme aus und überprüfen Sie, inwieweit die verschiedenen Kriterien beachtet wurden.

9. Freiwillige Selbstkontrolle

Eine Hilfestellung für die altersgemäße Auswahl von Kino- und Fernsehfilmen bietet die Freiwillige Selbstkontrolle der Filmwirtschaft (FSK). Sie hat die Aufgabe Filme zu begutachten und darauf zu achten, inwieweit das Jugendschutzgesetz, der Feiertagsschutz und der Vertrauensschutz eingehalten werden.
In die Gremien der FSK werden Vertreter der Filmwirtschaft, des Staates und gesellschaftlicher Verbände (u. a. die Kirchen) entsandt.

Die FSK stuft die Filme folgendermaßen ein:

- Freigegeben o.A. (ohne Altersbeschränkung)
- Freigegeben ab 6 Jahren
- Freigegeben ab 12 Jahren
- Freigegeben ab 18 Jahren

Diese Informationen müssen bei jeder Programmankündigung vorhanden sein.

---

[1] Vgl. G. Lukasz- Aden, Chr. Strobel, Der Kinderfilm von A bis Z. München 1988
[2] Vgl. S. Näger, Kreative Medienarbeit im Kindergarten. Freiburg im Breisgau 1992

Tonträger

1. Der Phonograf

»Marry had a little lamb ...«, waren die ersten Worte, die 1877 die Zeit der Tonträger einläuteten.

Die Idee zu einem Gerät, das die menschliche Stimme aufzeichnen konnte, kam Thomas Alva Edison, nachdem er den Wettlauf um die Patenterteilung für das Telefon nur um zwei Stunden gegen Alexander Graham Bell verloren hatte.

Bei der Untersuchung eines Telefonhörers von Bell fand er eine dünne Membran (eine dünne Haut), die vibrierte, wenn er in den Telefonhörer hinein sprach. Dieses physikalische Prinzip der vibrierenden Membran finden wir auch heute noch überall dort, wo Lautsprecher verwendet werden. Edison setzte auf die Mitte der Membran eine Nadel, die die Vibrationen beim Sprechen auf seine Fingerspitze übertrug.

Dann wurde nach seinen Ideen und Anregungen eine Walze mit Wachs überzogen, die von einer Handkurbel angetrieben wurde. Parallel dazu brachte er auf jeder Seite der Walze eine Membran mit einer Nadel an. Während er den Anfang eines Kinderliedes gegen die Membran sprach, übertrug die Nadel, die während der Aufnahme eine Berg- und Talfahrt vollführte, die Schallwellen auf die Wachswalze. Anschließend wurde die Walze zurückgedreht, die erste Nadel von der Membran gelöst, die zweite aufgesetzt und die Walze wurde erneut gedreht. Zu hören war die erste Schallaufnahme eines Kinderliedes.

Der »Phonograph«, so wurde dieses Gerät genannt, war, wenn wir aus der heutigen Zeit zurückblicken, noch sehr einfach. Nur eine Wachswalze, zwei Nadeln, zwei Membranen und eine Handkurbel waren nötig zur Reproduktion einer ersten Schallaufnahme. Die Tonqualität war nicht vergleichbar mit der einer Schallplatte und schon gar nicht mit der einer CD. Da sowohl die Qualität der Aufnahme als auch die Qualität der Wiedergabe von der exakt gleichen Geschwindigkeit abhing, wurde an den »Tontechniker« ein hoher Anspruch gestellt. Unregelmäßigkeiten machten sich unangenehm jaulend bemerkbar. Erst der Antrieb durch einen Elektromotor, der eine gleichmäßige Geschwindigkeit entwickelte, beseitigte diese Fehlerquelle.

Ähnlich wie bei der Entwicklung der Filmtechnik (siehe das Kapitel »Kino – Film«), versuchte Edison auch seine Erfindung kommerziell zu nutzen. Zunächst meldete er seine Erfindung 1877 zum Patent an.

Bei zahlreichen Vorführungen stieß er beim überwiegenden Teil des Publikums auf reges Interesse. Dies bewog ihn eine eigene Firma, die Edison Speaking Phonograph Company, zur Herstellung und zum Vertrieb des »Phonographen« zu gründen. Er schulte Vertreter in der Demonstration seines Gerätes, damit sie an den unterschiedlichen Plätzen (Jahrmärkten, Spielhallen, auf der Straße) dieses gegen eine Gebühr vorführen konnten.
Mit dieser kommerziellen Nutzung begann das Zeitalter der Tonkonserve.

Ein wichtiger Schritt wurde gemacht, als es gelang die Walzen zu vervielfältigen, denn bis zu diesem Zeitpunkt entstanden nur Einzelstücke, die sich nur wenige leisten konnten.

2. Das Grammophon und die Schallplatte

Obwohl der Phonograph sehr erfolgreich war und die Weiterentwicklung und Produktion stetig vorangetrieben wurde, war bereits eine neue Erfindung auf den Weg gebracht: Knapp 10 Jahre, nachdem Edison das Patent für den Phonographen erteilt wurde, erhielt Emile Berliner am 26. September 1887 das Patent für das Grammophon und die Schallplatte.

Im Gegensatz zur Erfindung Edisons, machte die Nadel des Grammophons bei der Aufzeichnung und Wiedergabe keine Berg- und Talfahrt, sondern bewegte sich seitlich auf der Waagerechten und hinterließ eine geschlängelte Rille.

Auch hier war anfangs die Vervielfältigung der entstanden Schallplatten sehr mühsam. Trägermaterial war eine wachsbeschichtete Zinkscheibe, die, nachdem die Nadel ihre Schlangenlinie in das Wachs gezeichnet hatte, in ein Säurebad getaucht wurde, welches das Metall an diesen Stellen wegätzte.
Später wurde dieses Trägermaterial dann durch einen Werkstoff aus Schellack, Schwerspat und Ruß ersetzt und 1948 durch Kunststoff.

Der Trichter des Grammophons, wie er in der Abbildung zu sehen ist, war nicht nur der Lautsprecher; sondern wurde ebenfalls für die Aufnahme verwendet. Auch wenn der Handantrieb durch einen Elektromotor abgelöst wurde, blieb das Aufnahme- und Wiedergabeverfahren lange Zeit mechanisch, man spricht auch von einem akustischen Verfahren.

Erst 1923 wurde durch die Einführung von Lautsprecher und Mikrofon ein elektrisches Aufnahme- und Wiedergabeverfahren ermöglicht. Damit war gleichzeitig eine Steigerung der Qualität verbunden.

Bis in das Jahr 1982 blieb die Schallplatte in ihren Grundprinzipien unverändert. Erst durch die Einführung der ersten Compact Discs (»CDs«) ergab sich noch einmal ein qualitativer und quantitativer Sprung, sodass schließlich die Produktionszahlen der Schallplatte zurück gingen. Beide Systeme hatten aber einen großen Nachteil für das Publikum: Es war ihm nicht möglich auf diesen Trägermedien selbst Tonaufnahmen zu machen. Mittlerweile stellt die Computerindustrie (siehe das Kapitel »Computer«) jedoch Techniken zur Verfügung, die eigene Tonaufzeichnungen auf einer CD zu lassen.

3. Tonband

Bereits zehn Jahre nachdem Thomas Alva Edison seinen Phonographen patentieren hat lassen und ein Jahr nachdem Emile Berliner sein Grammophon vorgestellt hatte, stellte ein weiterer amerikanischer Wissenschaftler, Oberlin Smith, Gedanken darüber an, wie eine elektromagnetische Tonaufzeichnung funktionieren könnte. Die Idee war, dass ein Tonträger – ein Draht oder Band aus Stahl – durch einen Elektromagneten, der von elektrischem Strom durchflossen wird, magnetisiert würde.
Es blieb allerdings bei rein theoretischen Ideen, die Smith zwar veröffentlichte, in ein Modell aber nie umsetzte.

Auf der Weltausstellung 1900 in Paris stellte dann der dänische Physiker Valdemar Poulsen ein Gerät, das Telegraphon, vor, mit dem er Töne aufzeichnen und wieder löschen konnte. Die Qualität seiner Aufnahmen waren aber noch so bescheiden, dass dieser Erfindung kein großer Erfolg beschieden war. Wenig später zeigte er dann der Öffentlichkeit das erste »Tonband«: Ein auf einer Scheibe aufgerolltes Stahlband, das an einem »Tonkopf«, der aus dem Abhör- und Sprechkopf bestand, vorbeilief und dabei auf einer zweiten Scheibe aufgerollt wurde.

Nachteile bei diesem »Tonband« entstanden dann, wenn es riss, denn es konnte nur zusammen geschweißt werden. Stahl verliert aber seine magnetische Eigenschaft durch Wärmeeinwirkung und so gingen an diesen Stellen die Toninformationen verloren – ein »Tonloch« entstand. Erst ein mit Eisenpulver beschichteter Papierstreifen verbesserte das Tonband, da es einfach zu kleben war und die Toninformationen nicht verloren gingen.

Der entscheidende Durchbruch gelang in dem Augenblick, als das Trägermaterial Papier durch einen Kunststoff (Azetylzellulose) ersetzt wurde. Auf dieser Grundlage entstand eine Zusammenarbeit zwischen BASF und AEG. BASF entwickelte und produzierte die Tonbänder, die die AEG in ihre ersten Geräte einbaute.
1935 wurde dann auf der Funkausstellung in Berlin das erste Tonbandgerät, das K1, dem Publikum vorgestellt.

Bis in das Jahr 1948 wurden Tonbandgeräte und Tonbänder fast ausschließlich für den professionellen Bereich, die Rundfunkanstalten und Tonstudios produziert.
Als aber damit begonnen wurde, Tonbandgeräte auch für den privaten Anwender zu verkaufen, entwickelte sich bald eine breite Käuferschicht, die begeistert ihre eigenen Tonaufzeichnungen mitschnitt.
Die Arbeit mit dem Tonband setzte bei vielen Menschen auch ein großes Maß an Kreativität frei, sie betätigten sich in ihrer Freizeit als »Tonbandamateure« und produzierten ihr eigenes Programm.

Wie bei vielen anderen technischen Geräten verkürzten sich auch beim Tonband die Zeitabstände, in denen Veränderungen und Verbesserungen vorgenommen wurden, immer mehr. So wurde aus dem unhandlichen Spulentonbandgerät, das kaum zu transportieren war, bald ein handliches Koffergerät.

Bei der Aufnahme wurde im Normalfall nur die obere Hälfte eines Tonbandes bespielt, sodass nach dem Umspulen die andere Hälfte (Halbspurtechnik) bespielt werden konnte. So erreichte man eine doppelte Bandkapazität. Dank der Viertelspurtechnik, die seit 1959 die Möglichkeit eröffnete, jeweils zwei Spuren auf einer Seite zu bespielen, konnten Tonbänder auch in Stereotechnik nutzen, was gerade für viele Musikliebhaber einen zusätzlichen Anreiz zur eigenen Aufnahme bot.

Durch die Einführung der Compact-Cassette 1963 schritt die Tendenz zur Verkleinerung weiter fort, bis der Kassettenrekorder es schließlich mit sich brachte, dass der Verkauf der Spulentonbandgeräte sehr schnell zurückging – zumal auch hier durch eine Verbesserung der Tonqualität (Dolby, CrO_2 Bänder etc.) die Compact-Cassetten HiFi tauglich wurden.

Heute sind Tonbandgeräte aus dem alltäglichen Leben nicht mehr wegzudenken. In keinem Rundfunkstudio kann man auf sie verzichten, viele Menschen besprechen im Büro ein Diktiergerät oder haben zu Hause einen Anrufbeantworter, der, wenn er nicht mit einem Mikrochip bestückt ist, mit einer kleinen Tonkassette arbeitet. Dennoch verlieren die Kassetten, sieht man sich die Angebotspalette in den Kaufhäusern an, zunehmend an Bedeutung: Durch den Qualitätssprung, den die Einführung der CD mit sich gebracht hat, wird der überwiegende Teil des Musikgeschäfts heute durch die Produktion von Musik-CDs bestimmt.

Wie sich das Musikgeschäft weiterentwickeln wird, ist noch nicht abzusehen: Die Möglichkeiten, die das Internet mit seinen Vertriebswegen eröffnet, sind gerade erst in den Anfängen.

4. Tonaufnahmen

Das Anhören von Sendungen im Radio oder von den verschiedenen Tonträgermedien ist zunächst einmal passiv, da der Hörer hier ausschließlich als Konsument auftritt. Tonband und Kassettenrekorder bieten aber ebenso wie die Videokamera, der Fotoapparat oder Computer die Möglichkeit der aktiven Medienarbeit.

Mit einem geringen technischen Aufwand werden wir in die Lage versetzt unsere eigenen »Radiosendungen« aufzuzeichnen. In vielen einfachen Kassettenrekordern ist bereits ein kleines Mikrofon eingebaut, so dass damit erste kleine Versuche mit Aufnahmen gemacht werden können. Allerdings sollte man nicht erwarten, hierdurch ein qualitativ hochwertiges Ergebnis zu bekommen.
Zu einer einfachen Grundausstattung, mit der man schon erste interessante Aufnahmen machen kann, gehört ein guter tragbarer Kassettenrekorder und ein Mikrofon.

2. *Gehen Sie mit Mikrofon und Kassettenrekorder durch ihr Schulgebäude und nehmen Sie dabei die unterschiedlichen Geräusche auf.*
   Anschließend spielen Sie diese Ihren Mitschülerinnen vor, und lassen sie erraten, worum es sich handeln könnte.
3. *Den gleichen Versuch können Sie machen, indem Sie Alltagsgeräusche in Ihrer näheren Umgebung oder in einem Kaufhaus aufnehmen.*
4. *Überlegen Sie, wie Sie mit dieser Anwendung auch in Ihrer sozialpädagogischen Praxis vorgehen können.*

Bei diesen Experimenten mit einem »Geräuschteppich« wird man feststellen können, dass wir zwar von vielen Geräuschen umgeben sind, diese aber kaum noch bewusst wahrnehmen; denn »Radio, Fernsehen und andere Tonträger werden zunehmend als Hintergrundmedien benutzt, die unentwegt laufen. Diverse Radiosender, kaum voneinander zu unterscheiden, beschallen uns mit einem Musikteppich. Und das nicht nur zu Hause, sondern überall: im Kaufhaus, im Auto, beim Frisör, ja selbst bei der Arbeit. Und sollte kein Lautsprecher in der Nähe sein, schleppen wir ihn selbst mit, direkt im Ohr.[1]« Aus diesem Grund wird es auch schwer fallen, alle Geräusche zu erkennen: Wir erinnern uns zwar an viele, können sie aber nicht mehr direkt einem

[1] L. Hansen / G. Manzke, Kinderhörkasetten – das vergessene Medium, in Deutsches Jugendinstitut (Hrsg.), Handbuch Medienerziehung im Kindergarten, Teil 1, Opladen 1994, S. 475

Verursacher zuordnen. Sich bewusst mit Umweltgeräuschen auseinander zu setzen, bietet die Chance, den eigenen Hörsinn zu schulen.

Entwickeln Sie ein eigenes kleines »Hörstück« aus Geräuschen, bei dem kein einziges Wort gesprochen werden darf.
Beispiel: »Vom Aufstehen bis zum Frühstück«, »Beim Frisör«.
Achten Sie beim Anhören Ihrer Produktion darauf, inwieweit die einzelnen Geräusche eindeutig sind.

Sie werden sicherlich festgestellt haben, dass es mit einer einfachen Grundausstattung (Kassettenrekorder und Mikrofon) schwierig ist, ein »Hörstück« zu produzieren. Geräusche sind nicht wie an einer Kette hintereinander gereiht, vielmehr gehen sie ineinander über und überlagern sich.
Mit der einfachen Grundausstattung müssen wir entweder alle Geräusche zur gleichen Zeit aufnehmen – was immer wieder zu Problemen führt – oder wir nehmen die Geräusche einzeln auf und müssen sie anschließend mit mehreren Kassettenrekordern abspielen, um sie auf einen einzelnen zu überspielen.

Eine einfache Lösung ergibt sich dann, wenn man statt eines normalen Kassettenrekorders ein Mehrspur-Tonband nimmt, denn damit ist es möglich, einzelne Geräusche bei der Aufnahme auf verschiedene Spuren zu verteilen. Der Vorteil besteht darin, dass man zunächst Geräusche auf die erste Spur legt und beim Abhören dieser dann festlegen kann, an welcher Stelle man weitere Geräusche einspielen möchte. Dabei können auch schon erste Ein- und Ausblendungen ausprobiert werden, indem der Regler, der die Lautstärke bei der Aufnahme beeinflusst, bei einer Einblendung zunächst in die Stellung 0 gebracht und dann ganz langsam aufgedreht wird. Bei der Ausblendung geschieht dies in umgekehrter Reihenfolge.
Mit der einfachen Technik des Ein- und Ausblendens ist bereits die Möglichkeit gegeben »Ton- oder Klangbilder« herzustellen.

Wählen Sie eine Kindergeschichte (z.B. ein Märchen), die Sie vortragen wollen aus und überlegen Sie, wie sie diese mit Musik und zugespielten Geräuschen bereichern können.
Nehmen Sie dieses anschließend auf.

Beabsichtigt man anspruchsvollere »Sendungen« zu produzieren, so sollte die Grundausstattung um weitere Elemente ergänzt werden. Sinnvoll ist dann ein Mischpult, an das man mehrere Tonquellen anschließen kann.

Zu diesen Tonquellen gehören:

- ein CD-Player,
  (vielleicht ein Plattenspieler),
  ein Kassettenrekorder,
  ein Mikrofon, Lautsprecher
  und ein Tonband oder weitere Kassettenrekorder als Aufnahmegerät.

Was bisher nur professionellen Tonstudios vorbehalten war, nämlich die Tonaufnahmen digitalisiert vorzunehmen, ist nun auch für den »Normalanwender« möglich. Es gibt mittlerweile Computerprogramme, die am Computer ein ganzes Tonstudio »imitieren« und als solches funktionieren.

Vieles von dem, was man bis dahin bei den Aufnahmen manuell gemacht hat, die Suche nach der richtigen Bandstelle, das Zusammenkopieren der unterschiedlichen Tonquellen, die »Abmischung« des Produkts, wird dann durch den Computer übernommen.

Da der Arbeitsvorgang auf dem Computermonitor sichtbar gemacht wird, kann man sehr viel genauer arbeiten. Außerdem steht einem als zusätzliches Hilfsgerät die Computermaus zur Verfügung, mit deren Hilfe man einfach und schnell verschiedene »Manipulationsvorgänge« vornehmen kann.

Die Voraussetzungen, die für die Anwendung eines solchen Programmes notwendig sind, sind bereits an vielen Schulen vorhanden.

5. Kassetten für Kinder

Bibi Blocksberg und Benjamin Blümchen gehören zu den bekanntesten und meist verkauften Hörspielen für Kinder. Die Produktion von Hörkassetten ist aber viel umfangreicher, als man zunächst annehmen mag.

Es gibt Lesungen oder Vertonungen bekannter und beliebter Märchen, fantastischer Geschichten, die Übernahme anspruchsvoller Kinderliteratur und Geschichten mit Musik. Daneben produzieren verschiedene Rundfunkanstalten in Zusammenarbeit mit Verlagen anspruchsvolle Hörspiele.

1. *Informieren Sie sich durch verschiedene Kataloge oder im Handel über das einschlägige Angebot von Kassetten für Kinder.*
2. *Sprechen Sie mit den Kindern in Ihrer sozialpädagogischen Praxis darüber, welche Hörkassetten sie besitzen und wie oft und wann sie diese hören.*

Leider ist es so, dass sich viele Massenproduktionen nicht darum bemühen, gewisse Qualitätsstandards einzuhalten. Möglichst preiswert und schnell soll die Produktion sein.

Die Chance, positiv auf die Hörgewohnheiten der Kinder einzuwirken und ihren Hörsinn zu sensibilisieren, wird selten erkannt. Gerade die einzelnen Elemente Stille, Geräusch, Musik und Stimme erzielen bei richtiger Kombination und Inszenierung eine eindrucksvolle, Fantasie anregende Wirkung.

Das wichtigste Instrument, das von einem Sprecher eingesetzt wird, ist seine Stimme. Mit ihr muss er wie mit einem Musikinstrument spielen:

- er hebt Textausschnitte hervor, indem er sie durch eine entsprechende Lautstärke oder Klangfarbe seiner Stimme unterstreicht,
- schnelle gesprochene Sätze führen Spannung ein oder erhöhen diese,
- plötzliches Verstummen bringen den Zuhörer in eine Erwartungshaltung.

Daneben kommt der Musik und den Geräuschen eine wichtige Bedeutung zu:

- sie lassen »Schauplätze« der Handlung »sichtbar« werden,
- heben die Atmosphäre eines Geschehens hervor,
- führen (Musik) durch eine Handlung,
- werden zum Erkennungssignal für eine Figur.

Wählen Sie verschiedene Kassetten aus und hören Sie sich diese unter den vorher genannten Aspekten an.

Selbst wenn wir nun ein positives oder negatives Urteil über ein Hörspiel fällen, besagt das noch lange nichts: Die Kinder können trotzdem begeistert von einem Stück sein, das von uns aus bestimmten Gründen abgelehnt wird. Dazu sind die Hörgewohnheiten und Hörinteressen bei vielen Menschen zu unterschiedlich.
Ein Kriterienkatalog oder ein Analyseschema kann daher immer nur einen Anhaltspunkt sein und Hilfestellung geben, jedoch nie als absolut angesehen werden.

6. Anhaltspunkte zur Auswahl von Hörkassetten

Als übergeordneter Anhaltspunkt für die Auswahl von Hörkassetten gilt, dass Inhalt und Darbietung altersgemäß sind, dem Entwicklungsstand der Kinder Rechnung tragen und ihren Wünschen und Interessen entsprechen.
Bei der Auswahl sollte auf folgende Punkte geachtet werden :

1. Problematik, Inhalt des Hörspiels

- Basiert das Hörspiel auf einem bekannten Kindermedium (Z. B. Buch, TV-Serie)?
- Wo spielt das Hörspiel – ist ein konkreter Ort erkennbar oder nicht?
- Hat das Hörspiel einen ernsten oder lustigen Grundcharakter?
- Enthält die Geschichte einen Konflikt, und wie wird er gelöst?
- Werden Hintergründe und Perspektiven des Geschehens deutlich?

- Regt das Kinderhörspiel zur Identifikation, zum Mitdenken und Mitfühlen an?
- Provoziert das Hörspiel zur Auseinandersetzung mit dem Gehörten? Wodurch?
- Werden Probleme glaubwürdig, aus der Sicht der Kinder/Jugendlichen dargestellt?

2. Personen im Hörspiel

- Welche Personen spielen mit?
- Werden die Charaktere der handelnden Figuren herausgearbeitet?
- Sind die Figurenbeziehungen deutlich erkennbar?
- Sind die einzelnen Figuren auf Identifikation oder Distanzierung hin angelegt?
- Ist ihre Darstellung glaubwürdig in Text und Sprachgestaltung?
- Kann man sich die handelnden Personen vorstellen?

3. Dramaturgie, Aufbaustruktur

- Ist der Einstieg interessant?
- Wie wird Spannung im Hörspiel erreicht?
- Lösen sich spannende und unterhaltende Elemente ab?
- Wie ist der Aufbau der Geschichte gestaltet?
- Gibt es Haupt- und Nebenhandlungen?
- Ist der Handlungsablauf klar und folgerichtig gestaltet?
- Hat das Hörspiel einen offenen Schluss?
- Gibt es verschiedene Realitätsebenen?
- Gibt es einen Erzähler?

4. Verwendung und Funktion von Musik

- Dient Musik der Vorstellungsbildung von Zeit und Raum sowie Personen?
- Ist die Musik ein eigenständiges Hörspielelement?
- Ist die Musik bereits bekannt (Pop, Klassik, Kinderlieder)?
- Gliedert die Musik das Geschehen, schafft sie Pausen?
- Erzeugt die Musik bestimmte Stimmungen?
- Bündeln Lieder eine Aussage oder verweisen auf kommendes?
- Werden charakterisierende musikalische Leitmotive und Musikinstrumente verwendet?
- Hat die Musik die Funktion, ein Geräusch zu imitieren?

5. Verwendung und Funktion von Geräuschen

- Haben die Geräusche realistischen, symbolhaften oder Atmosphäre schaffenden Charakter?
- Sind die Geräusche ökonomisch, die Einbildungskraft fördernd, oder als »Geräuschteppich« eingesetzt worden?
- Gliedern die Geräusche das Geschehen?

6. Anwendung von Wort und Stimme

- Sind Geräusche und Musik bedeutsamer als die Sprache selbst?
- Entspricht die Sprache dem Entwicklungsstand der Kinder/Jugendlichen?
- Wie charakterisieren sich die Figuren durch ihre Sprache (Wortschatz, Syntax, Dialekt)?
- Welche Rolle spielen Dialoge/Monologe im Hörspiel?
- Wirkt der Text lebensecht, oder sind die Dialoge oberflächliche »Ping-Pong-Spiele«?
- Sind die Stimmen dem Alter der Figuren angemessen? Sind die Stimmen deutlich unterscheidbar?

7. Technische Gestaltungsmittel

- Wie sind die Szenen miteinander verbunden (Blende, Schnitt)? Haben die Schnitte ein sehr hohes Tempo?
- Sind Stimmen/Geräusche Z. B. durch Hall verändert/verfremdet worden?
- Wie sind gegebenenfalls verschiedene Realitätsebenen oder innerer Monolog akustisch deutlich gemacht worden?

8. Rahmenbedingungen

- Sind Autor und Verlag bekannt?
- Wie sind die Begleitmaterialien gestaltet?
- Enthält das Begleitmaterial Informationen zur Produktion, Anregungen zu Aktivitäten?
- Welche Spieldauer hat die Kassette?

Fernsehen

Faszination Fernsehen

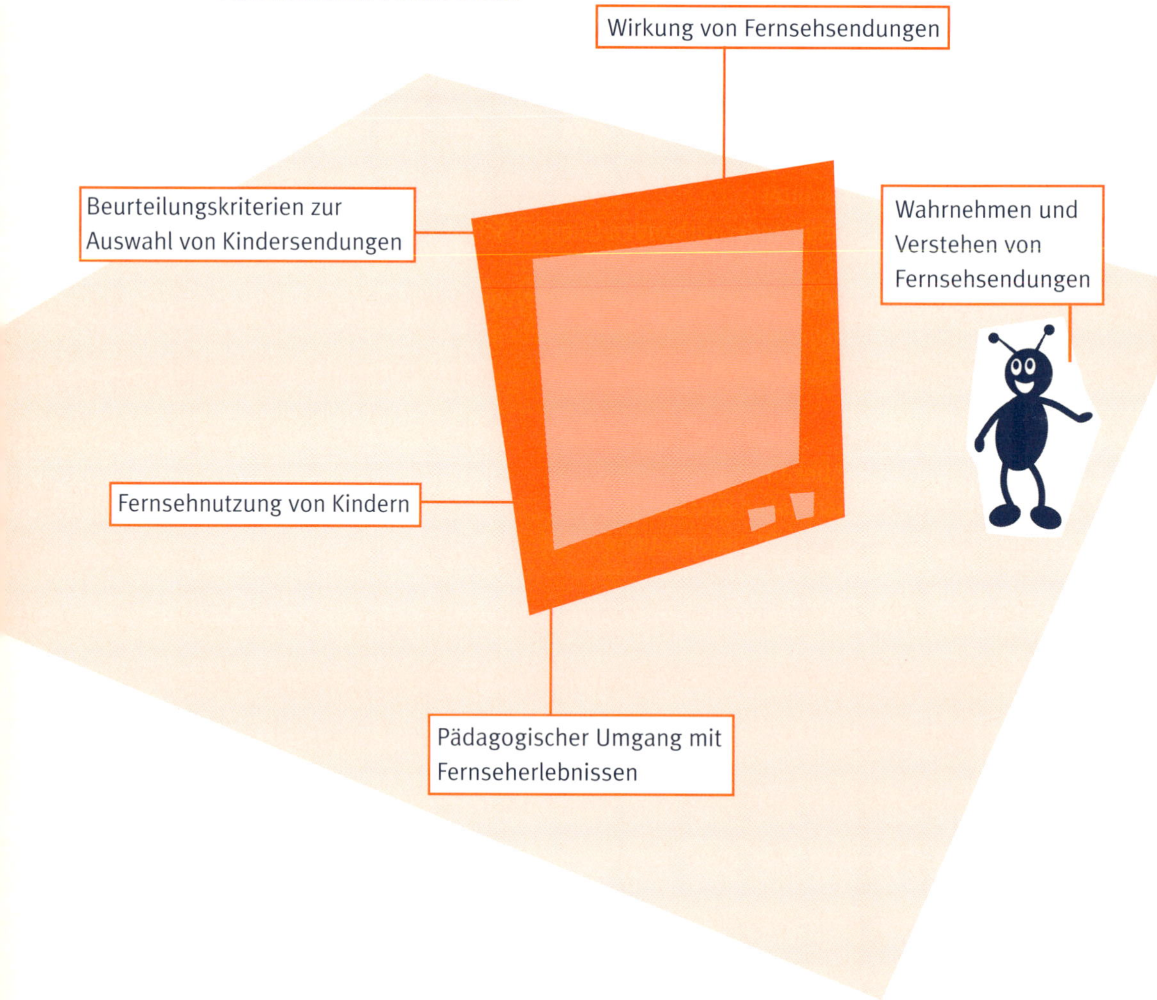

Was wäre wenn aus irgendwelchen unerklärlichen Gründen weltweit für eine Woche das gesamte Fernsehen ausfallen würde?

- *Welche Auswirkungen hätte dies auf Sie selbst?*
- *Wie würden die Kinder Ihrer Praxiseinrichtung darauf reagieren?*
- *Welche Auswirkungen hätte dies auf die Gesellschaft allgemein?*

1. Zur Geschichte des Fernsehens und Kinderfernsehens

Als **Erfinder des Fernsehens** wird Paul Nipkow genannt, der 1884 den ersten brauchbaren mechanischen Bildfeldzerleger entwickelte. Erste Versuchssendungen gab es ab 1928, unter anderem von der Funkausstellung in Berlin. 1930 wurde das erste vollelektronische Fernsehbild der Öffentlichkeit vorgestellt. Zunächst konnte nur in Berlin und Umgebung in mehr als zwanzig öffentlichen Fernsehstuben die Versuchssendungen empfangen werden, bald sollten aber andere Städte mit der Sendezentrale Berlin verbunden werden.

Im Rahmen der Übertragung der Olympischen Spiele 1936 wurde das Fernsehen einer breiteren Öffentlichkeit vorgestellt. Neben dem »Volksempfänger« – ein Radio für alle – sollte nun auch ein Einheitsfernsehen entwickelt werden, dessen Entwicklung der Zweite Weltkrieg verhinderte.

Nach dem Krieg wurde in Hamburg beim NWDR die **Fernsehversuche** wieder aufgenommen. 1950 schlossen sich dann die Landesrundfunkanstalten zu einer Arbeitsgemeinschaft (ARD) zusammen.

Ab dem 11. April 1951 gab es die **erste Kinderstunde** – jeweils Mittwoch von 16.00 bis 17.00 Uhr. Sie bestand aus Märchen, Puppenspielen, Bastelangeboten und sollte die Kinder zum Mitspielen und Mitbasteln motivieren. Wichtig war bei der Präsentation der ersten Sendungen ein großes Maß an Ruhe und Langsamkeit, was durch langsamste Kameraführung und ruhige Moderation erreicht wurde.

Nun kann man grundsätzlich als Kindersendungen nicht nur solche Sendungen bezeichnen, die ausschließlich für Kinder konzipiert werden, sondern **»Kinderfernsehen ist, wenn Kinder fernsehen«** laut einer Aussage des WDR Nachmittagsprogrammchefs Gert Müntefering. So gefiel 1957 den Kindern die in den USA produzierte Serie um das inzwischen schon legendäre Pferd »Fury« ausgesprochen gut – obwohl sie ursprünglich nicht speziell für Kinder konzipiert war.

Die Programmvielfalt nahm zu, als 1961 das Zweite Deutsche Fernsehen (ZDF) seine Sendungen aufnahm und in den folgenden Jahren die Landesrundfunkanstalten die Dritten Programme gründeten.

Entsprechend den Veränderungen der Gesellschaft und der Pädagogik wandelte sich Ende der 60ger Jahre auch der Charakter der Kindersendungen sehr. Märchen und Bildgeschichten wurden abgelöst von Informationen und Bildung – **die Vorschulerziehung** wurde **im Kinderprogramm** eingeführt.

Kindersendungen wie

- Sesamstraße (NDR)
- Rappelkiste (ZDF)
- Spielschule (BR)

orientierten sich stärker am tatsächlichen Kinderalltag und nahmen dadurch die Kinder insgesamt ernster.

1971 kam die vom WDR produzierte **Sendung mit der Maus** dazu, die sich zum Ziel gesetzt hat:

- Kinder mit ihren Fragen ernst zu nehmen und ihre Umwelt durchschaubar zu machen (Sachgeschichten),
- dabei aber die Unterhaltung und den Spaß nicht zu kurz kommen zu lassen (Lachgeschichten).

In den 80ger Jahren wurde das **Fernsehen Alltagsmedium**, zumal 1984 das Privatfernsehen eingeführt wurde, was die Medienlandschaft gründlich verändert hat.

Der junge Zuschauer hat nun ein noch größeres Programmangebot:

- durch mehr Programmsender
- durch verlängerte Sendezeiten (speziell für Kinder ab 5.00 Uhr morgens).

Und die Kinder haben sich aufgrund der Programmvielfalt den kommerziellen Sendern zugewandt, was die öffentlich-rechtlichen Sendeanstalten nicht ignorieren konnten und deshalb seit 1997 den **Kinderkana**l mit speziellem Kinderprogramm eingerichtet haben.

2. Warum fasziniert Fernsehen?

Das Fernsehen ist für Kinder Bestandteil ihrer kindlichen Lebenswelt. Es nimmt einen ganz selbstverständlichen, wenn auch unterschiedlich gewichteten Platz in der Familie ein. Viele Kinder sind von klein auf fasziniert vom Fernsehen, weil sie von der Bewegung und den Farben der Bilder angesprochen werden.

Ähnlich wie Erwachsene wollen auch Kinder vor dem Fernseher entspannen und abschalten von ihrem oft unterschätzten anstrengenden Alltag. Zudem sind ihre Spielwelten meist nur begrenzt für das Ausleben von Phantasie- und Abenteuerspiel geeignet. Hier können die verschiedenen Fernsehsendungen legitime kindliche Bedürfnisse nach Harmonie und heiler Welt, nach Spaß und Spiel, nach Spannung und Abenteuer erfüllen.

Je nach Bedürfnis entwickeln die Kinder unterschiedliche Vorlieben für bestimmte Arten von Fernsehsendungen:

- Zeichentrickserien
- Actionserien
- Werbung

- Lustige Filme
- Sendungen mit Tieren
- Quizz und Showsendungen
- Sience-fiction Sendungen
- Serien
- Märchenfilme
- Vorschulprogramme...

Vergegenwärtigen Sie sich das aktuelle Fernsehprogramm anhand verschiedener Fernsehzeitschriften.

- *Finden Sie heraus, welche Sendungen Kinder interessieren könnte. Spekulieren Sie über die Gründe.*
- *Finden Sie heraus, wann die Hauptsendezeiten für die Kinder von den Programmanbietern zeitlich platziert werden.*

Kinder bevorzugen Sendungen, in denen **Themen** aufgegriffen werden, die für sie selbst wichtig sind. Das Fernsehen bietet den Kindern Material an, mit dem sie ihre **eigenen Erfahrungen** verknüpfen und im Spiel neue, den eigenen Bedürfnissen angepasste Szenen erfinden.

Gerade auch **Werbefilme** kommen den Bedürfnissen der Kinder nach Harmonie und Freude am Leben entgegen und sind deshalb so beliebt bei ihnen. Werbefilme sind außerdem kurz, der Handlungsverlauf und die Sprache ist einfach und leicht verständlich, was der kindlichen Aufnahmefähigkeit entgegenkommt. Darin mag auch der Grund liegen, warum Werbefilme von Kindern von der eigentlichen Sendung an sich so schwer unterschieden werden.

Wenn **gemeinsam** (evtl. aneinander gekuschelt) mit Freunden, Eltern oder Geschwistern **ferngesehen** wird, kann das Fernsehen eine Gelegenheit sein, in der die Kinder Nähe und Geborgenheit finden. Zudem hat man in dieser Gruppe ein Gesprächsthema, das über die eigentliche Fernsehzeit hinaus verbindet. Das »Mitreden« und »Mitspielen« von bestimmten Sendungen im Kindergarten oder in der Schule ist für die Kinder sehr wichtig, um Kontakt und Anerkennung aus der Gleichaltrigengruppe zu erfahren.

Darüber hinaus ist jeder Erwachsene bezüglich der Faszination Fernsehen Vorbild, d.h. je nachdem welchen Stellenwert das Fernsehen bei den Erwachsenen hat, so wird das Kind dem Fernsehen ähnlich gegenüberstehen. Die Erfahrungen der Kinder mit dem elterlichen Medienumgang sind prägend, auch wenn ab dem Vorschulalter außerfamiliäre Einflüsse zunehmen.

Kommen Sie mit Kindern und Jugendlichen über Fernsehsendungen ins Gespräch und erörtern Sie folgende Fragen:

1. *Sehen die Kinder gerne fern? Wie verbringen sie ihre Freizeit?*

2. *Was schauen die Kinder und Jugendlichen am liebsten an?*

3. *Was gefällt ihnen an diesen Sendungen?*

4. *Vergleichen Sie die Antworten der Kinder mit Ihren eigenen Überlegungen!*

Hinweis:
Vermeiden Sie eigene Wertungen und Urteile über Fernsehsendungen, wenn sie tatsächlich wissen wollen, was die Kinder anschauen und was sie daran interessiert.

3. Wie Kinder Fernsehen wahrnehmen und verstehen

Die **Komplexität** der visuellen und auditiven Dramaturgie der Fernsehsendungen stellt große Anforderungen an das Aufnahmevermögen der Kinder, da die Voraussetzungen der Wahrnehmung und des Verstehens bei Kindern selbstverständlich ganz anders als bei Erwachsenen ist.

Kinder haben ein Recht darauf, dass sie in ihren Denk-, Handlungs- und Perspektivenstrukturen, sowie ihrem emotional-sozialen Entwicklungsstand entsprechend ernst genommen werden. Sie sind sich **entwickelnde Rezipienten**, was bedeutet, dass sich die Wahrnehmung und das Verstehen von Fernsehsendungen sich bei Kindern immer wieder wandeln und verändern wird.

Kinder sind keine unfertigen oder defizitären Wesen, sondern eigenständige Individuen, die so wie sie sind ihre Geltung haben. Sie benötigen dort Unterstützung, wo ihre Fähigkeiten noch nicht ausreichen, um die (Medien-) Welt um sich herum zu begreifen.

Die nachfolgend dargestellten Entwicklungsprozesse orientieren sich an biologischen Altersangaben. Grundsätzlich variiert die individuelle Entwicklung eines Kindes sehr stark von allgemeinen Durchschnittsangaben. Die folgende Darstellungsart kann jedoch einen geeigneten Rahmen bieten, um sich die generellen sensorischen, sozial-emotionalen und geistigen Fähigkeiten einer bestimmten Altersstufe zu vergegenwärtigen.

3.1 0 bis 4 Jahren

Fernsehen ist für Kinder bis zu vier Jahren **sinnlos** – und das im wahrsten Sinne des Wortes. Sie können in diesem Alter nur ganzheitlich Umwelteindrücke aufnehmen, also durch Riechen, Schmecken, Fühlen, Hören und Sehen die Umwelt erfassen und begreifen. Die Alltagserfahrungen, die ein Kleinkind ganzheitlich schon erfahren hat, kann es ausschnittweise in Fernsehsendungen wiedererkennen. Kleinkinder sind fasziniert von den bewegten Bildern des Fernsehens. Sie können Figuren aus dem Fernsehen auf Gegenständen ihrer Umgebung wiedererkennen.

In verschiedenen Untersuchungen wurden mit sogenannten Augenkameras sowohl die Richtung von Augenbewegungen, wie Dauer und Ort von Fixationen bei der Bildbetrachtung bestimmt. Im Vergleich zwischen Erwachsenen und Vorschulkindern zeigte sich dabei, dass die Kinder weniger in der Lage waren informative Einzelheiten der Bilder herauszusuchen. Das heißt, dass die Bildbetrachtung der Kinder weniger systematisch und eher zufällig durchgeführt wurde. Durch dieses **assoziative Sehen** können Kinder Handlungsverläufe oder Inhalte der Sendungen nicht wiedergeben.

3.2 4 bis 7 Jahren

In diesem Alter können Kinder **kurzen Filmhandlungen folgen** und nehmen dabei sehr genau Einzelheiten wahr, die sie erstaunlich präzise wiedergeben können. Wenn Kinder bereits eigene Erfahrungen mit gleichen oder ähnlichen Situationen gemacht haben, **verbinden** sie **Gesehenes und Selbsterfahrenes miteinander.** Filmische Mittel wie Rückblenden, Zeitsprünge und Rahmenhandlungen verstehen die Kinder dagegen nicht. Bei Sendungen mit »Magazincharakter« (z. B. Siebenstein, Sendung mit der Maus) können die zuschauenden Kinder wegen der kurzen unterschiedlichen Beiträge »ein- und aussteigen«, je nach Interesse und Konzentrationsvermögen.
Ruhige Bilder und langsame Szenen werden von Kindern besser wahrgenommen und verstanden als Sendungen mit vielen Bildschnitten und einer vorherrschenden Bilderhektik.

Das Kind im Vorschulalter **glaubt, was es sieht:** es kann Phantasie und Realität noch nicht trennen und empfindet das als real, was die Augen erkennen. Man spricht hier auch vom sogenannten »magischen Denken«.
Kameraeffekte, Tricks etc. können vom Kind nicht durchschaut werden: Blut ist Blut und nicht etwa Ketchup. **Fernsehsendungen werden als Wirklichkeit erlebt.**

3.3 8 bis 10 Jahren

Die Kinder sind in der Lage einfachen **logischen Filmhandlungen** zu folgen, wobei sie die Einzelheiten eines fortlaufenden Bildes erfassen und nach Wichtigkeit beurteilen können. Nach und nach entwickelt sich in diesem Altern das konkret-logische Denken, so dass das Kind auch Geschichten, die aus **verschiedenen Blickwinkeln** erzählt werden folgen kann. Ab ca. 8 Jahren halten Kinder gezeichnete Figuren nicht mehr für reale Personen, sie können **Realität und Fiktion** immer mehr **auseinanderhalten,** sind aber für stimmungsvolle Fantasiedarstellungen sehr empfänglich.

3.4 Ab 10 Jahren

Ab 10 Jahren können die Kinder Wirkliches von Unwirklichem sicher unterscheiden. Sie können Gesehenes immer mehr kritisch hinterfragen und auch Rückblenden, Rahmenhandlungen und Nebenstränge erfassen. Nachrichtensendungen sind für diese Altersstufe verkraftbar und sinnvoll, um die Realitätssicht der Jugendlichen zu differenzieren.

3.5 Fazit:

Aus verschiedensten Untersuchungen wurde klar, dass Kinder den Inhalt von Sedungen sehr selektiv aufnehmen. Szenen, die sie beschäftigen, worin sie schon Erfarungen haben, begreifen sie am ehesten. **Kinder erleben die Filme im Fernsehen** – sie leben, freuen und leiden mit den Helden mit.

Beobachten Sie Kinder während des Fernsehens. Achten Sie auf Mimik, Gestik, Äußerungen, Sitzhaltungen, Bewegungen usw. Was fällt Ihnen auf? Wo gibt es Gemeinsamkeiten, wo Unterschiede?

4. Beurteilungskriterien für die Auswahl von Kindersendungen

Fernsehsendungen können ein sinnvolles Vergnügen sein, wenn mit den Kindern gemeinsam geeignete Sendungen ausgewählt werden. Dafür kann z.B. ein tägliches Fernsehzeitkontingent zur Verfügung stehen. Als **Zeitrahmen** für den **täglichen Fern-**

sehkonsum sollte laut der Bundeszentrale für gesundheitliche Aufklärung und der Aktion Jugendschutz folgendes berücksichtigt werden:

- Vorschulkinder sollten nicht länger als 30 Minuten am Stück fernsehen,
- 6 bis 8-jährige höchstens eine Stunde,
- ältere Grundschüler nicht mehr als 90 Minuten.

Das Angebot von Kindersendungen ist oft unüberschaubar und viele Fernsehzeitschriften geben keinerlei Beschreibungen geschweige denn Beurteilungen über die Sendungen ab. Auch sind nicht alle als Kindersendung ausgewiesenen Programme immer für alle Kinder geeignet, während einige Erwachsenensen-dungen durchaus von Kindern gesehen werden können. Nach 21.00 Uhr wird aber in keinem Kanal mehr Rücksicht auf Kinder vor dem Bildschirm genommen. Die nachfolgenden Kriterien sollen darum helfen geeignete Kindersendungen kennen zu lernen und zu beurteilen.

Das **Thema der Sendung** muss an die bisherigen Lebenserfahrungen, Bedürfnisse und Wünsche der Kinder anknüpfen, muss also auf den Entwicklungsstand der jeweils zuschauenden Kinder abgestimmt sein. Wenn Inhalte und Themen von Sendungen schwer verständlich oder gar problematisch sind, dann sind diese für Kinder ungeeignet. Problematisch können Sendungen sein,

- die Vorurteile enthalten und damit verfestigen
- wenn Konsumwünsche geweckt werden, die angeblich für ein glückliches und harmonisches Leben notwendig sind,
- wenn Realitäten verfälscht werden (z. B. wenn gefährliche Tiere menschliche Eigenschaften wie Hilfsbereitschaft haben),
- wenn positive Handlungsträger Gewalt ausüben und sich nicht an bestehende Gesetze halten,
- wenn Gewalt lustig oder schön dargestellt und somit Schadenfreude erzeugt wird,
- wenn Gewalt als ein erfolgreiches Mittel zur Durchsetzung von Interessen dargestellt wird,
- wenn Mitleid und Gewaltlosigkeit als Charakterschwäche und Feigheit erlebt werden,
- wenn für Kinder angstauslösende Darstellungen enthalten sind.

Gerade auf die **angstauslösenden Darstellungen** sollte bei der Auswahl von Kindersendungen besonders geachtet werden. Hierbei wiederum sollte vor allem auf den sparsamen Einsatz von Musik und Geräuschen geachtet werden, denn das »emotionale Hören« spielt besonders bei jüngeren Kindern eine wichtige Rolle.

Folgende Darstellungsinhalte lösen bei Kindern am ehesten Ängste aus:

- Darstellung von verletzten, von Gefahr bedrohten oder verlassenen Kindern bzw. kleineren Tieren
- Darstellung von Dunkelheit und Feuer
- Darstellung von drastischen sichtbaren Folgen der Gewaltanwendung, z. B. Blutdarstellungen
- Gewaltdarstellungen, die in Situationen stattfinden, die etwas mit der Lebenswirklichkeit der zuschauenden Kinder zu tun haben, z. B. Gewalttätigkeiten bei Personen, die als Vater und Mutter erscheinen.

Die **Handlung der Fernsehsendung** selbst muss für die Kinder gut durchschaubar und nachvollziehbar sein, die verwendete Sprache akkustisch gut hörbar und verständlich sein.

Auch der Wortschatz sollte den Kindern größtenteils bekannt sein, filmische Gestaltungsmittel, wie Rückblenden, Zeit- und Raumschnitte, Low-Motion usw. sind für Vorschulkinder noch nicht nachvollziehbar und sollten deshalb vermieden werden. Bild und Ton müssen übereinstimmen.

Gerade für die jüngeren Zuschauer ist ein positives Ende einer spannenden und abenteuerlichen Episode unabdingbar. Ein gutes Ende bietet den Kindern emotionale Sicherheit. Deshalb sind Serien, die an einer besonders spannenden Stelle abbrechen, für Kinder oft problematisch.

Die **handelnden Personen und Figuren** der Sendung müssen individuell und gut unterscheidbar dargestellt sein. Da sie Identifikationsfiguren darstellen sollten sie die kindlichen Bedürfnisse nach Heldenfiguren aufgreifen und Eigenschaften wie Größe, Mut, Kraft, Autonomie, Können und Wissen verkörpern – also Eigenschaften, die sich die Kinder für sich selbst wünschen.

Kinder brauchen Heldenfiguren, die sich innerhalb einer Geschichte in der Auseinandersetzung mit anderen weiterentwickeln. Je jünger die zuschauenden Kinder sind, desto eher benötigen sie von ihrer moralischen Entwicklungsstufe her eine polarisierende Darstellung der Hauptfiguren z. B. in Gute und Böse oder Starke und Schwache. Auch das ästhetische Aussehen der Hauptfiguren sollte genau betrachtet und beurteilt werden. **Der Gesamtverlauf der Sendung** sollte nicht durch Werbeblöcke unterbrochen werden, da die Kinder die Unterschiede zur eigentlichen Sendung nicht erfassen können. Auch das unmittelbare Umfeld der Sendung muss frei von einer kommerziellen Ausrichtung sein. Insgesamt soll die Sendung eher lustig, als ängstigend sein – sie muss Spaß machen!

1. *Übertragen Sie die aufgeführten Kriterien auf Kindersendungen, die Sie aufgezeichnet haben.*
2. *Beurteilen Sie diese Sendungen und entwickeln Sie Beispiele für gute Qualitätssendungen.*

„Rassel-TV" für Zwei- und Dreijährige

Mit den „Teletubbies" will der Kinderkanal auch die Kleinsten vor den Schirm locken

Von unserem Mitarbeiter
Lutz Kinkel

„Premieren ohne Ende" sollen 1999 das Programm des Kinderkanals schmücken. Zu den Neuheiten gehören auch die umstrittenen „Teletubbies", die vom 29. März an werktags um 7.30 Uhr, 9 Uhr und 12.15 Uhr sowie samstags auch in der ARD (8.30 Uhr) über den Schirm wackeln. Die gleichnamige 260teilige „Baby"-Serie der BBC sorgte in ihrer britischen Heimat für hitzige Debatten. Denn die Hauptdarsteller – bunte Stoffpuppen mit großen Ohren und Antennen – sprechen nicht, sondern brabbeln wie Kleinstkinder vor sich hin.

Zusammenhängende Geschichten erzählt die Serie nicht, allenfalls emotional getönte Bruchstücke. Kritiker der „Teletubbies" befürchten, daß diese Erzählweise die Sprachentwicklung von Kleinkindern stören könnte. „Besorgte Eltern fragen natürlich, muß das sein, daß Ihr auch für die Zwei- bis Dreijährigen Fernsehen macht? Aber wenn Sie sich die Realität anschauen – diese Zielgruppe guckt fern. Deshalb sind wir gezwungen, denen etwas anzubieten", verteidigt der ARD-Koordinator für Kinder- und Familienprogramme, Henning Röhl, das Rassel-TV bei der Hamburger Präsentation. „Die Teletubbies sind sozusagen das Drei-Liter-Auto des Kinderfernsehens: Sie runden das Programm nach unten ab", ergänzt Albert Schäfer, der Programmgeschäftsführer des Senders.

Der Kinderkanal, den ARD und ZDF gemeinsam betreiben, war vor zwei Jahren gestartet – gegen den Protest der Mitbewerber Super RTL und des mittlerweile eingestellten Nickelodeon. Für das vergangene Jahr konnte der Erfurter Sender eine positive Bilanz ziehen: In der Zielgruppe der Drei- bis 13jährigen stieg der Marktanteil von 12,5 Prozent im Januar auf 16,3 Prozent im Dezember. Übertroffen wurde der Kinderkanal nur von Super RTL, das 1998 einen Marktanteil von 17,7 Prozent bei den Minis erzielte. „Super RTL hat ein konsequenteres Unterhaltungsprogramm – dort gibt es keine Nachrichten, Dokumentationen oder interaktive Shows", betont Schäfer die Originalität des Kinderkanals.

Auch 1999 will sich Schäfer mit Eigenproduktionen von der Konkurrenz abheben – zum Beispiel mit dem hauseigenen Feuerwehrauto, das im Frühjahr durch deutsche Städte und das Programmfenster „Aktiv Boxx" rollt. Super RTL setzt dagegen 1999 verstärkt auf neue Cartoons wie „Norman Normal" oder die Ägypten-Saga „Papyrus". Denn Zeichentrickserien sind bei Kindern äußerst beliebt.

Kampflos will der Kinderkanal seinem Konkurrenten Super RTL die Marktführerschaft allerdings nicht überlassen. Um Kinder auch dann ansprechen zu können, wenn sie ohnehin am längsten vor dem Fernseher sitzen (18 bis 21 Uhr), wollen die Erfurter ihre Sendezeit ausdehnen. Bislang teilt sich das Spartenprogramm die Satelliten- und Kabelplätze mit dem Kultursender Arte und muß deshalb um 19 Uhr aufhören. Weil ein eigener Satellitenplatz sehr teuer sei, würden zur Zeit bereits Gespräche mit der Kommission zur Ermittlung des Finanzbedarfs (KEF) geführt, sagte ARD-Koordinator Röhl.

aus: Weinheimer Nachrichten

1. *Welche Argumente für bzw. gegen die Fernsehsendung »Teletubbies« werden angeführt?*
2. *Welche Beobachtungen/Erfahrungen haben Sie bezüglich dieser Sendung mit Kindern und Eltern gemacht?*
3. *Betrachten Sie gemeinsam mit anderen eine aufgezeichnete oder vergleichbare Sendung der Serie »Teletubbies« und beurteilen Sie die Sendung.*
4. *Wie beurteilen Sie grundsätzlich Fernsehen für Zwei- und Dreijährige?*

5. Zur Wirkung des Fernsehens auf Kinder und Jugendliche

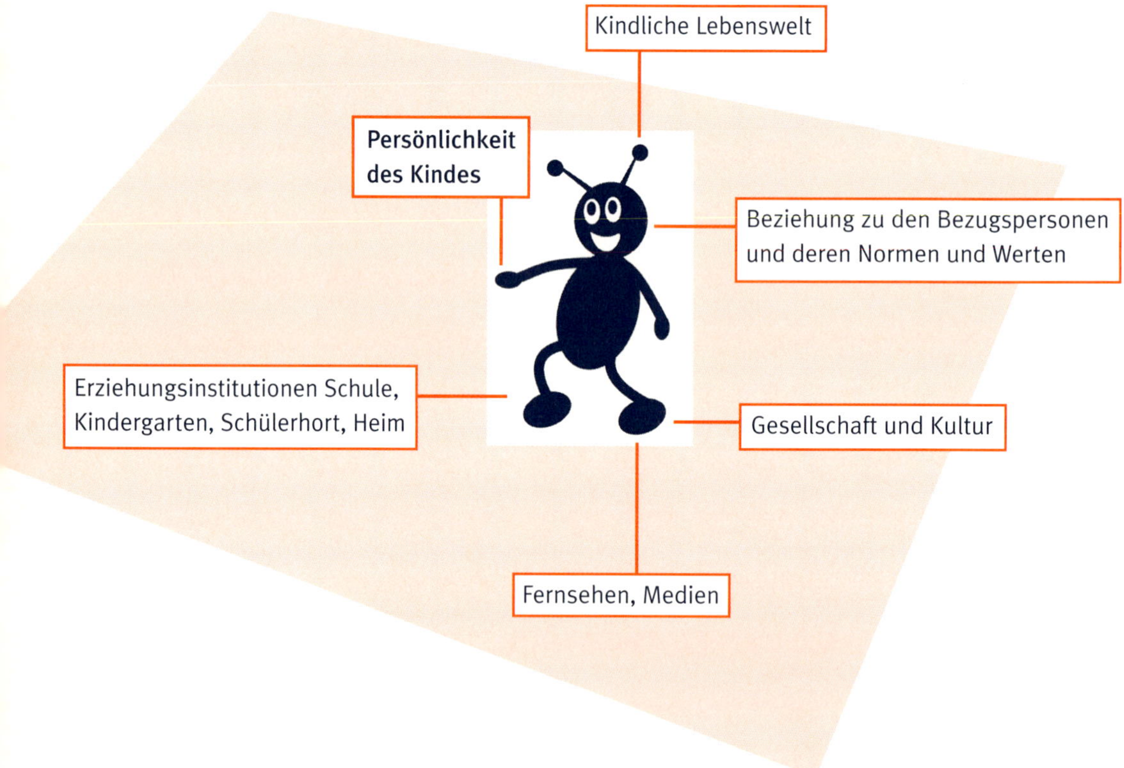

1. *Beschreiben und erläutern Sie das oben dargestellte Schaubild.*

2. *Nehmen Sie Stellung zu folgender Aussage:*
   Fernsehsendungen haben nicht eine Wirkung an sich – aber keine Fernsehsendung bleibt ohne Wirkung!

3. *Finden Sie heraus, wie Fernsehsendungen auf Sie selbst wirken.*
   Wählen Sie dazu einen frei bestimmbaren Film oder eine Sendung aus und beobachten Sie sich selbst während des Fernsehens:

Welche Gedanken gehen mir bei der Sendung durch den Kopf?
Was verstehe ich von der Sendung – was nicht?

Welche Gefühle werden durch die Sendung bei mir ausgelöst? (Auf einzelne Szenen, Musik/Geräusche achten)

Wie reagiert mein gesamter Körper auf die Sendung? Bin ich unruhig, angespannt, entspannt oder ausgeglichen?

4. Tauschen Sie sich in Kleingruppen über Ihre Selbstbeobachtungen aus:

- *Gibt es Gemeinsamkeiten? Unterschiede?*
- *Welche Erklärungen haben Sie für die Reaktionen?*
- *Vergleichen Sie Ihre Selbstbeobachtung mit der Beobachtung von Kindern vor dem Fernseher – gibt es hierbei Gemeinsamkeiten? Unterschiede?*

Kinder reagieren auf gesehenen Fernsehsendungen sehr unterschiedlich. Das hängt unter anderem mit den individuellen Umgangsweisen und Verarbeitungsmöglichkeiten zusammen. Besonders jüngere Kinder müssen erst eine **»TV-Lesefähigkeit«** entwickeln. Dabei geht es um das Verstehen und Einordnen von Fernseherlebnissen, also um eine Filmkompetenzentwicklung.

Wie schon dargestellt, Kinder erleben eine Fernsehsendung erst einmal ganz-heitlich, also mit ihrem ganzen Körper, mit allen Sinnen und Emotionen. Sie sind vollständig vom Bild- und Tongeschehen »ergriffen«.
Dabei ist das Reaktionsrepertoire der Kinder breit und deutlich ablesbar an:

- ihrer Mimik,
- Gestik,
- den Kommentaren zu einzelnen Szenen,
- ihrer Bewegung, während des Zusehens.

Der Medienpädagoge Jan-Uwe Rogge stellt beim Filmerleben der Kinder vier **unterschiedliche Beteiligungsgrade des ganzheitlichen Erlebens** fest:

1. Die Kinder wechseln zwischen aufmerksamen Zuschauphasen und scheinbarem Desinteresse an der Sendung; z. B. beschäftigen sie sich mit etwas anderem oder gehen kurz aus dem Raum. Diese Reaktionen zeigen sowohl jüngere Kinder, die einer Sendung geistig nicht folgen können, als auch ältere, die Entlastung bei besonders emotional erregenden Situationen suchen.

2. Beim zweiten Beteiligungsgrad verfolgen die Kinder mit großer Aufmerksamkeit die Handlung – ohne sich aber in ihr zu verlieren. Die Kinder sind ganzheitlich aktiv an der Sendung beteiligt, also durch Mimik, Gestik, Bewegung usw.

3. Der dritte Beteiligungsgrad des Filmerlebens ist geprägt durch einen Identifikationsprozess mit den Hauptfiguren und der damit für die Kinder verbundenen Empathie und emotionalen Anteilnahme. Die Kinder sind in ihrer eigenen Gefühlswelt und reagieren wenig auf Ansprache, gleichzeitig zeigen sie weniger Aktivitäten, um Spannungen abzubauen.

4. Das intensivste Erleben der Sendungen zeigt sich bei den Kindern, die gebannt und überwältigt vor dem Fernseher sitzen: ihnen stockt der Atem, der Puls beschleunigt sich, sie schwitzen, die Bewegungen sind Ausdruck großer Erregung, sie können sich nicht von der Filmhandlung lösen und diese danach meist nicht bewältigen.

(J.Rogge, Kinder können fernsehen, Reinbek, 1990)

Oftmals schließen sich an das Fernsehen **Aktivitäten der Bewegung und Unruhe** an, bei denen es den Kindern um einen Abbau, um eine Entlastung und damit Bewältigung der inneren Unruhe und Anspannung geht.

Verschiedene Wissenschaftler haben sich mit der Frage nach der Wirkung von Medien allgemein beschäftigt und dabei insbesondere Auswirkungen von Gewalt-, Horror- und pornographischen Darstellungen beschrieben.

Im nachfolgenden Text sollen kurz die **wichtigsten Medienwirkungstheorien** dargestellt werden:

- **Kognitiv-soziale Lerntheorie** (Bandura)
  Die kognitiv-soziale Lerntheorie besagt, dass soziale Verhaltensweisen durch Beobachtung von so genannten Modellen (egal ob reale oder filmische) gelernt werden. Die in der Fernsehsendung gezeigten Modell-Verhaltensweisen werden in Alltagshandlungen des Beobachters übernommen. Wichtig ist dabei allerdings die Reaktion der Umwelt auf das beobachtete Verhalten. Werden die Modell-Verhaltensweisen noch verstärkt, dann ist die Übernahme in das eigene Verhaltensrepertoire wahrscheinlicher, als wenn das Verhalten bestraft wird.

- **Katharsistheorie** (Feshbach/Singer)
  Obwohl diese Theorie in Fachkreisen als widerlegt gilt, taucht sie noch immer in der Mediendiskussion auf und soll darum hier kurz vorgestellt werden. Grundlage der Katharsistheorie ist die theoretische Annahme, dass der Trieb, das Bedürfnis aggressiv zu handeln sich über die Zeit hinaus wie ein Spannungszustand aufbaut, der sich ab einem bestimmten Niveau wieder abbauen und auflösen muss. Die aggressive Verhaltensweise hat also eine reinigende Wirkung in dem Sinne, als das Bedürfnis weiterer aggressiver Handlungen dadurch aufgehoben wird. Die gleiche Wirkung tritt ein, wenn aggressive Handlungen in Sendungen beobachtet werden, da durch das Miterleben und Mitfühlen die eigene Bereitschaft aggressiv zu handeln abgeschwächt bzw. aufgelöst wird.

- **Stimulationstheorie** (Lischke, Walters, Hanratty, Bandura)
  Die Stimulationstheorie behauptet, dass ein Zuschauer von Gewalthandlungen im Fernsehen kurzfristig so angeregt und stimuliert wird, dass er sie nachahmen will. Das aggressive Verhaltensrepertoire mag dabei anderswo erworben worden sein; die Medien stimulieren also, was bereits als Verhaltensweise oder Verhaltenstendenz vorhanden war.

- **Habitualisierungstheorie** (Cline, Rabinowitch)
  In der Habitualisierungstheorie wird angenommen, der Zuschauer gewöhne sich durch das häufige Ansehen von aggressiven Darstellungen an Gewalt und stumpfe dabei ab – auch gegenüber aggressiven Verhaltensweisen im alltäglichen Leben.

Überlegen Sie, welcher Theorie Sie aufgrund Ihrer bisherigen Kenntnisse und Praxiserfahrungen eher zustimmen bzw. welche Theorie Sie eher ablehnen würden.

Keine der bisher entwickelten Theorien zur Medienwirkung ist tatsächlich empirisch bestätigt worden.
Die Wirkungen des Fernsehens dürfen und können nicht isoliert gesehen werden, es gibt vielmehr unterschiedliche Einflüsse, die mit in Betracht gezogen werden müssen:

- die Situation, in der das Fernsehen genutzt wird,
- die Lebensverhältnisse der Kinder,
- die Art der Beziehung, die die Kinder zur Sendung entwickeln,
- die gesamte Familiensituation und bisherigen Erziehungs- und Entwicklungsgeschichte des Kindes,
- die Veränderung in der individuellen Entwicklung des Kindes.

Nicht zuletzt ist die Art des Medienkonsums ein sich fortentwickelnder ausdifferenzierter Vorgang und somit auch dessen Wirkung.

Abschließend lässt sich aus allen Untersuchungen und Theorien folgendes festhalten: **Kinder lernen umso wahrscheinlicher Verhaltensweisen, die sie in Filmen gesehen haben wenn:**

- ein bestimmtes Verhalten im Film belohnt, d. h. als gut und richtig dargestellt wird,
- wenn die Kinder sich mit der Person, die dieses Verhalten zeigt identifizieren können,
- wenn die dargestellte Situation einer Situation ähnlich ist, die Kinder in ihrem Alltag antreffen,
- wenn Kinder in ihrem Verständnis des Dargestellten von anderen Personen, insbesondere von Freunden bestärkt werden.

aus: Kindergarten heute 9/96

1. *Welche Erfahrungen haben Sie mit dem sogenannten »Montagssyndrom«?*
2. *Welche Ursachen (außer dem verstärkten Medienkonsum am Wochenende) kann das von den Erzieherinnen als unruhig und laut erlebte Verhalten der Kinder noch haben?*

6. Pädagogischer Umgang mit Fernseherlebnissen

Fernseherlebnisse brauchen eine Nachbereitung, damit sie von den Kindern richtig verarbeitet werden können. Dabei ist es als pädagogischer Begleiter notwendig die Kinder in ihrem unterschiedlichen Erleben ernst zu nehmen und ihnen Zeit und Raum für die Verarbeitung der Filminhalte zu geben. Erst durch die Nachbereitung kann das Kind jene »TV-Lesefähigkeit« entwickeln, die es für die Einordnung der Fernseherlebnisse in seine bisherigen Erfahrungen braucht.

Gespräche über das Fernsehen sollen keine Nacherzählungen oder logischen Begründungen für Vorlieben von bestimmten Sendungen sein. Belehrungen oder Moralisierungen sollten von der Erzieherin unbedingt vermieden werden, da sich die Kinder dadurch schnell herabgesetzt und unverstanden fühlen .

Sie erzählen dagegen mehr, wenn sie:

- von Einzelheiten berichten, die sie besonders berührt haben oder
- von bestimmten Situationen oder Figuren, die sie sich selbst aussuchen konnten.

Dabei wird dann unter anderem deutlich, warum diese Figur oder diese Sendung so beliebt ist. Zudem öffnet sich das Kind in einer entspannten Atmosphäre eher, um Unverstandenes oder Unverarbeitetes zu klären. Manchmal werden erst durch solche Gesprächsanlässe Worte für Gefühle und Empfindungen gefunden, die die Kinder während der Fernsehsendung erlebt haben. Durch die verbale Äußerung kann das Kind auf eine andere kommunikative Ebene treten und eine Distanz zu den vielleicht überwältigenden Fernseheindrücken herstellen.

Das Spielen bietet sich als die dem Kind angemessenste Form der Umweltverarbeitung geradezu an. In Rollen- und Verkleidungsspielen kann das Kind in die Figuren schlüpfen, die es am meisten beeindruckt hat und dadurch tatsächliche, aktive und ganzheitliche Erfahrungen in dieser Rolle sammeln. Es kann feststellen, wie andere auf ein bestimmtes Rollenverhalten reagieren: ob diese Rolle Aufmerksamkeit, Macht, Bewunderung oder Ablehnung erfährt.

In Bau- und Konstruktionsspielen können schließlich wichtige Requisiten (z. B. Funkgeräte oder Handys) entstehen, die dann in Bewegungs- und Rollenspielen ihren Einsatz finden. Durch die Requisiten sind die Figuren erst richtig ausgestattet und können so von den Kindern nachgespielt werden.

Eine weitere Form der Verarbeitung von Fernseherlebnissen ist das **kreative Gestalten.**

Darunter versteht man:

- das Malen mit unterschiedlichsten Farben und Papieren,
- das Kneten mit Plastilin oder Formen von Ton,
- das Kleben und Herstellen von Gegenständen aus kostenlosem Material,
- das Legen mit Legematerialien,
- das Werken mit unterschiedlichsten Materialien.

Da beim kreativen Gestalten Erlebnisse aus der Vergangenheit verarbeitet werden, hat das fertige Bild einen Erzählcharakter für die Erzieherin in der Gegenwart. Über das gestaltete Werk können die Kinder dann nämlich manchmal Worte finden, womit sie sich noch beschäftigen ; oder was sie bewegt.

Hier gelten die ähnlichen Grundsätze, wie bei dem Gespräch mit Kindern:

- kein Ausfragen, was die Kinder abgebildet haben,
- keine eigene Interpretation oder Spekulation;
- sondern ein sensibles »erzählen lassen« der Kinder.

Kinder verarbeiten Fernseheindrücke durch Nachbereitung und zeigen dies

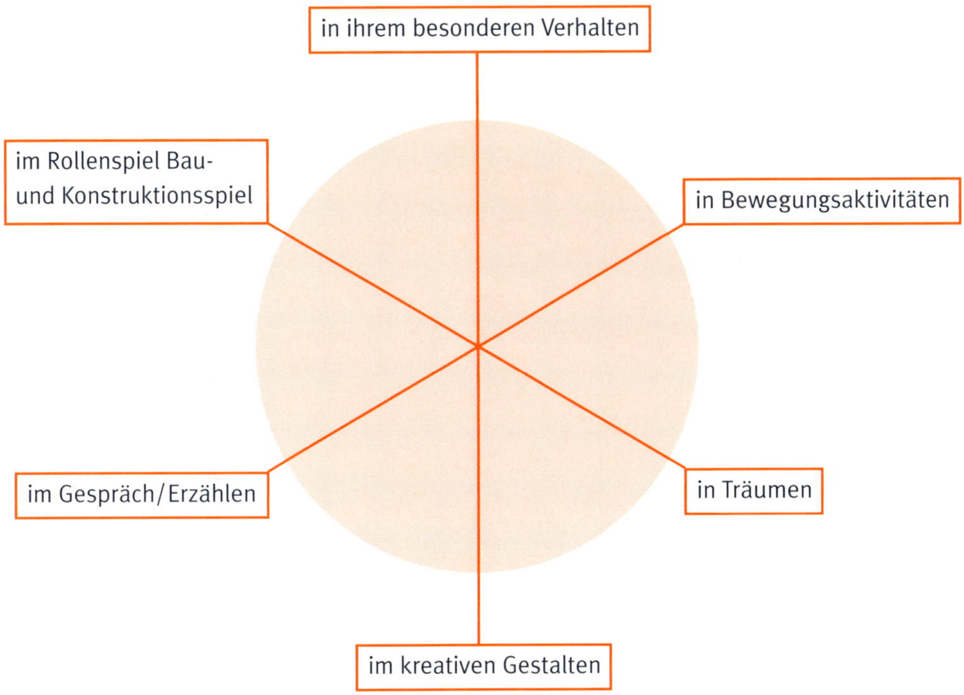

Schaubild angelehnt an A. Krenz, Was Kinderzeichnungen uns erzählen,(herder)

Video

Video

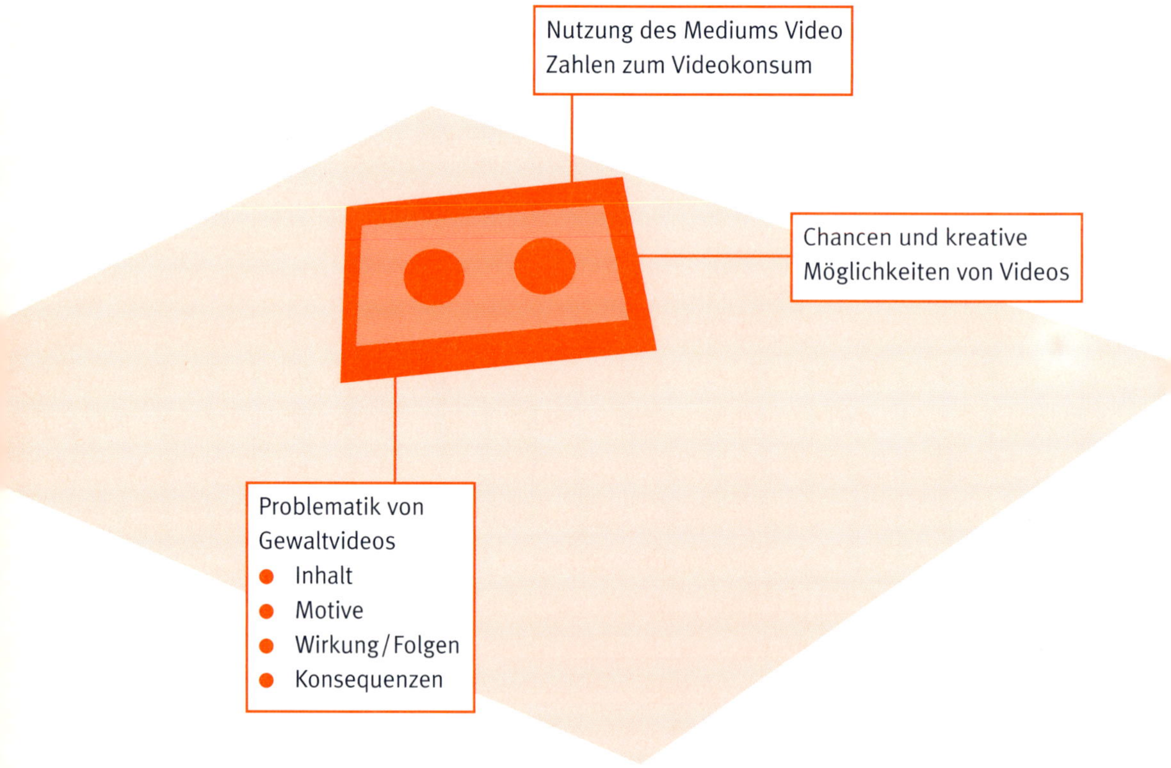

1. *Beschreiben Sie Ihre eigene Nutzung des Videorekorders.*
2. *Beschreiben Sie Ihre Praxiserfahrungen mit Videos.*
3. *Besuchen Sie eine Videothek und informieren Sie sich über:*

- *den Modus des Ausleihen von Videos (insbesondere bei Kindern)*
- *das Angebot an Videokassetten*
- *die spezielle Präsentation (extra Räume, sortiert nach Filmgenre ...)*
- *die am häufigsten ausgeliehenen Kinder- und Erwachsenenvideos.*

1. Nutzung des Mediums Video

Der Videorekorder steht heute in jedem zweiten Fernsehhaushalt und gehört damit zum selbstverständlichen Medienalltag.

1964 entwickelte die Firma SONY den ersten Heimrekorder der Welt. In den 80ger Jahren kam es zu einem rapiden Preisverfall der Geräte. Das Medium Video wurde als positive Bereicherung zum aktuell laufenden Fernsehprogramm akzeptiert.
Durch die einfache technische Handhabung der Videokamera kann man das Medium auch kreativ nutzen und eigene Videofilme herstellen, was wiederum die Attraktivität der Videonutzung steigerte.

Durch spezielle Videotheken wurde der Videofilmverleih möglich, bei dem Filme der verschiedensten Genre gegen eine geringe Gebühr ausgeliehen werden können. Zunehmend verkaufen aber auch Kaufhäuser, Tankstellen und andere Händler Videokassetten. Gewalt-, Horror- und Pornofilme spielen beim Verleih und beim Kauf eine große Rolle und gelangen dann über Eltern, Freunde und Bekannte in die Hände von Kindern und Jugendlichen. Damit wird die Problematik mit der Nutzung dieses Mediums deutlich.
Die Nutzung des Videorecorders lässt sich folgendermaßen darstellen:

- Aufzeichnen von Fernsehsendungen (Lieblingsfilmen) und damit zeitungebundenes Fernsehen
- Abspielen von geliehenen oder gekauften Videokassetten (auch neue oder ganz alte Kinofilme)
- Eigenes Produzieren von Filmen (Familienfeste, Urlaub)
- Bildungs- und Informationsvideos (Beruf, Reise)

3. Die Problematik der Gewaltvideos

»Zu Verdi-Musik wird gemetzelt: Ein Mädchen stirbt, nachdem es auf einem Nagelbrett gefoltert wurde, unterm Fallbeil, eine andere mit einem Messer im Rücken. Männer werden verätzt, von Ratten zerfressen, erhängt. Die Kamera zeigt alle grausamen Einzelheiten.« *Horror Infernal*

»Das ist doch alles nur Trick. Das Blut ist eine Farbbrühe, und wenn jemandem die Eingeweide aus dem Leib quellen, sind das Innereien von Schweinen. Die sehen nämlich den menschlichen Eingeweiden am ähnlichsten.«
Ruggero Deodato, Regisseur von Horrorfilmen

(Zitate aus der Broschüre »Videogewalt« – Verein für Friedenspädagogik)

- *Welche Erfahrungen haben Sie mit Horror- und Gewaltvideos?*
- *Wie erleben Sie die beschriebene Gewaltdarstellung?*
- *Tauschen Sie sich aus, was Sie unter dem Begriff »Horror« verstehen.*
- *Schildern Sie, welche Filme und Videos Sie als »Gewaltfilme« erlebt haben.*

Bei Befragungen geben die **meisten Schülerinnen und Schüler** an, sie hätten schon **Horrorfilme gesehen**, wobei die Mehrzahl diese Filme von Videokassetten, aber ein Großteil auch aus dem Kino- und Fernsehprogramm kennt.

»Horror« (Schauder) ist für jedes Kind – jeden Jugendlichen etwas anderes. Zu den Horrorszenarien können für die Kinder und Jugendliche Dokumentationsberichte z. B. Kriegsberichterstattung, ökologische Katastrophensendungen oder »Aktenzeichen XY ungelöst« gehören, genauso wie Gewaltvideos.

Gerade letztgenannte jugendgefährdende Videofilme lösen die Besorgnis von Eltern und Erzieherinnen aus. Bei den Gewalt- und Horrorvideos muss sorgfältig zwischen Filmen mit phantastisch-spannenden Elementen und solchen mit menschenverachtender Brutalität, Hass und Erniedrigung unterschieden werden.

3.1 Inhalte jugendgefährdender Videofilme

Der Zweck dieser Videofilme scheint die **pure Aneinanderreihung von Gewaltszenen** zu sein, wobei die eigentliche Filmhandlung eine untergeordnete Rolle einnimmt. Gewalthandlungen erscheinen ohne erkennbare Ursache, sondern sind um ihrer selbst willen vorhanden. Auch bei Action- und Abenteuerfilmen ist das Töten oder Sterben allgegenwärtig, bei den Horror- oder Gewaltvideos wird dies aber »genüsslich« ausgeweitet in Zeitlupe und Großaufnahme.

Im folgenden sollen verschiedene **Inhalte von Gewaltvideos** vorgestellt werden, wobei die Auflistung keinen Anspruch auf Vollständigkeit erhebt bzw. auch eine Verknüpfung mehrerer inhaltlicher Aspekte in einem Film möglich ist.

- Kanibalismus
  Hier wird ausführlich gezeigt, wie »Menschenfresser« andere Menschen – zum Teil bei lebendigen Leibe – auf unterschiedlichste Art und Weise zerstückeln und aufessen.

- Zombie
  Zombies sind wieder zum Leben erweckte, willenlose Leichen, die sich an Lebende heranmachen, um diese dann auf Ekel erregende Weise anzufallen.

- Brutalsex
  In diesen Filmen werden menschenunwürdige Misshandlungen von Frauen dargestellt, die teilweise als Aufklärung über Prostitution oder Frauengefängnisse getarnt sind.

- Western/Eastern
  In diesem Genre gibt es grundsätzlich gute Filme, die Film- und Kinoklassiker sind. Daneben aber auch die oft primitiv gemachten Streifen, die ausführlich auf Folterungs- und Massakerszenen eingehen. In Karate- oder Dschungelfilmen werden fremde Länder und Kulturen als Schauplätze von gewalttätigen Brutalitäten gezeigt.

- Action / Tötungsorgien
  Die Spannung dieser Filme macht die Bedrohung und dann ausgeführte Tötung von Personen aus, wobei die Tötungsarten (z. B. mit Motorsägen) mit einer widerwärtigen, bluttriefenden Brutalität dargestellt werden.

- Krieg/Historie
  Auch hier gibt es grundsätzlich gute Filme. In den jugendgefährdeten Kriegs- oder Historienfilmen wird oft mit aktuellem oder geschichtlichem Bezug exzessiv, gewalttätige Menschenvernichtung gezeigt, wobei hier oft der Aufklärungsaspekt als Tarnung der Darstellung dient.

Getötet und gequält wird auch in der Wirklichkeit ...
... nur, hat diese Gewalt in der Wirklichkeit eine Geschichte und einen Zusammenhang. Sie hat auch in den meisten Fällen Folgen und darin unterscheidet sie sich von der Mediengewalt.

Realität	Horror-Videos
Meist eine Täter-Opfer – Beziehung	Gewalt erscheint anonym
Töten findet nicht in der Öffentlichkeit statt	Töten wird ausführlich dargestellt
Es gibt Motive und Ursachen	Es sind keine Motive erkennbar
Gewalt hat eine Vorgeschichte	Gewalt erscheint ohne Vorgeschichte
Täter stammen häufig aus dem Bekannten- und Verwandtenkreis	Täter: Verrückte, Außerirdische, Zombies usw

Aus der Broschüre »Videogewalt« – Verein für Friedenspädagogik

2.2 Gründe für den Konsum von Gewaltvideos

»Ei, Mann, da fahr´ ich voll drauf ab, wenn das Blut so spritzt!« (Rainer, 14 Jahre)
»Wow, das ist geil, wenn die Typen so zermatscht werden, das macht mich an.« (Lukas, 12 Jahre)

1. *Spekulieren Sie, warum Jugendliche Gewaltvideos ansehen.*
2. *Wie beurteilen Sie die oben aufgeführten Aussagen von Jugendlichen?*
3. *Wie würden Sie auf solche Aussagen reagieren?*

In der Regel wissen Eltern nicht Bescheid, dass ihre Kinder und Jugendlichen Gewaltvideos anschauen. Der **Konsum** dieser Filme geschieht oft **heimlich** und abgeschirmt von jeglicher pädagogischer oder erzieherischer Einflussnahme.

Filme, deren Inhalte die Entwicklung von Kindern und Jugendlichen gefährden könnten, werden von der **Bundesprüfstelle** für jugendgefährdende Schriften geprüft und gegebenenfalls »indiziert«, d. h. für Kinder und Jugendliche verboten und nur noch für Erwachsene zugänglich gemacht.

»Schriften, die geeignet sind, Kinder oder Jugendliche sittlich zu gefährden, sind in eine Liste auszunehmen. Dazu zählen vor allem unsittliche, verrohend wirkende, zu Gewalttätigkeiten, Verbrechen oder Rassenhass anreizende sowie den Krieg verherrlichende Schriften.« §1, Abs.1

»Eine Schrift, deren Aufnahme in die Liste bekannt gemacht ist, darf nicht einem Kind oder Jugendlichen angeboten, überlassen oder zugänglich gemacht werden." §3, Abs.1

Gesetz über die Verbreitung jugendgefährdender Schriften

Indizierte Filme sind eine Ansammlung gewalttätigster Perversitäten und nicht das Opfer altmodischer und sittengestrenger Pädagogen, wie manchmal behauptet wird. Doch gerade das Verbotene und Außergewöhnliche reizt Kinder und Jugendliche diese Filme anzusehen und die **Verbote zu brechen**. Jugendliche haben ihren Spaß daran mit dem Anschauen von Gewaltvideos ihre Eltern zu erschrecken und zu provozieren. Schon die Beschaffung solcher Videos ist abenteuerlich, denn Videotheken dürfen Horrorvideos nicht an Kinder und Jugendliche ausleihen, so dass ältere Freunde oder Geschwister zur Hilfe gebeten werden müssen.

Die **Gleichaltrigengruppe** spielt bei den Jugendlichen auch im Bereich der Horrorvideos eine große Rolle.

Zum einen versuchen manche Kinder und Jugendliche

- ihr Ansehen und ihre Stellung in der Gruppe zu stärken, indem sie »gelassen« die Brutalität als »Mutprobe« ertragen,

- zum anderen ist »Gruseln in«, sodass Jugendliche scheinbar gezwungen werden, sich diese Filme auch anzuschauen, um mitreden zu können.

Oftmals erleben die Kinder und Jugendlichen im täglichen Einerlei Langeweile, Einsamkeit und Minderwertigkeit, wohingegen Gewaltvideos Spannung und Ablenkung versprechen. Gleichzeitig spüren Sie in der Identifikation mit den Helden **Macht** und Erfolg ohne Rücksicht auf Irgendwen oder Irgendwas nehmen zu müssen und vergessen somit ihre eigene Ohnmacht, die sie im Alltag oft genug spüren.

In Gewaltvideos braucht es keine Überlegungen, wer wann wie handelt – es ist scheinbar alles **einfach und klar geregelt**, im Gegensatz zur immer komplexer und undurchschaubar werdenden Wirklichkeit.

Der beim Konsum von Gewaltvideos erreichte Erregungszustand, wird von Kindern und Jugendlichen oft als **»Angstlust«** erlebt. Um in diesem Spannungszustand immer wieder genügend »Nervenkitzel« zu verspüren, müssen immer brutalere und grausamere Filme angeschaut werden. Hier haben die Videos die Funktion einer zweifelhaften Ersatzbefriedigung für ein durchaus legitimes Bedürfnis nach Abenteuer und Angst-Lust-Erlebnissen.
Jugendliche selbst benennen folgende Motive für den Horrorfilmkonsum

1. Neugierde auf die Filme
2. Diese Filme sind mal etwas anderes
3. Nervenkitzel
4. Mitreden können
5. Filme sind spannend
6. Freunde sehen diese Filme

(nach Rangfolge geordnet – vgl. H. Lukesch aus der Broschüre Videogewalt)

»Genauso bedeutsam wie die Frage, was der Videohorror dem Jugendlichen bringt, ist die Frage, mit welchen Alltags- und Lebenserfahrungen die Heranwachsenden an die Filme gehen und welche Themen sie in den Horrorszenarien wiederfinden.« (Jan-Uwe Rogge)

1. *Erkunden Sie die Alltags- und Lebenserfahrungen von Kindern und Jugendlichen (Frageaktion an Schulen und Schülerhorten):*

- *Wie sieht ein Tagesablauf eines Kindes/Jugendlichen aus?*
- *Wie verbringen die Kinder und Jugendlichen ihre Freizeit?*
- *Welche Wünsche und Vorstellungen haben die Jugendlichen an ihre Freizeit?*

2. *Vergleichen Sie in der Gruppe Ihre Erkundungsergebnisse und berücksichtigen Sie dabei den Stadt- Land- Unterschied. Hier bietet sich auch ein fächerübergreifendes Thema »Freizeitverhalten von Kindern und Jugendlichen« an, wobei von den angehenden Erzieherinnen auch Orte außerhalb der Ausbildungsstätte erschlossen werden können (z. B. Schulen, Freizeitstätten, Bushaltestellen ... als Treffpunkte für Jugendliche).*

2.3 Wirkung und Folgen des Konsums von Gewaltvideos

Grundsätzlich erweitern Kinder und Jugendliche durch Videokassetten ihren Filmkonsum erheblich. Welche Folgen dies auf die Zuschauer hat, ist wissenschaftlich schwer nachweisbar, was nicht bedeuten muss, dass es keine Auswirkungen auf Kinder und Jugendliche gibt. Hier sei auf die Darstellung der Medientheorien im Kapitel »Fernsehen« verwiesen, wobei gerade die brutalen und Menschen verachtenden Inhalte der Gewaltvideos eine gesonderte Betrachtung benötigen.

Die Verarbeitungskompetenz von Horrorvideos ist bei Kindern und Jugendlichen nicht vorhanden! Als **primäre Folgen** des Konsums von Gewaltdarstellungen extremsten Ausmaßes lassen sich nennen:

- Ängste
- Schlafstörungen
- Aggressionen
- Konzentrationsprobleme
- Mangel an Mitgefühl
- Unempfindlichkeit gegenüber Gewalttaten anderer

Ein großes pädagogisches Problem besteht darin, dass die Gewissens- und Wertebildung bei Kindern und Jugendlichen noch nicht abgeschlossen ist, so dass durch Horrorvideos gefährlich **falsche Wertvorstellungen, Verhaltensnormen und Weltbilder** vermittelt werden.

Beispiele für eine falsche Entwicklung von Wertevorstellungen/Weltbilder:

- grausamste Gewalt ist als Mittel zum Erreichen bestimmter Ziele legitim
- Frauenfeindlichkeit – Frauen werden als Sexualobjekte und Menschen zweiter Klasse gesehen; gewalttätige Sexualität ist legitim
- Festigung von Vorurteilen und Verachtung von Minderheiten gegenüber

Bei einem gewissen Anteil der Jugendlichen können die in den Horrorvideos enthaltenen **Gewalt- und Verhaltensmodelle** passiv oder auch in Einzelfällen aktiv **übernommen** werden. Das ist insbesondere dann zu befürchten, wenn die Entwicklung der Jugendlichen schon Probleme und Schwierigkeiten aufzeigt (siehe Schaubild zum Wirkungsmodell Seite 110).

Konsequenzen für das pädagogische Arbeiten:

- Jeder Pädagoge sollte zuerst sein eigenes Medien-, Sozial- und Konsumverhalten überprüfen. Zur Überprüfung des Medien- und Freizeitverhaltens kann ein einfacher Stundenplan dienen, der je nach Tätigkeit ausgefüllt und dann ausgewertet wird.

Überprüfen Sie Ihr eigenes Medien- und Freizeitverhalten. Finden Sie ehrlich heraus, welchen Tätigkeiten Sie (werktags und Wochenende getrennt) nachgehen.

Tätigkeitsüberblick:

	Werktag – Wochentag	Wochenende – Wochentag
1.00 Uhr		
2.00 Uhr		
3.00 Uhr		
4.00 Uhr		
5.00 Uhr		
1.00 Uhr		
7.00 Uhr		
8.00 Uhr		
9.00 Uhr		
10.00 Uhr		
11.00 Uhr		
12.00 Uhr		
13.00 Uhr		
14.00 Uhr		
15.00 Uhr		
16.00 Uhr		
17.00 Uhr		
18.00 Uhr		
19.00 Uhr		
20.00 Uhr		
21.00 Uhr		
22.00 Uhr		
23.00 Uhr		
24.00 Uhr		

- Erziehende müssen sich über Gewalt- und Horrorvideos und deren Verbreitung informieren
- Ausgeliehene Videofilme müssen zumindest in Ausschnitten erst vorher von den Eltern angeschaut werden, denn die Titel der Gewaltvideos klingen oft sehr harmlos z. B. »Muttertag«
- Erziehende sollten immer Gesprächsbereitschaft über gesehene Videos signalisieren
- In konkreten Problemfällen müssen Beratungsstellen als Hilfestellung in Anspruch genommen werden
- Beschwerden und Proteste über jugendgefährdende Videos, Filme und Fernsehsendungen sollten an das örtliche Jugendamt, die Bundesprüfstelle oder die Fernsehsender weitergeleitet werden

(Adressen siehe Informationsteil)

4. Chancen und kreative Möglichkeiten der Videos

Über der gesamten Gewaltproblematik darf man jedoch auf keinen Fall die Vorteile, die das Medium Video bietet vernachlässigen.

Videokassetten, Videorekorder und Videokamera können durchaus sinnvolle Freizeitvergnügen sowohl für die Familie, wie auch für sozialpädagogische Einrichtungen – vom Kindergarten bis zum Kinder- und Jugendheim – sein.

Aufgezeichnete, ausgeliehene oder gekaufte **Videos bieten**:

- eine Gesprächsgrundlage bei gemeinsamer Filmnutzung,
- eine bewusste Auswahl der Filme nach Interessen, Bedürfnissen, Entwicklungsstand und Erfahrungen der Kinder und Jugendlichen,
- Unabhängigkeit vom Programmangebot der Fernsehanstalten,
- selbstbestimmtes Sehen zu selbstbestimmten Zeiten im gemeinsamen Tagesablauf,
- eine unbegrenzte Wiederholung, Vertiefung und dadurch auch Verarbeitung von Filmerlebnissen,
- eine Einzelbildeinstellung und Gespräche/Vermutungen über die Gestaltung und Herstellung von Filmen, wobei die Filme durchschaubarer gemacht werden,
- den bewussten Einsatz eines Filmes zur ganzheitlichen Bearbeitung innerhalb einer thematischen Einheit.

Eine Auswahl guter Videos und Adressen zum Videoverleih befindet sich im Kapitel »Adressen, Broschüren, Tipps und Verleihanschriften«. Zudem sei auf die Auswahlkriterien von geeigneten Fernsehsendungen und damit auch geeigneten Videoproduktionen im Kapitel »Fernsehen« hingewiesen.

Videofilme im Einsatz von sozialpädagogischen Einrichtungen

Im Gegensatz zum häuslichen Konsum von Videos bietet der Videoeinsatz in einer sozialpädagogischen Einrichtung die Möglichkeit einen Film gezielt und geplant ein Video innerhalb eines thematisches Umfeld anzubieten.
Das **ausgewählte Video** sollte sowohl an die Situation, wie an die Wünsche, Interessen und Motivation der jeweiligen Zielgruppe anknüpfen.

So bietet z. B. die **Trickfilmserie »Pingu«** (Vertrieb, Matthias-Film) vielfältige Möglichkeiten gerade im Elementarbereich soziale Erfahrungen besser zu erkennen und zu durchschauen. »Pingu« ist eine aus Plastilin geformte Pinguinfigur, die ausschließlich pinguinesisch spricht und in eine liebevolle Familie eingebettet ist. »Pingu« erlebt Alltägliches und bietet damit Kindern eine gute Identifikationsfigur. Zudem dauern die Filme nur fünf Minuten.

So kann zum Beispiel das Thema Streit und Versöhnung (Pingu baut einen Iglu) oder Eifersucht auf Geschwister (Pingu ist eifersüchtig) gezielt aufgegriffen werden. Durch die Identifikationsfigur können die Kinder leichter über Schwierigkeiten reden, denn Pingu ist Projektionsfläche ihrer kindlichen Gedanken und Gefühle. Verhaltensweisen und Probleme werden durch das Video einsichtiger und kann darüber hinaus Gespräche und weitere sozialpädagogische Angebote anregen.

Auch für ältere Schulkinder gibt es Videos, die Möglichkeiten bieten sich gemeinsam über schwierige Themen auszutauschen. So liefert z. B. das **Video »Die Brüder Löwenherz«** Gesprächsanlässe zum Thema Krankheit und Tod, ein Thema, das mit vielen Tabus belegt ist und gerade Jugendliche sehr beschäftigt. Da das Video die Verfilmung des gleichnamigen Romans von Astrid Lindgren ist, bietet sich hier eine sehr gute Möglichkeit literatur- und medienpädagogisch zu arbeiten und Vergleiche zwischen Film und Roman anzustellen.

Durch die recht einfache technische Handhabung bietet das Medium Video die Möglichkeit für Erzieherinnen **selbst Filme oder Dokumentationen über die pädagogische Arbeit herzustellen**:

- Darstellung der sozialpädagogischen Einrichtung und die Arbeitsweise der Einrichtung (Konzeption auf einem Video) zur Öffentlichkeitsarbeit oder Vorstellung bei neuen Eltern,
- Dokumentation von Festen und Veranstaltungen (Vorträgen, Arbeitskreise ...),
- Freispiel oder Projektsituationen mit Kindern aufzeichnen und damit die sozialpädagogische Arbeit bei Eltern und Trägervertreter transparent machen,
- Rollenspiel und Supervision zur Reflexion des pädagogischen Handelns.

Natürlich bietet sich der **Einsatz der Videokamera auch mit den Kindern und Jugendlichen** an. Durch das selbständige Herstellen eines Videofilmes wird das Medium insgesamt erklärbarer und durchschaubarer. Die eigene Herstellung von Filmen schafft eine Distanz zum Medium, denn filmische Effekte und Tricks können bewusst selbst einsetzt und dadurch »enttarnt« werden. Das besondere an dem Einsatz der Videokamera ist durch die Zielgruppenspezifikation gegeben, d. h. je nach Erfahrung und Entwicklungsstand der Zielgruppe kann die Erzieherin das Medium differenziert einsetzen. Mit Vorschulkindern wird aus dem Stand ohne große Planungsphase z. B. ein Rollenspiel aufgezeichnet, mit Jugendlichen aus dem Heim kann z. B. ein Musikvideo produziert werden.

Zuerst ist es notwendig sich in der Gruppe zu überlegen, welcher Film über welches Thema gedreht werden soll. Hier geht der eigentlichen »Filmaction« eine intensive **Planungsphase** voraus mit Drehbucherstellung, Drehort- und Requisitenerkundung und mit Schauspielereinführung. Je nach Zielgruppe kann diese Planungsphase kürzer oder länger gestaltet werden, denn die Motivation einen Film zu drehen, darf durch eine recht theoretische Planung nicht überstrapaziert werden.

Anschließend folgt dann **das eigentliche Filmen**, wobei auch hier Einstellungen, Abläufe und Geräusche erst einmal geprobt oder zumindest abgesprochen werden müssen. Manche Aufnahmen müssen wiederholt werden, weil irgendetwas nicht so geklappt hat, wie man sich das vorgestellt hat.

Nach der Filmherstellungsphase kann je nach Zielgruppe das **Video noch bearbeitet** werden: Szenen können oder müssen sogar geschnitten werden oder mit Musik unterlegt werden.

Die Herstellung eines Videos fördert die Zusammenarbeit im Team, wobei jeder sich mit seinen besonderen technischen oder kreativen Fähigkeiten einbringen kann. Die Vorführung des selbst hergestellten Videos vor einem Publikum stärkt das Selbstbewusstsein, macht stolz und rechtfertigt den »langen Atem«, den so eine Produktion dem Einzelnen doch abverlangt.

Computer – Computerprogramme – Internet

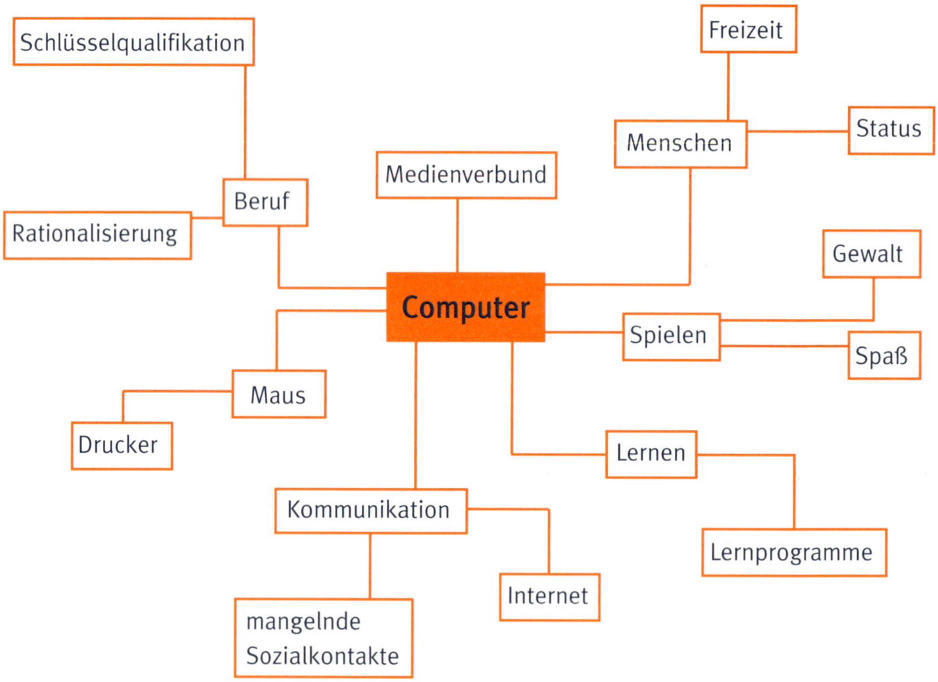

1. *Füllen Sie das oben dargestellte Cluster mit Alltagsbeispielen. Wenden Sie die Arbeitsform der Partner- oder Gruppenarbeit an.*

2. *Erstellen Sie ein neues Cluster oder ein Mind-Map zu den Themen:*
- *Computer und Kinder/Jugendliche,*
- *Computer und Erwachsene,*
- *Computer und Erzieherinnen.*

1. Kinder und Jugendliche im Beziehungsgeflecht des Computers

»Würden Sie als Babysitter einen Schmierenkomödianten engagieren, der Ihren Kindern abwechselnd Angst einjagt, schlüpfrige Witze erzählt und sie mit einem unverständlichen Redeschwall überschüttet?

Bevor wir jemandem unsere Kinder anvertrauen, überzeugen wir uns davon, dass es sich um eine zuverlässige Person handelt, in dessen Obhut sie keinen Schaden nehmen. Und wenn es sich um einen Computer handelt? Sollten Sie dann nicht seine Eignung als Babysitter oder Freizeitpartner genauer überprüfen?«

(U. Eicke / W. Eicke, Medienkinder, München 1996, Seite 12)

Das Mediennutzungsverhalten von Kindern hat sich im Laufe der letzten Jahre grundlegend verändert. Spielende Kinder außerhalb von Spielplätzen sind nur noch in den wenigsten Fällen zu finden. Informelle Kindergruppen[1] sind eine Seltenheit geworden und die Abwesenheit von Spielgefährten und Freunden wird oftmals durch ein technisches Medium kompensiert.

Aber auch in der Gemeinschaft der Kinder und Jugendlichen ist oftmals ein Medienverhalten zu beobachten, welches im Sinne eines bedarfsweckenden und bedarfsdeckenden Medienverbundsystems steht. Nicht selten findet man Computerspiel, Kinofilm, Spielzeug und Kleidung als eine Einheit, deren umfassender Besitz in Jugendkreisen als erstrebenswertes Muss gilt.

So wenig pädagogisch wünschenswert die wirtschaftlichen Bestrebungen, ein umfassendes Medienverbundsystem zu vermarkten, auch sind, so wenig empfehlenswert ist es, Medien pauschal verteufeln zu wollen.

Eine gut durchdachte, geplante und reflektierte Nutzung von Medien – und hier insbesondere der interaktiven Computertechnologie – birgt eine Vielzahl von Chancen in sich, den Entwicklungsprozess von Kindern und Jugendlichen, nicht nur vor den Anforderungen einer ständig wachsenden Technisierung der Arbeitswelt, fördern zu können.

Hinter dem pauschalen Argument »Medien machen dumm«, verstecken sich häufig die Ängste Erwachsener vor einer kritischen Auseinandersetzung mit neuen Technologien oder sogar das Gefühl der Schwäche, einem Kind gegenüber Wissenslücken einzugestehen.

Damit dies nicht im professionellen Bereich der institutionalen Erziehung passiert, ist es für angehende, aber auch im Berufsleben stehende Erzieherinnen von großer Bedeutung, dass sie neben antiquierten pädagogischen Lehrmeinungen und neusten Arbeitsansätzen sensibel und interessiert auf Strömungen kindlicher Lebenswelten reagieren können.

Die Auseinandersetzung mit dem Medium Computer ist da sicherlich nur ein, wenn auch zurzeit bedeutender Bereich der kindlichen Lebenswelt.

[1] Informelle Gruppen = Gruppen, die sich spontan zusammengefunden haben

1. Verdeutlichen Sie, wie Sie dem Aspekt des Computers als Freizeitgestalter und Spielpartner gegenüberstehen. Stellen Sie hierzu Pro- und Kontra-Argumente auf und führen Sie eine Diskussionsrunde durch.
2. Verdeutlichen Sie sich die Nutzungsgewohnheiten von Kindern und Jugendlichen im Umgang mit dem Computer. Führen Sie hierzu entsprechende Gespräche oder beobachten Sie das Verhalten Kinder und Jugendlicher in einer Computerabteilung eines Kaufhauses. Visualisieren Sie ihre Ergebnisse in der Form einer Wandzeitung.
3. Klären Sie, welche gesellschaftlichen und gruppendynamischen Prozesse das Nutzungsverhalten von Kindern und Jugendlichen beeinflussen. Hier bietet sich die Zusammenarbeit mit dem Fach Erziehungswissenschaft an.
4. Präzisieren Sie im Unterrichtsgespräch, wodurch sich Unterschiede bei der Beurteilung des Computers durch Erwachsene und Kinder / Jugendliche ergeben.

2. Von Leibniz bis Gates – zur Geschichte von Computer und Computerspiel

2.1 Die Geräte

»Die Idee eines Computers (engl.: compute = berechnen) als programmgesteuerte Rechenmaschine geht ins 17. Jahrhundert zurück, als Blaise Pascal und Gottfried Wilhelm Leibniz Maschinen erfanden, die mathematische Operationen durchführen konnten.«

(R. Zey,. Bildschirmspielereien, Weinheim und Basel 1994, Seite 19)

Von diesem Zeitpunkt an sollte es bis zum heutigen Personalcomputer (im Folgenden PC) noch drei Jahrhunderte dauern.

1890 entwickelte der Amerikaner Hermann Hollerith die Dateneingabe per Lochkarte, die 1936 von Konrad Zuse weiterentwickelte und zehn Jahre später mit dem auf Elektronenröhren und riesigen Kühlaggregaten basierendem Rechnersystem »Eniac« (Kostenpunkt über eine Million DM) erstmals die Speicherung und das Ausdrucken von Daten ermöglichte. Das System entsprach in etwa der Größe eines Zimmers.

In der zweiten Computergeneration wurden 1957 die Elektronenröhren von kleineren und robusteren Transistoren und die Lochkarten von Magnetbändern abgelöst.

Erstmals setze man auch einen Bildschirm als Datenausgabegerät ein. Die dritte Computergeneration wurde 1965 durch die Erfindung des Mikrochips eingeleitet. Rund zehn Jahre später folgte mit dem Mikroprozessor die vierte Generation von Computern. Während bei diesen Systemen Rechenoperationen nacheinander ausgeführt wurden und die Ergebnisse zwischengespeichert werden mussten, hat die in den neunziger Jahren entwickelte fünfte Generation den Vorteil, mehrere Rechenoperationen gleichzeitig auszuführen und ist damit ihren Vorgängern in puncto Arbeitsgeschwindigkeit haushoch überlegen.

Parallel zum Wachstum der Arbeitsrechner entwickelten sich die Heimvideospiele oder Telespiele. Konzipiert als Spielkonsole mit lediglich einer Programmoption, traten sie Ende der 1970er Jahre ihren Eroberungszug durch die heimischen Wohnzimmer an. Auch heute noch verzeichnen beide Systeme hohe Marktkanteile. Die grundsätzliche Entscheidung des Nutzers liegt darin, ob er lediglich spielen, oder zusätzlich Daten verarbeiten möchte.

Neben der Ära der Telespiele begann 1980 die Vermarktung netzunabhängiger Geräte (Laptops). Sie wurden im Laufe ihrer Entwicklung immer kleiner und erreichten 1989 mit der Einführung und des Game-Boy ihren vorläufigen Höhepunkt. Rund zehn Jahre später erfreut sich dieses handliche Gerät, das um farbliche Grafikfähigkeit erweitert wurde, noch immer hoher Beliebtheit.

Regelrecht erschüttert wurde das ausgehende 20ste Jahrhundert durch das Tamagochi. Das erste virtuelle Haustier war nicht größer als ein Hühnerei und kostete bei seiner Einführung das Monatsgehalt eines japanischen Durchschnittsverdieners. Während Eltern und Lehrer sich durch das ständige Gepiepse nach virtueller Nahrung und Zuneigung gestört fühlten, entstanden regelrechte Tamagochi-Friedhöfe für den nicht mehr »lebensfähigen« Plastikschrott.

1. *Stellen Sie anhand einer Wandzeitung graphisch die Entwicklungsgeschichte des Computers dar. Ergänzen Sie die Informationen um aktuelle Tendenzen.*
2. *Erarbeiten Sie die Bedeutung der Entwicklung des Computers für die Nutzer in den Bereichen Arbeitswelt und Freizeit.*

2.2 Die Spielprogramme

Als Anwendungsform von Computern , stellt das Computerspiel ein Medium dar, das primär der Unterhaltung (Entertainment) dient, weiterhin aber auch dazu verwendet wird, Informationen (Education) zu transportieren. Man spricht in diesem Fall vom so genannten Edutainment.

Im Jahre 1972 gelang es dem jungen Amerikaner Nolan Bushnell das erste Videospiel zu entwickeln und erfolgreich zu vermarkten. Sein Spiel trug den Namen »Pong« und dürfte einigen noch in guter Erinnerung sein. Es bestand aus einem Ball, der mit Hilfe von zwei elektronischen Schlägern (Striche), die sich lediglich nach oben und unten bewegen konnten, geschlagen wurde. Akustisch wurde das Spiel durch monotone Geräusche begleitet.

Aus dieser Idee ging die Firma ATARI hervor, die das Zeitalter der Videospiele und später der Computerspiele einläutete.

Beinahe zeitgleich entstand der wandernde Lichtpunkt, den es durch Labyrinthe zu steuern galt. Hieraus entwickelte sich das Genre der Geschicklichkeitsspiele, das Spiele wie das bekannte »Pac Man« hervorbrachte.

Mitte der 1970er Jahre gelangte man zu drei weiteren Spielkategorien des Mediums Computerspiel: Autorennen, jump and run und Sportspiel. Leistungsfähigere Datenspeicher und schnellere Rechner erlaubten Ende der 1970er Jahre die Gestaltung erster 3D-Effekte.
Ein neuer Reiz innerhalb der Computerspiele lag von nun an nicht nur in der Schwierigkeitssteigerung durch höhere Spielgeschwindigkeiten, sondern auch in der Präsentation sich verändernder Szenarien. Letztere weckten die Neugier, immer tiefer in das Programm eindringen zu wollen. »Donkey Kong« gilt als erfolgreichster Vertreter dieser Spielära.

Anfang der 1980er Jahre verwirklichten die Programmierer erste Abenteuer- oder Rollenspiele. Diesem Spielgenre, sowie dem der Denkspiele, wurde ab 1983 ein höherer Stellenwert beigemessen als den reinen Action- und Aggressionsspielen. Für den meist noch kindlichen Nutzer integrierte man kognitive Aspekte, die den Medienpädagogen und Eltern ein gutes Gewissen verschaffen sollten. Anfang der 1990er Jahre hielt die Werbung Einzug in die Computerspiele. Durch geschicktes Präsentieren von Firmenlogos oder der Nutzung käuflicher Wagen für Fahrsimulationen, versuchen die Softwarefirmen ihre Produktionskosten zu senken.

Neue Anreize versuchte man dem Spieler mit einer Vielzahl militärischer Simulationen zu bieten. Darunter befanden sich auch zahlreiche rechtsradikale und in hohem Maße menschenverachtende Spiele.

[1] Der Begriff Computer wird im Folgenden als Oberbegriff für Personalcomputer, Spielekonsole und Handgerät verwendet

Weitere Tabuüberschreitungen bilden zahlreiche Spiele mit sexuellen oder pornografischen Inhalten (z. B. »Cover Girl Strip Poker«, »Teenage Queen«, »Bar Games«), die seit 1990 vermehrt angeboten und sogar in Fachzeitschriften diskutiert wurden.

Mit der 1993 entwickelten CD-ROM als Datenträger mit enormer Speicherkapazität, erfuhren die Computerspiele eine neue Dimension. Digitalisierte Fotos, Filmsequenzen und die Präsentation wichtiger Handlungsträger in kleinen Filmportraits, sowie die nahezu lebensechte Wiedergabe von Sprache gehören heute zum Standard eines guten Computerspiels.

Das Internet bildet eine weitere Möglichkeit, den Spielemarkt zu erweitern. Eine Vielzahl neu entwickelter Programme können auf der Basis so genannter Interaktivität von einer unbegrenzten Anzahl von Spielern im Internet genutzt werden. Es ist zu erwarten, dass diese – durch die anfallenden Telefonkosten verhältnismäßig teure Nutzung – künftig immens weiterentwickelt wird.

Bewerten Sie die beschriebene Entwicklung der Geräte und Programme anhand der Leitfragen:

- *Welche Möglichkeiten wurden den Nutzern eröffnet?*
- *Welche Auswirkungen hatte dies möglicherweise auf die Nutzer?*

2.3 Computerspiele heute

Zurzeit gibt es keine grundlegend neuen Spielideen. Bekanntes wird vielmehr in den Aspekten Leistung und Präsentation/Grafik verbessert: schneller, realistischer und aufwendiger. Von vielen Titeln gibt es einen zweiten, dritten oder vierten Teil. 360° Grafiken, 3D-Darstellungen und Echtzeit seien als Schlagworte genannt (Echtzeit bedeutet, dass die Bewegungen der Tastatur oder des Joy-Sticks direkt auf den Bildschirm übertragen werden und die gespielte Zeit mit der realen übereinstimmt).
Fast alle Spiele sind heute mit mehreren Spielern spielfähig: Sie können per Modem von mehreren Mitspielern in einem Netzwerk oder im Internet gespielt werden.
Ebenfalls im Trend liegt die Umsetzung von Filmen im Computerspiel. Das Programm »Rebel Assault«, eines der erfolgreichsten Computerspiele aller Zeiten, basiert auf dem Triumph der Star-Wars-Filme.

Hinzu kommt die Tendenz, Spiele mit echten Schauspielern und vor realen Hintergründen zu produzieren, wobei die wirklichkeitsgetreuen Darstellungen die Grenzen zwischen Film und Spiel verschwimmen lassen. Mit »Urban Runner« ist beispielsweise der erste interaktive Film mit Schauspielern erschienen. Interessant ist hierbei, dass sich durch diese Akteure ein ganz neuer Starkult etabliert: so wurde in Japan 1996 der erste Star eines Computerspiels wie ein Filmstar mit Autogrammstunden, Interviews und in Jugendzeitungen vermarktet. Auch »Tomb Raider« mit seiner Heldin Lara Croft wurde bereits so weit kommerzialisert, dass die Heldin in Musikvideos integriert und ein reales Doubel der Akteurin gefunden wurde.

An der Spitze der Beliebtheit bleiben dennoch klassische Sport- und Actionspiele mit einem relativ einfaches Ziel. In letzter Zeit kamen beispielsweise immer schnellere Autorennspiele auf den Markt. Der Spielhallenklassiker SEGA-Ralley erschien Anfang 1997 und bietet zwei Spielern an einem Computer die Möglichkeit, um die Wette zu fahren. Spannend, aber zurzeit noch zu teuer ist der Eintritt in die virtuelle Welt mittels der so genannten Cyberbrille. Vor allem die Kosten für die Brille hemmen momentan noch die Entwicklung von Cyberspielen, sodass Cyberwelten bis jetzt vor allem in Internet-Cafes erlebbar werden. Da die Preise für die Brille mittelfristig jedoch deutlich fallen werden, ist zu erwarten, dass sich die Spiele immer mehr verbreiten.

1. *Welche Tendenzen lassen sich in der aktuellen Entwicklung von Computerspielen finden? Entwickeln Sie ein System, wie Sie entsprechende Informationen gewinnen können und führen Sie es aus.*
2. *Stellen Sie sich vor, Sie sollten ein neues Computerspiel auf Ihre Bedürfnisse maßgeschneidert entwickeln. Wie würde dies aussehen?*

3. Wer spielt was, wann, in welchem Ausmaß und warum?

Um dieser Fragestellung nachzugehen wird auf eine Untersuchung der Universität Bielefeld zurückgegriffen, die im Jahre 1996 unter der Leitung von Dr. Komma durchgeführt wurde.[1] Sie basiert auf der Befragung von 393 Kindern im Vor- und Grundschulalter, die Ergebnisse wurden durch Fragebögen und narrative Interviews erzielt. Zentrale Punkte waren:

Die regelmäßige Nutzung von Computerspielen:

Nutzungshäufigkeit	Prozentangabe
Mehrmals am Tag	10,2 %
1 mal pro Tag	18,9 %
1 mal pro Woche	22,7 %
Am Wochenende	9,4 %
1 mal pro Monat	7,9 %
Wochenlang nicht	9,9 %
Nur probiert	9,2 %
Nicht mehr	0,5 %
Noch nie	4,3 %
Noch anders	6,9 %

[1] Die Ergebnisse präsentierte Dr. Komma im Rahmen der Studienkonferenz »Kids am Computer«, veranstaltet von der Thomas-Morus Akademie am 23. November 1996 in Köln

Der Besitz von Computerspielgeräten:

Gerät	Prozentangabe
Handgerät (wie Game Boy)	28 %
Konsole	30 %
PC	17 %

Die bevorzugten Spieltypen:

Genre	Prozentangabe
Action	60,6 %
Simulation	19,3 %
Geschicklichkeit	11,7 %
Abenteuer	6,9 %
Edutainment	1,2 %

Bevor Sie weiterlesen: welche Schlüsse können Sie aus den dargestellten Tabellen ziehen?

Hieraus wurde abgeleitet, dass über 60 Prozent der befragten Kinder mindestens einmal pro Woche an einem Computer spielen. Von diesen Kindern lassen sich die Hälfte in die Kategorie der Vielspieler einordnen, da sie wenigstens einmal pro Tag den Computer als Spielpartner nutzen. Erstaunlich niedrig ist im Gegensatz hierzu die Zahl derer, die noch nie mit einem Computer umgegangen sind. Dies sind von 393 Kinder lediglich 17.

Darüber hinaus gibt es noch die Phasenspieler, die sich anhand dieser Erhebungen nicht erfassen lassen. Die Phasenspieler spielen je nach Interessenslage von mehreren Stunden pro Tag bis gar nicht.

Bezüglich Besitz und Nutzung verschiedener Computergeräte war erkennbar, dass der PC, der in seiner Nutzungsvielfalt das differenzierteste Anregungspotential bietet, von den Kindern am wenigsten berücksichtigt wird. Die Tendenz geht vielmehr dahin, mit den transportablen Handgeräten und der einfach zu bedienenden Konsole zu spielen. PC sind im Vergleich zur Spielkonsole sehr teuer. Werden sie nicht von den Eltern oder älteren Geschwistern mitgenutzt, so lohnt sich ihre Anschaffung auch aufgrund des rapiden Wertverlusts kaum. Die ebenfalls geringen Prozentsätze im Bereich der Spielgenres Edutainment und Abenteuerspiele unterstützen diese These: In beiden Genres sind die Programme überwiegend so aufgebaut, dass sie als Eingabemedium einer Tastatur bedürfen und eben diese bietet bislang nur der PC.

Es ist unschwer zu erkennen, dass Actionspiele bei den Kindern beliebt sind. Mit annähernd zwei Dritteln haben sie den höchsten Beliebtheitsgrad erreicht. Es sind jedoch weniger die Gewalt verherrlichenden Spiele, die bevorzugt werden, als vielmehr die Jump´n Run Spiele.
Deutlich festgestellt wurde, dass es in der Regel Jungen sind, die an einem Computer spielen. Die Inhalte betrachtend stellte sich heraus, dass meistens über den Spielhelden Stereotype angeboten werden, die vornehmlich die Attribute "ein Junge zu sein" (stark, schnell, hart) verkörpern. Für die Mädchen bietet der Computerspielemarkt kaum Identifikationsmöglichkeiten. Sie besitzen dementsprechend weniger Computerspielgeräte, sind aber bei den Jungen als Mitspielerinnen anzutreffen.

1. *Wenn Sie an Ihr eigenes Nutzungsverhalten von Computern und Computerspielen denken, wo würden Sie sich einordnen?*
2. *Denken Sie an Ihre Praxiserfahrungen und schätzen Sie das Nutzungsverhalten der Kinder und Jugendlichen die Sie kennen ein. Versuchen Sie Hintergründe zu diskutieren.*

3.1 Das faszinierende Element des Computerspiels?

»Genau genommen sind Computer keine idealen Spielpartner. Von ihrer Veranlagung her bringen sie weder Intelligenz noch Flexibilität mit – alles Voraussetzungen für einen guten Spielpartner.«

Ch.-M. Sopart, Computerspiele, München 1984, Seite 11.

Mit einem Computer kann man sich weder über Regeln und Regeländerungen einigen, noch kann man gemeinsam neue Spielideen entwickeln und umsetzen. Spielen am Computer heißt immer, sich in den Grenzen des jeweiligen Computerprogrammes bewegen zu müssen. Doch darin liegt gerade ein Aspekt der Faszination für Computerspiele. Zuerst gilt es, überhaupt einmal die Gesetzmäßigkeiten eines Spiels herauszufinden. Später dann sind es nicht mehr die Gesetzmäßigkeiten des Spiels, sondern der sich steigernde Schwierigkeitsgrad des Spielablaufs. Das wiederholte und nach und nach immer simpler werdende Passieren einer einzigen Spielstufe würde schnell langweilig werden. Eine neue, mit höheren Anforderungen besetzte Spielstufe birgt dagegen den Reiz des Unbekannten und fordert den Spieler heraus, aufs Neue zu beweisen, wie gut er die Gesetzmäßigkeiten des Programms bereits beherrscht. In seinem Buch »Computerkids« beschreibt Wolfgang Bergmann diesen Aspekt sehr treffend:

»Die Computerspiele haben einen besonderen Ablauf, der auf eine Schockwirkung hin angelegt ist. Noch die simpelsten Varianten arbeiten damit, dass eine lange Strecke immer schneller werdender, sonst aber gleichförmiger Handlungselemente aufeinander folgt, die plötzlich von einem neuen Einfall, einer anderen Gefahr, einer neuen Gestalt abgelöst werden. Wo nun die rasende Abfolge immer gleicher Räume und Handlungssequenzen eine Art Sog oder Trance erzeugt hat, da bricht dieses neue Element, die neue Gefahr oder was immer es sein mag, wie ein Schock ein. Der junge Spieler wartet also fasziniert, während er sich dem gleichförmigen, tranceähnlichen Ablauf des Spiels überlässt und die unaufhörliche Beschleunigung routiniert pariert, auf den Moment, in dem diese Routine zerbricht und das Plötzliche, Unvorhersehbare eintritt.«

W. Bergmann, Computerkids, Zürich 1996, Seite 26 f.

3.2 Spielewelt und kindliche Lebenswelt

Oftmals lassen sich Verbindungen zwischen der Spielwelt und der kindlichen Lebenswelt herausstellen, die nicht zufällig sind. Die Spieler suchen und finden Erfolge in einer künstlichen Welt. Diese können zu einer Ermutigung werden, sich den Herausforderungen des Lebens zu stellen: »Wenn ich die Schwierigkeiten der irrealen Welt meistern kann, kann ich es auch im wirklichen Leben«.
Häufige Frustrationserlebnisse verstärken jedoch eine negative Ansicht und bergen die Gefahr der Flucht in die virtuelle Welt des Computerspiels: »Im Computerspiel behalte ich die Kontrolle und fühle mich sicherer als in der Realität«. Untersuchungen zur Faszination von Computerspielen[1] haben gezeigt, dass eine bevorzugte Nutzung des elektronischen Spiels vor nichtelektronischen Spielen häufiger bei misserfolgsmotivierten und prüfungsängstlichen Kindern und Jugendlichen vorzufinden ist. Das anfänglich hohe Maß an Misserfolgen relativiert sich im Spiel durch die Möglichkeit häufiger Wiederholungen und lässt schnell Entwicklungsfortschritte im Umgang mit den gestellten Anforderungen sichtbar werden.

Jürgen Fritz und Karla Misek-Schneider nennen folgende Motivationsquellen für das Computerspiel:

Primär	Sekundär
Langeweile vertreiben	attraktive Spieltätigkeit
Ablenkung	bekannte Motive und Themen
Wut rauslassen	Inhalte aus TV und Funk
erfolgreich sein	Grafik, Sound, Animation

Nach: J. Fritz, Warum Computerspiele faszinieren, Weinheim und München 1995, Seite119

So sind es weniger Animation und Aufforderungscharakter der Computerspiele, die die Kinder vor den Bildschirm locken, sondern primär die äußeren Umstände.
Gefühle von Wut oder Aggression abzubauen ist nicht der einzige emotionale Beweggrund des Computerspielens. Sicherlich lassen sich in den Actionspielen aufgestaute

[1] Vgl. R. Steckel, C. Trudewind u.a. in J. Friz, Warum Computerspiele faszinieren, Weinheim und München 1995, Seite 187 ff.

Aggressionen, die etwa gegen die elterliche Übermacht gehegt werden, auf die Space Invaders, Aliens oder Karatekämpfer projezieren. Umfassend gesehen muss man aber von einem pauschalen Emotionstransfer sprechen. So sind es auch Gefühle von Trauer und Freude, aber auch der Entspannung, welche sich beispielsweise in einem Abenteuerspiel mit ansprechenden Grafiken widerspiegeln können.

Bei Actionspielen kommt immer wieder das ungute Gefühl auf, dass diese Computerspiele zu Gewalt bereitem Verhalten anregen. Einen Beweis hierfür gibt es bislang nicht. Es sind zwar nach dem »Genuss« des verbotenen Actionspiels »DOOM« keine Heerscharen von Kindern mit Kettensägen in die Welt hinausgezogen, doch genauere Untersuchungen haben eine Verbindung zwischen verstärkt aggressiven Kindern und deren Bevorzugung von Action- und Gewalt verherrlichenden Computerspielen gezeigt.

Ein weiterer wichtiger Faktor ist das soziale Umfeld von Kindern und Jugendlichen. Der Stellenwert des Fernsehers als familiärer Ersatz des Lagerfeuers, machte Fußballübertragung und Tatort zu wahren Gassenfegern. Wer etwas verpasst hatte konnte nicht mitreden und war, wie man heute sagt, nicht in.
Ähnlich sieht es viele Jahre später mit dem Medium Computer aus:

Wer mit der Technisierung des Kinderzimmers mithalten will muss zumindest einmal bei Mama oder Papa auf dem Personalcomputer das neueste Spiel über Aladdin oder Super Mario ausprobiert haben, ansonsten ist man bereits im Kindergarten nicht mehr in.

1. *Stellen Sie heraus, was die Faszination für Computerspiele ausmacht.*
2. *Warum nutzen Kinder und Jugendliche Computerspiele? Stellen Sie einen Bezug zwischen kindlicher Lebenswelt und der Welt im Spiel her.*
3. *Diskutieren Sie, ob Computerspiele mit einem hohen Gewaltanteil Auswirkungen auf das kindliche Verhalten haben.*
4. *Planen Sie in Kleingurppen ein Angebot für Kinder oder Jugendliche, um ihnen Alternativen zum Computerspiel aufzuzeigen. Beachten Sie genau die Aspekte der Nutzungsanlässe.*

3.3 Das richtige Spiel – der richtige Umgang

Der Computer ist aus unserem Leben nicht mehr wegzudenken. Ihn zum Wohle des Kindes aus dem Kinderzimmer zu verbannen würde seinen Zweck nicht erfüllen. Kinder, die verhältnismäßig frühzeitig in Kontakt mit dem Medium Computer stehen, werden im späteren Leben kaum Umgangsprobleme damit haben. Die zentrale Frage, die sich Eltern und Pädagogen stellt ist nicht, ob ein Kind an einem Computer spielen soll, sondern welche Programme in welchem Ausmaß genutzt werden.

In Bezug auf die Auswahl von Computerspielen und die Festlegung der Nutzungshäufigkeit und dauer gibt es keine pauschalen Rezepte. Hier wie in allen Bereichen

pädagogischer Prozesse findet der situationsorientierte Ansatz[1] seine Gültigkeit. Die individuelle Situation des Kindes sowie seine Lebensweltbezüge gelten als grundlegend.
In der Planung pädagogischer Prozesse sind folgende Aspekte zu beachten:

- Feststellung des Kenntnisstandes der Kinder.
- Die Kinder lernen den Computer in seinen einzelnen Funktionen kennen.
- Sie erfahren, dass man mit dem Computer nicht nur spielen, sondern auch lernen und kreativ tätig sein kann.
- Einzelne Programme werden gemeinsam ausprobiert und besprochen.
- Erzieherinnen müssen erwägen, dass beim Einsatz des Computers nicht nur positive sondern auch negative Wirkungen erzielt werden können. Diese den Kindern zu erklären muss eine Intention pädagogischer Arbeit sein.
- Die Kinder erkennen, dass der Computer auch ein Notbremse gegen Langeweile sein kann und erfahren gleichzeitig Alternativen.
- Gemeinsam ist ein Zeitplan auszuarbeiten, wann gespielt, wann (mit dem Computer) gelernt und wann der Computer nicht benutzt wird.

Über diese Aspekte hinaus gilt es, geeignete Programme für Kinder und Jugendliche aus der breiten Angebotspalette herauszufiltern. Als überaus ungeeignet gelten Gewalt verherrlichende Spiele. Sie bieten keine Möglichkeiten einer sozial vertretbaren Konfliktlösung und fordern den Spieler auf, konkrete Gewalthandlungen, wenn auch virtuell, auszuführen. Weiterhin sind Programme mit nationalsozialistischen und rechtsradikalen sowie pornographischen und frauenfeindlichen Inhalten allein aus strafrechtlichen Gründen auszuschließen.
Der folgende Text enthält Auszüge der Entscheidungsbegründung zur Indizierung des Videospiels DOOM.[2]

»Die Bundesprüfstelle für jugendgefährdende Schriften hat einstimmig entschieden: das Computerspiel DOOM, ID Software, Fa. Apogee Software, Gartland/USA, sowie die Version für Play Station, Williams Entertainment Inc., USA wird in die Liste der jugendgefährdenden Schriften eingetragen.

Das Computerspiel DOOM (PC-Version) wird von der us-amerikanischen Firma ID Software ediert. Dem eigentlichen, aus drei Leveln mit jeweils 9 Spielszenarien bestehenden Spiel (Vollversion) schickt die Verlegerin eine lediglich den ersten Spiellevel umfassende SharewareVersion voraus. Diese »Shareware-Version« garantiert aufgrund ihres niedrigen Preises (Kopierkosten) einen größtmöglichen Verbreitungs-

[1] Vergleiche A. Krenz, der situationsorientierte Ansatz, Freiburg 1991
[2] Bundesprüfstelle für jugendgefährdende Schriften, entnommen aus: http://www.bpb.d/snp /referate/acoskrit.htm

grad … Die Stadtjugendämter Krefeld und Freiburg im Breisgau sowie das Kreisjugendamt Peine (Stadtjugendamt Augsburg für die Play Station-Version) beantragen die Indizierung des Computerspieles DOOM, da dieses jugendgefährdend i.S.d. § 1 I GjS sei. Die Gefahr einer sozialethischen Desorientierung Heranwachsender führen die Antragsteller übereinstimmend auf das vom Programm einzig geforderte unreflektierte Vernichten menschlich- bzw. tierisch anmutender Gegner zurück. Dabei würden die geforderten Gewaltanwendungen nicht nur überaus blutig inszeniert, sondern vielmehr als einzig zuverlässige Überlebensstrategie dargestellt, was einer Verherrlichung von Gewalt gleichkomme.

Inhalt und Aufbau der Spielszenarien werden durch eine dürftige Rahmenhandlung motiviert. Ort des Geschehens ist der Mars samt seiner Monde Phobos und Deimos. Dort wurden zu militärischen Zwecken diverse Forschungslaboratorien eingerichtet, deren Kontrolle der Besatzung derselben nunmehr entglitten ist. Vom Wahnsinn erfasst gehen Forscher und Testpersonen zum blutigen Angriff aufeinander über. Aufgabe des namenlosen Spielersubstituts ist es nun, die Situation zu klären.

Episode 1 besteht, wie alle folgenden, aus insgesamt 8 Einzelleveln (PC-Version). Von der eigenen Spielfigur ist nur die Hand zu sehen, in der sie ihre Waffe trägt. Der Spieler wird mit einem unüberschaubaren Gewirr aus Gängen, Räumen, Treppenhäusern etc. konfrontiert. Die Wände sind mit archaisch anmutenden Bildern und Texturen belegt. Auf dem Boden befinden sich in regelmäßigen Abständen grüne, lebensbeeinträchtigende »Giftpfützen«. Die Aufgabe des Spielers besteht nun darin, das Labyrinth zu entwirren und den Ausgang (Aufzug) zum nächsten Spiellevel zu finden … Das zu beschreitende Terrain wird von bewaffneten Männern und Feuerbälle schleudernden, affenähnlichen Monstern besetzt. Die sofortige Betätigung der eigenen Waffe ist unumgänglich, da sonst umgekehrt der Erschießungstod bzw. ein Zerfleischen droht. Die Tötungsszenarien werden sehr realistisch und überaus blutig inszeniert: Das jeweilige Opfer verwandelt sich in blutig auseinanderstrebende Fleischfetzen. Auf der Tonspur werden Geräusche des Einwirkens der Waffe sowie Todesschreie simuliert. Wird der Spieler selbst bzw. sein Substitut verletzt, so wird dieses anhand einer Menue-Leiste des unteren Bildschirmrandes demonstriert. Die prozentual dargestellte »Gesundheit« nimmt rapide ab; an einem in der Mitte der Leiste befindlichen, animierten Gesicht werden Spuren des blutigen Zerfalls deutlich. Die nachfolgenden Spiellevel unterscheiden sich von dem ersten aufgrund einer veränderten Gestaltung der architektonischen Gegebenheit des Labyrinths …

Die Art des zu erledigenden Spielauftrages erfährt während des gesamten Spielverlaufes keine Veränderung. Es geht stets darum, sich der permanenten Angriffe menschlicher Uniformträger bzw. variantenreicher tierähnlicher Monster durch reaktionsschnelles, automatisiertes Betätigen der eigenen Waffe zu erwehren. Das Aufsammeln diverser leistungssteigernder bzw. schutzgewährender Utensilien tritt demgegenüber in den Hintergrund.

Der Bundesprüfstelle für jugendgefährdende Schriften haben sowohl die Shareware-Version als auch die kommerzielle Vollversion zur Prüfung vorgelegen.

Die Allgemeine Vermittlungsgesellschaft mbH Pearl Agency rügt, vertreten durch den bevollmächtigten Rechtsanwalt Freiherr v. Gravenreuth, die Verletzung von Formvorschriften, an die das GjS den Gang eines vereinfachten Verfahrens binde ... Zum Inhalt des Computerspieles führt der Verfahrensbeteiligte aus, zwar sei DOOM in der Tat teilweise recht blutig inszeniert, dieses gelte jedoch für eine Reihe von Computerspielen, gegen deren Verbreitung aber mit keinem Indizierungsantrag eingeschritten worden sei. Auch habe das Programm aufgrund des Science-Fiction-Charakters seiner Szenarien keinerlei Realitätsbezug. Sein Wirkungspotential sei daher mit dem eines Märchens vergleichbar ...

Die sozialethische Desorientierung rührt hier aus der Einübung des gezielten Tötens. Die programm-immanente Logik bindet den Spieler an ein automatisiertes Befehls- und Gehorsamsverhältnis, dessen wesentlicher Kern das reaktionsschnelle, bedenkenlose Töten menschen- bzw. tierähnlicher Gegenüber ausmacht. Möglichkeiten des Ausweichens oder ähnlicher non-aggressiver Konfliktlösungen existieren nicht ... Die Tötungsakte und ihre Folgen werden weitgehend realistisch in Szene gesetzt. Der Tod des Gegners wird auf extrem blutige Art und Weise dargestellt und durch eine entsprechende akustische Untermalung (Geräusche der einwirkenden Waffe/Todesschreie) zusätzlich verdeutlicht. Die Parallelen zum Märchen, wie sie der bevollmächtigte Rechtsanwalt Frhr. v. Gravenreuth behauptet, sind nicht sichtbar. Während das Märchen grausame Geschehnisse bestenfalls erwähnt, auf eine Darstellung derselben aber vollständig verzichtet, setzt DOOM mit seiner spekulativen, effektheischenden Aufbereitung blutiger Gemetzelszenen im wesentlichen auf ein beim potentiellen Nutzer vermutetes voyeuristisches bzw. sadistisches Interesse.
Die jugendgefährdende Wirkung des Computerspieles ist ... darin zu sehen, dass der Programmablauf den Spieler ausschließlich zu einem reflexartig ausgeführten, instinktiven »Abschießen« und zum »Zerstückeln« der gegnerischen Figuren auffordert. Hier werden Verhaltensweisen trainiert, die die körperliche Integrität und Unversehrtheit des Gegenübers negieren. Das birgt die Gefahr in sich, daß der Respekt vor dem Leben und der körperlichen Unversehrtheit anderer herabsinkt. Hemmschwellen, die jeder Tötungs- und Verletzungshandlung entgegenstehen, werden auf diese Weise abgebaut.

Ausnahmetatbestände i.S.d. §1 Abs. 2 GjS liegen nicht vor. Eine Entscheidung nach §2 GjS verbietet sich im Hinblick auf die Schwere der Jugendgefährdung, die sich im gezielten Einüben gefühlloser Tötungsakte offenbart. Die werbewirksame Auswertung des Computerspiels in zahlreichen Software-Fachmagazinen sowie die Mailbox-Auszüge des Gutachters Jörns legen zudem einen hohen Verbreitungsgrad des Computerprogrammes DOOM nahe.

Empfehlenswerte Spiele hingegen

- bieten die Möglichkeit zum gemeinsamen Spiel,
- entsprechen in ihren Leistungsanforderungen der Entwicklung des Kindes/Jugendlichen,
- kennzeichnen sich durch ein differenziertes Anforderungsprofil: logisches Denken, Reaktionsschnelligkeit, Kombinationsfähigkeit, Emotionalität und Ästhetik,
- sind in ihrer grafischen Aufbereitung übersichtlich und ansprechend,
- bieten im Programmverlauf einen Wechsel von Spannung und Entspannung,
- lassen Schwierigkeitssteigerungen nicht als unüberwindbare Hürden aber auch nicht zu einfach erscheinen,
- werden auch nach längerer Nutzung nicht langweilig,
- sind inhaltlich nachvollziehbar und bieten eine klare Trennung zwischen Realität und virtueller Welt,
- können bereits nach kurzer Zeit umfassend gehandhabt werden,
- liefern als Anwendungsprogramme akustische Unterstützung und Animation.

1. *Testen Sie einige Spiele und Anwendungen. Nehmen Sie zunächst eine persönliche Beurteilung und anschließend eine Bewertung nach den oben genannten Kriterien vor.*
2. *Entwickeln Sie weitere Beurteilungskriterien, indem Sie die Begründung der Bundesprüfstelle zur Indizierung des Computerspiels »DOOM« analysieren.*
3. *Diskutieren Sie weitere Kriterien zur Beurteilung von Computerprogrammen.*
4. *Erstellen Sie eine Liste verschiedener aktuelle Programme, die als empfehlenswert bezeichnet werden können.*

4. Internet

Die »Datenautobahn«, das »Netz der Netze«, »www = weltweites Warten« – wenn man vom Internet spricht, denkt man oft an solche oder ähnliche Begriffe und Schlagworte. Aber, was ist es eigentlich, wo kommt es her und was bedeutet es für uns und unsere Jugend?

Das Wort »Internet« ist ein Kunstwort aus dem Englischen und steht als Kurzform für »International Network« (Internationales Netzwerk). Kurz gesagt steht es für die mögliche Verbindung aller Rechner der Welt. Das Internet ist ein offener Verbund von Computernetzwerken, der die Computer mit Hilfe entsprechender Programme (Browser) in die Lage versetzt, direkt miteinander zu kommunizieren.

Gayer, Internetführerschein, Braunschweig, 1999.

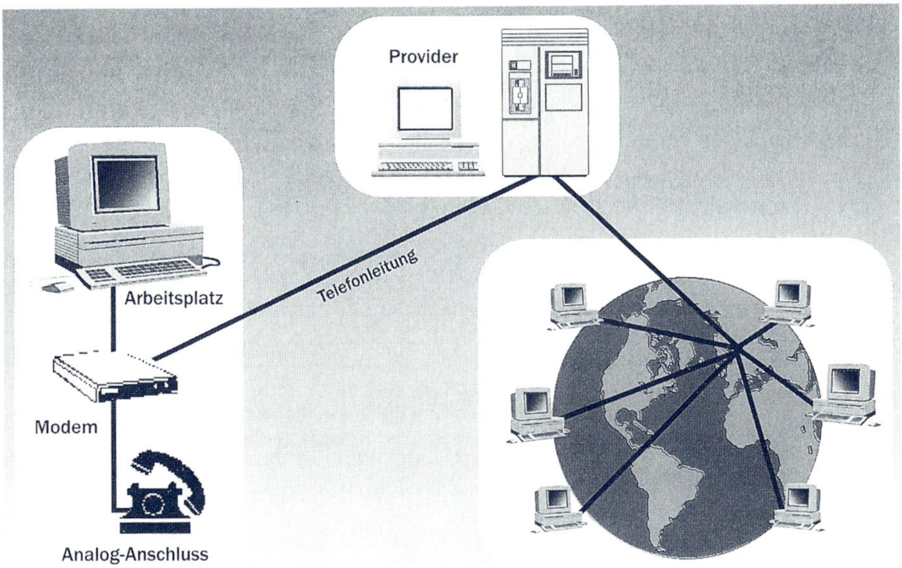

Seit das Internet in seiner jetzigen Form 1992 entstand bewegten sich mehrere Millionen Benutzer im Netz. Seine Anfänge fand diese Form der Kommunikation als militärisches Computernetz, das einerseits die Kommunikation im Falle eines nuklearen Angriffs gewährleisten und andererseits die Zusammenarbeit verschiedener Forschungsstellen auf digitalem Wege ermöglichen sollte. So ist es nicht verwunderlich, dass bis 1992 das Netz zu 100% von Universitäten und staatlichen Stellen genutzt wurde. Erst mit der Einführung des World Wide Web (www) änderte sich dieser Zustand. Bereits 1995 wurde die Zahl der weltweiten Nutzer auf über 30 Millionen Teilnehmer und einer Steigerungsrate von monatlich 150.000 Nutzern geschätzt[1], vier Jahre später sind es bereits 160 Millionen. Für das Jahr 2001 ist geplant, jede Schule

[1] Vgl. S. Pitzer, Stichwort neue Medien, München 1995, Seite 69

mit einem Internetanschluss zu versehen und 2005 jedes Klassenzimmer. Die Welt des Internets erscheint allumfassend und grenzenlos. Wer sich einmal in diesem Netz verfangen hat erkennt geschockt und fasziniert zugleich, dass hier für jeden Geschmack etwas angeboten wird. Unterhaltung, Information und Perversion stellen sich in einer erschreckend ausgewogenen Mischung dar. Nicht nur Kinder und Jugendliche auch Erwachsene sind fasziniert von den Möglichkeiten des World-Wide-Webs.

Erfahrungsberichte

Ich klicke, rufe ein Feld auf und lese etwa einen Liebesbrief, in unbeholfenem Englisch von einem Schüler aus Frankfurt verfasst, gerichtet an seine E-mail-Partnerin in Pennsylvania. Er hat sich in ihre Fotografie verliebt. Vielleicht sollte ich ihn anschreiben und Mut machen. Vielleicht habe ich auch einen schlechten Tag erwischt und schicke ihm eine bösartige Bemerkung, oder eine, die ich für witzig halte. Vielleicht entmutigt ihn das. Er kann sich nicht wehren.

Ich rufe ein anderes Feld ab und stoße auf pornografische Bilder, surfe absichtslos weiter und bin den sexuellen Fantasien eines anonymen Suchers im Netz auf der Spur, abstoßende Fantasien vielleicht, oder vielleicht packen sie mich an irgendeinem Zipfel meines Unbewussten (das ich jetzt weniger kontrolliere als in der »anderen Welt«) und ich antworte.

Alles ist möglich, weil alles nichts bedeutet.

Ich treffe ja keine Menschen; Personen und Charaktere tauchen im Internet nicht auf: Ich stoße auf Eigenschaften, Eigenarten, Charakterzüge, die alle seltsam blass und zufällig sind, warum? Sie erscheinen nie auf dem Hintergrund einer ganzen Person, sie sind nie Teil eines ganzen Menschen, der mich neugierig macht, der meine Aufmerksamkeit weckt.

Ein Gefühl faszinierender Orientierungslosigkeit stellt sich ein: Ich kommuniziere grenzenlos in jeder Hinsicht. [...]. »Wir alle sind das Netz«, proklamieren die begeisterten Surfer. Und sie haben Recht. Sie sind nicht dieser oder jener, sind nicht in Hamburg oder Manchester, sondern präsent auf dem ganzen Planeten. Nur dass dieses »Wir« in der planetarischen Allgegenwart mit ihrer Unmenge von Augenblicken und Ausschnitten fast untergegangen ist.

»Wir« bedeutet in diesem Zusammenhang jedenfalls nicht dasselbe, was es sonst bedeutet: Es enthält gewissermaßen kein »Ich« und kein »Du«, überhaupt keine Personalisierung in solch einem umfassenden, sagen wir ruhig »ganzheitlichen« Sinn. Wenn wir uns wirklich kennen lernen wollen, dann müssen wir das Netz verlassen - dann müssen wir die RW aufsuchen, wie die »user« sagen. RW ist die »Reale Welt«. Aber wer will das schon!

Alles ist immer möglich, solange ich Teil in diesem anonymisiert vernetzten »Wir« bin. Alles ist möglich und nichts. Grenzüberschreitungen sind möglich, die eigentlich gar keine sind, es gibt ja keine Grenzen.

W. Bergmann, Computerkids, Zürich 1996, Seite 84ff.

Nie wird es Nacht und nie regnet es, und sollte es doch einmal regnen, würde man nicht nass werden. Von einem Platz mit Kopfsteinpflaster führt eine prächtige Landstraße auf die Gebirgskette am Horizont zu, auf der Straße liegt kein Dreck. Der Himmel ist hellblau, und die Wiesen sind dunkelgrün, aber es sieht so aus, als würden die Dinge aus sich heraus leuchten. Die Sonne fehlt.

Die Szenerie ist vertraut und unheimlich zugleich: Irgendetwas stimmt nicht.

Vielleicht liegt es an solchen Eigenarten der neuen Computerwelten, dass die Menschen sie mit einer Mischung aus Angst und Reisefieber betrachten. Für einen halben Winter und einen halben Frühling werde ich in oder an diesem komischen Ort leben, von dem manche sagen, dass er die Zukunft der Menschheit ist. Oder auch ihr Ende. Ich bewege mich in der 3D-Welt mittels eines Avatars – so heißen die zwei Zentimeter kleinen digitalen Marionetten, die einen Menschen im Computer vertreten. Ich habe ihr meinen richtigen Namen gegeben: Heike.

Sie trägt ein bauchfreies Top und einen Minirock – ich weiß noch nicht, wie man sie umzieht. Ihre Bewegungen sind ruckartig, gesteuert über die Pfeiltasten meines Computers. Wenn ich nicht aufpasse, läuft sie gegen Betonwände, dann wird der Bildschirm grau, und es geht nicht mehr weiter. Manchmal laufe ich durch andere Avatare hindurch, aber keiner beschwert sich. [...]

Ich bin jetzt fast jeden Abend in der Computerwelt. Meine Freunde sind besorgt. Sie fragen: Bist du einsam? Hast du Angst vor echten Menschen? Hast du schon mal Computersex gehabt? Die Erfahrungen der meisten Menschen mit Computerwelten sind kleiner als ihr Misstrauen dagegen. Kein Wunder:

Es ist irritierend, sich einen Ort vorzustellen, an dem eine Mutter in London und eine Tochter in Kalifornien zusammen durch einen Park laufen und sich dabei unterhalten.

H. Faller, Die Zukunft ist schon da, in Spiegel Special, Heft 3/99,Seite 123

1. *Stellen Sie die unterschiedlichen Erfahrungen der beiden Autoren mit dem Internet dar.*
2. *Leiten Sie aus den Texten die Angebotsvielfalt des Internets ab. Diskutieren Sie Ihre Ergebnisse.*

Die dargestellten Erfahrungen von Heike Faller und Wolfgang Bergmann zeigen eine unterschiedliche Sichtweise menschlicher Kontakte im Internet auf.

Sicherlich spielt die Anonymität eine grosse Rolle, sich ungehemmt im World-Wide-Web zu bewegen. Das Zusammentreffen mit anderen Menschen in einem relativ identitätslosen Schonraum bietet auch überaus schüchternen Persönlichkeiten die Chance soziale Kontakte aufzunehmen. Dieses Zusammentreffen, das sich in der Regel auf die sprachliche Kommunikation mittels Tastatur beschränkt, wird als so genannten »chatten« bezeichnet. Chaträume finden sich zu vielfach im Internet. Ihre Ordnung entspricht meistens bestimmten Themengebieten, sodass es dem Nutzer leichter fällt, entsprechende Gesprächspartner zu finden. Die Beobachtung von Kindern und Jugendlichen zeigt, dass es weniger die Informationsflut ist, die sie vor die Bildschirme zieht, sondern das Aufsuchen von Chaträumen und die Kommunikation mit anderen Menschen. Qualitativ gesehen handelt es sich hier um ein Form sozialer Interaktion auf sehr einfachem Niveau, was nicht bedeutet, die Chance, anfänglich vorsichtige Kontakte über das Internet hinaus erweitern zu können, gering zu bewerten.

1. *Besuchen Sie im Internet verschieden Chaträume. Diskutieren Sie Ihre Erfahrungen.*
2. *Versuchen Sie über das Internet überdauernde Kontakte zu anderen Erzieherinnen herzustellen.*

5. Der Computer in der Arbeitswelt der Erzieherinnen

Nicht nur die Vermittlung eines pädagogisch sinnvollen Umgangs der Kinder und Jugendlichen mit dem Computer, sondern auch die Nutzung des PCs durch die Erzieherinnen, sind Bestandteil des pädagogischen Alltags.

Sobald sich das, in der Vergangenheit überwiegend technikscheu ausgebildete Personal in die Abgründe der Computer- bzw. Programmlogik eingearbeitet hat, steht der Einstufung des Kollegen Computer als einer Form der Arbeitserleichterung nichts mehr im Wege.

Textlayout

Einfache Textverarbeitungsprogramme bedürfen nicht einmal einer ausschöpfenden Kenntniss all ihrer Möglichkeiten, um z. B. als hilfreiches Medium der Elternbriefgestaltung zu dienen. Informationsblätter, deren Inhalte sich im Laufe vieler Kindergartenjahre nur geringfügig ändern, können, einmal gespeichert, immer wieder neu aufgerufen und bearbeitet werden. Lästiges Abschreiben oder unschönes Überkleben alter Daten gehören der Vergangenheit an. Der Umgang mit Zeichen- oder Grafikprogrammen erweitert die Möglichkeiten der Plakatierung und Visualisierung.
Zusätzlich bietet die Ergänzung der Texte durch eine differenzierte Schriftgestaltung oder das Einfügen von Grafiken jeder Erzieherin die Möglichkeit, ohne großartige pädagogische Rechtfertigungen, dem Ruf als schönredende, technikfremde Kaffeetante vorzubeugen.

Verwaltung

Weitere Arbeitserleichterungen bieten einfach konzipierte Kindergartenverwaltungsprogramme. Lästiges Anlegen und Suchen in verstaubten Karteikartensystemen, deren Struktur oftmals nur seiner Verfasserin durchschaubar erscheint, gelten als überholt.

Durch wenige Mausklicke verwaltet die Leiterin der Einrichtung als Systemadministratorin alle Informationen über Kinder, Eltern, Mitarbeiterinnen und den Haushalt und kann zudem den Zugriff ihrer Kolleginnen entsprechend organisieren, so dass bestimmte Daten lediglich ihren Augen zugänglich sind.

Kindergartenverwaltungsprogramm »KigaPro«, Regenspurger GmbH, EDV und Telekommunikation, Untersiemau

1. *Besuchen Sie in Kleingruppen verschiedene pädagogische Einrichtungen und befragen Sie das Personal ob und in welcher Form ein Computer genutzt wird.*
2. *Verdeutlichen Sie den Einsatz des Computers in einer pädagogischen Einrichtung. Erstellen Sie hierzu ein Cluster.*

Medienverbund – Merchandising

Was wünschten sich Kinder am Ende des 19. Jahrhunderts?
Ein Weihnachtslied aus dieser Zeit gibt uns darüber Auskunft:

Wisst Ihr noch?
Mein Räderpferdchen,
Jettens hübsche Schäferin,
Lieschens Küche
Mit dem Herdchen
Und dem blankgeputzten Zinn?
Wilhelms bunter Harlekin
Mit der gelben Violin?

... zitiert nach: E. Kästner, Wer nicht hören will muss lesen, Zürich 1971, S. 73

Welche Wünsche Kinder heute haben und in welcher Umgebung sie heute spielen, zeigt der Ausschnitt aus einem Kinderzimmer der heutigen Zeit.

1. *Beschreiben Sie anhand der Abbildung und des Kinderliedes die Spielwelt der Kinder im ausgehenden 19. Jahrhundert. In Bibliotheken und Museen finden Sie hierzu zusätzliches Material, das Ihnen weitere Informationen bietet.*
2. *Vergleichen Sie die frühere Spielwelt mit der in der zweiten Abbildung dargestellten aus der heutigen Zeit.*

Wie kommt es zu diesen Unterschieden?

3. *Werten Sie diese Frage aus und überlegen Sie, wie Sie die Ergebnisse der Schulöffentlichkeit zugänglich machen können.*
4. *Befragen Sie Ihre Eltern und Großeltern, mit welchen Spielsachen sie spielten, welche Spielzeugwünsche sie hatten und woher diese stammten.*
5. *Welches waren Ihre eigenen Lieblingsspielzeuge? Erinnern Sie sich noch, woher Ihre Wünsche kamen?*
6. *Versuchen Sie, diese drei Schritte auf einer Zeitleiste darzustellen.*

1. Micky Maus oder wie es vielleicht angefangen hat ...

Wie der oben dargestellte Vergleich zeigt, haben die unterschiedlichen Spielumgebungen die Freizeitgestaltung im Laufe der Zeit verändert. Der Einzelne wird bei dem, wie er seine Freizeit verbringt, nicht mehr mit seinen Ideen allein gelassen. Stattdessen hat sich rund um das mediale Angebot ein wirtschaftlicher Faktor entwickelt, der versucht möglichst weite Bereiche der Kinder- und Jugendwelt zu erreichen. Ausgangspunkt sind hierfür meist bekannte und erfolgreiche Fernseh- und Kinofilme, deren Produzenten weitergehende Produkte entwickeln und vermarkten.
»Product licensing« und »Merchandising« sind hierfür die Fachbegriffe, die aus dem Amerikanischen stammen.

Überlegen Sie, was ein Teddy-Bär und eine Micky Maus mit Product licensing und Merchandising zu tun haben könnten.

Die Auflösung dieses »Rätsels« ist recht einfach:
Beides sind Waren, die sehr früh in die Kategorie der »Lizenzprodukte« fallen. Bereits 1903 wurde die Erlaubnis erteilt, den Namen des damaligen amerikanischen Präsidenten Theodore (Teddy) Roosevelt für ein kommerzielles Produkt, die Teddy-Bären, zu benutzen. Das Geld, das mit dieser Lizenz verdient wurde, verwendete Roosevelt für ein Naturschutzprojekt zur Erhaltung amerikanischer Wälder.

Micky Maus ist seit ihrer Erfindung 1926 durch Walt Disney zu einer Kultfigur geworden. Sie existierte zunächst nur im Stummfilm, später auch im Tonfilm. Seit 1930 wird der Erfolg dieser Figur in Amerika auch durch Comic-Heftchen weitergeführt, in Deutschland erschienen die ersten bunten Magazine ab 1951. Micky Maus dürfte die Figur sein, die rund um den Erdball die weiteste Verbreitung gefunden hat.

Heute gibt es keinen Film von Walt Disney, bei dem nicht auf ähnliche Weise versucht wird, eine derart erfolgreiche Vermarktungsstrategie zu entwickeln. Durch Disneys Erfolg angeregt, hat es im weiteren Verlauf der Geschichte eine ungeheure Ausweitung der Comic-Figuren gegeben.

2. Medienverbund heute

Wenn wir heute an einem Zeitungsstand vorbeikommen, werden wir von der Vielzahl der Comics nicht mehr überrascht sein. Wir kennen sie, manche haben wir gelesen, manche lesen wir noch heute. Oft gehen wir aber an ihnen achtlos vorbei, denn sie sind zu einer Selbstverständlichkeit geworden.

Die unterschiedlichen Comics, die an Kiosken ausgestellt sind, haben auf den ersten Blick nicht viele Gemeinsamkeiten. »Und doch gibt es so etwas wie einen gemeinsamen Nenner: Fast immer sind diese Comics nur ein Teil eines groß angelegten, strategisch geplanten Medienmanagements.[1]«

1. *Notieren Sie sich auf einem Blatt die Comic-Figuren, die Ihnen spontan einfallen.*
2. *Wählen Sie eine oder mehrere Comic-Figuren aus, die einem großen Teil Ihrer Lerngruppe bekannt sind.*
3. *Stellen Sie nun in der Arbeitstechnik des Mind-Maps eine Figur in den Mittelpunkt und ergänzen Sie sie mit bekannten Produkten, die es zu dieser Figur gibt.*
4. *Vergleichen Sie die so entstanden Mind-Maps.*

[1] H. J. Kagelmann, Merchandising, multimediale Verwertung, Marketing, Synergie; in: Deutsches Jugendinstitut Handbuch (Hrsg.), Medienerziehung im Kindergarten, Teil 1, S.524

Bei der Auswertung der Mind-Map werden Sie festgestellt haben, dass die Vermarktung einer Figur, eines Produkts nicht auf ein Medium beschränkt bleibt. Das moderne Medienmanagement bemüht sich vielmehr darum, weite Bereiche des täglichen Lebens zu erreichen.

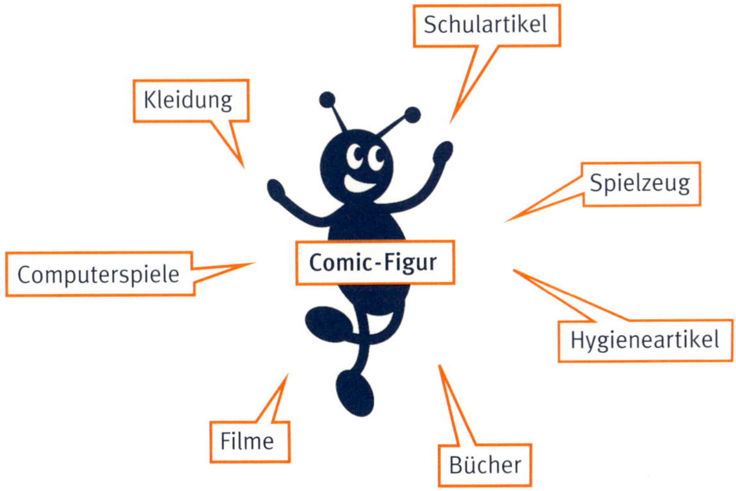

Die Grafik, die nur einen kleinen Ausschnitt der Vermarktungsmöglichkeiten zeigt, kann sicherlich durch weitere Elemente ergänzt werden.

Angestrebt wird durch ein solches Vorgehen die Verbindung der verschiedenen Ausdrucksformen in unterschiedlichen Medien zu erreichen. Wenn dieses gelingt, spricht man von einem Medienverbund.
Ein Medienverbund ist also dann gegeben, wenn mindestens zwei Medienarten eine Verbindung eingehen.

3. Strategien im Medienverbund

War zu Beginn die Abstimmung verschiedener Produkte aufeinander eher zufällig, so wurde doch sehr bald erkannt, dass bei genauer Planung und einem systematischen Vorgehen, ein großes wirtschaftliches Potential entstehen kann.

Um einen möglichst großen Erfolg zu haben bedienen sich die Merchandise-Abteilungen bei der Vermarktung von Medienprodukten der Vergabe von Lizenzrechten an Zweitfirmen. Diese verwerten erworbene Rechte dann in unterschiedlichen Fremdprodukten, Dienstleistungen oder in der Werbung. Der Rechteinhaber wird entweder am Umsatz oder am Gewinn beteiligt.

Heute lassen sich beim Merchandising drei Vorgehensweisen unterscheiden:

- Eine Figur wird in der Werbung als Werbeträger genutzt.
- Für eine Figur werden spezielle Artikel wie Kleidung, Bücher, Videos, Aufkleber, Geschenkartikel, Postkarten ... entworfen
- Eine Figur wird auf schon bestehenden Artikeln verkauft.

Suchen Sie für diese Vermarktungsstrategien verschiedene Beispiele.

Damit Merchandising zum Erfolg wird, muss das Ausgangsprodukt einen weiten Bekanntheitsgrad haben, sehr beliebt und erfolgreich sein.

Ein Beispiel hierfür sind die Peanuts, die ursprünglich nur gedacht waren als Comicstrip in einer Zeitung. Ihre Beliebtheit wuchs aber so schnell, dass die Verbreitung weit über die Grenzen der Vereinigten Staaten hinaus ging. Zum Schluss waren es annähernd 3000 Zeitungen und Zeitschriften, die fast täglich eines der kleinen Abenteuer veröffentlichten.

Peanuts: Geschichte einer Medienpräsenz und weltweiten Vermarktung

1950 erster Peanuts-Comicstrip
1952 erstes Peanuts-Buch
1958 erste Snoopy-Plastikfigur
1960 Peanuts-Grußkarten
1962 Auszeichnung als bester Comicstrip des Jahres in den USA
1965 Titelstory von »Time« über das erste Peanuts-Fernseh-Special (»Charlie Brown Christmas«)
1968 Snoopy wird Maskottchen der NASA für einen bemannten Raumflug; erste Snoopy-Plüschfigur
1973 Snoopy ist Symbolfigur einer US-Regierungskampagne für Energiesparen; ein Fernseh-Special gewinnt einen Emmy (andere folgen 1976 und 1980)
1975 Würdigung des Beitrages der Peanuts für die Erhaltung der Umwelt durch die US-Umweltschutzbehörde
1978 drei Filme über Zahnpflege mit den Peanuts, Produziert von der amerikanischen Zahnärzte-Vereinigung
1983 Snoopy-Camp als Attraktion im Ferienpark KNOTT's BERRY FARM in Kalifornien
1984 Die 2000ste Zeitung veröffentlicht Peanuts-Strips (Registrierung im Guinness-Buch der Rekorde); Sonderausstellung »Charlie-Brown ... 25 Years on Television« im New York Museum of Broadcasting
1986 Jugendfilmpreis für die beste Zeichentrickserie für die »Peanuts Saturday Moming Cartoons-Serie«
1988 Beteiligung der Peanuts an der »Just Say No«-Antidrogen-Kampagne
1990 Snoopy in Fashion-Ausstellung im Pariser Louvre
2000 Tod von C.M. Schulz

Quelle: Fa. MERCHANDISING München, Unterlagen zur Lizenzmesse 1993 in München, zitiert nach: Kagelmann. H. Jürgen, Merchandising, multimediale Verwertung, Marketing,Synergie, in: Deutsches Jugendinstitut Handbuch (Hrsg.) Medienerziehung im Kindergarten, Teil 1, S.527

Die Peanuts mit Snoopy und Charlie Brown sind ein Beispiel dafür, wie die Popularität einer oder mehrerer Figuren von der Konsumgüterindustrie genutzt wird.

Beeindruckend unter anderem ist der nunmehr über 50 Jahre anhaltende Erfolg dieser Vermarktung. Dies liegt daran, dass hier ein Produkt geschaffen wurde, das nicht nur bei einer Altersgruppe beliebt war, sondern es auch noch ist. Snoopys Fans finden sich sowohl bei Kindern als auch bei Erwachsenen.

Hierdurch wird die Vermarktung sehr effizient, denn häufig unterscheiden sich die Gruppen der Käufer und der Anwender. Dies zeigt sich insbesondere dann, wenn die Nachfrage bei Kindern geweckt werden soll, da es hier häufig auch die Eltern und Großeltern sind, die als Käufer auftreten. Also muss gleichzeitig bei den Eltern eine Akzeptanz für die Figur und ihre Folgeprodukte aufgebaut werden.

Wie allerdings die Vermarktung gerade der Peanuts weitergehen wird, ist noch nicht abzusehen, da Charles M. Schulz, der Vater der Peanuts, die weitere Produktion seiner Comics eingestellt hat.
Kurz nach Beendigung seiner Laufbahn ist er verstorben.

Ein gutes Beispiel wie weit reichend die Vermarktung einer bekannten Comicfigur sein kann, können wir am Beispiel von Tom und Jerry sehen:

Tom & Jerry-Figuren in Printmedien und Konsumprodukten verschiedener Firmen:

Kinderbücher (Halfar; Schwager & Steinlein)
Comic-Magazine, Taschenbücher, Specials (Condor Interpart Verlag)
Kalender (Brönner)
Schreibwaren, Schreibgeräte (Copywrite, Donauplastik)
Poster (Verkerke)
Sticker (BSB)
Partygeschirr (Hohenloher)
Karten (Susycard)
Babyartikel (Andree Austria)
Fahrrad-Accessoires (Antrieb)
Brettspiele, Kartenspiele, Puzzles (Schmidt)
Uhren (Harilela)
Aufblasbare Artikel (Royal Beach)
Trinkgläser (Ruhrglas)
Telefonkarten (PSM)
Pins (Felpa)
Bildbetrachter (Mathias Pamer)
Textilkollektion (Püttmann)
Plastikgeschirr für Kinder (Dinico)
Porzellangeschirr für Kinder (Seltmann Weiden)
Autos (Opel Corsa)
Kaugummi mit Aufklebern (Candy Team)
Tiefkühl-Kartoffelprodukte (Bofrost)
Kaubonbon Sticker (Trumpf)
Bonbons (PEZ-Haas)
Kinder-Käse-Produkte (Gründland)

Quelle: Fa. MERCHANDISING München, Unterlagen zur Lizenzmesse 1993 in München, zitiert nach: Kagelmann. H. Jürgen, Merchandising, multimediale Verwertung, Marketing,Synergie, in: Deutsches Jugendinstitut Handbuch (Hrsg.) Medienerziehung im Kindergarten, Teil 1, S.525

1. *Sie haben vorher in der Grafik gesehen, welche Bereiche des täglichen Lebens angesprochen werden. Mit Hilfe der Artikel, die es rund um die beiden Comicfiguren »Tom und Jerry« gibt sollten Sie diese nun ergänzen können.*
2. *Differenzieren Sie danach welche Produkte vorwiegend von Erwachsenen und welche vorwiegend von Kindern und Jugendlichen gekauft werden.*

Ein Beispiel

Mit welchen Vorüberlegungen und Strategien Firmen daran gehen sollen, neue Käuferschichten zu gewinnen, verdeutlicht das folgende Beispiel:

Kinder und Jugendliche – Konsumenten mit Kaufkraft
Exposé mit Fakten
»Eine Zielgruppe, über die jedes Unternehmen nachdenken sollte!«

Einführung

Jahrzehntelang wurde der Markt der Babys, Kids und Teens von der Markt- und Mediaforschung vernachlässigt. Die Bevölkerung, über 14 Jahre, war die bevorzugte Zielgruppe für die Strategen. Sie stellten die potentiellen »Geldausgeber« und waren somit die bevorzugt Umworbenen. Die Zeiten haben sich geändert, und damit auch die Herwachsenden. Es ist dringend notwendig, sich darauf einzustellen, dass Kinder und Jugendliche immer früher aktiv am Leben der Erwachsenen teilnehmen, oder es zumindestens stark beeinflussen. Sie sollten die Beachtung bekommen, die ihnen zusteht. Bei der Betrachtung dieser Zielgruppe werden drei Gesichtspunkte berücksichtigt. Kinder und Jugendliche

a) als selbständige Konsumenten,
b) als Beeinflusser fremder Kaufkraft und
c) als zukünftige Konsumenten.

Die Unternehmen müssen sich also Gedanken darüber machen, inwieweit dieser junge Markt für sie relevant ist. Die Voraussetzungen der Unternehmen bei der Betrachtung sind unterschiedlich. Dabei lässt sich unterscheiden zwischen Unternehmen

- mit reinen Kinderprodukten,
- mit Produkten, die auf Kinder abgewandelt werden können,
- mit Produkten, die nicht auf Kinder abgewandelt werden können,
- mit reinen Ewachsenenprodukten, wobei hier die Zielgruppe als zukünftiger Konsument Beachtung finden sollte.

Die nachfolgende Sammlung, Überarbeitung und Auswahl von Daten und Informationen soll die Betrachtung der Zielgruppe erleichtern und Anregungen geben. Die Informationen wurden aus bisher vorliegenden Quellen unterschiedlicher Anbieter entnommen.

Inhaltlicher Überblick

- Bevölkerungsentwicklung
  Altersstruktur der Bevölkerung
  Anteil der jungen Leute
  Geburtenentwicklung
- Die Familie

- Die jungen Leute
  Entwicklung
  Der Einfluss der »peer group«
- Kaufkraftpotential
  Eigenes Kaufkraftpotential
  Beeinflussung fremder Kaufkraft
- Diversifikation der jungen Leute im Hinblick auf das Alter
  Das Freizeitverhalten
  Das Konsumverhalten
- Marken-Präferenzen-Aufbau
- »Junge Leute« und Medien
- Werbewege zur Erreichung der jungen Leute
- Weitere Literatur

Die vollständige Statistik können Sie bestellen

Mit diesem Text tritt eine Firma im Internet auf, um für ihr Produkt, eine Marktanalyse, zu werben.
Welche Zielgruppe soll auf der Grundlage dieser Marktanalyse hier als Käuferschicht gewonnen werden?
Stellen Sie in einem Schaubild dar, welche Daten und Informationen hierfür Ausschlag gebend sein sollen.
Versuchen Sie über die einzelnen Punkte weitere (genauere) Informationen zu bekommen. Hierzu können verschiedene Statistiken (z.B. das statistische Jahrbuch) hilfreich sein.
Um zu verdeutlichen wie groß diese Käuferschicht tatsächlich ist, können Sie anschließend das Schaubild mit Hilfe des statistischen Materials weiter konkretisieren.

Waren für eine lange Zeit die Printmedien Ausgangspunkt für die Vermarktung der verschiedenen »Kinderhelden«, so wurden mit der weiteren Verbreitung des Fernsehens und der veränderten Sehgewohnheiten bald die unterschiedlichen Fernsehserien zu einem neuen Startpunkt.
»Früher«, so hört man oft, »war alles anders«. Es war aber nicht das Privatfernsehen, das hier als Initiator einer weiteren Vermarktungsstrategie fungierte. Vielmehr begannen bereits die öffentlich rechtlichen Rundfunkanstalten hiermit.
Die wohl bekannteste und erfolgreichste Figur in den Jahren nach 1970, die vermarktet wurde, war die »Biene Maja«.

Gehen Sie in ein Spielwarengeschäft oder in die Spielwarenabteilung eines Kaufhauses und versuchen Sie herauszufinden, ob es auch heute noch Merchandisingprodukte für ältere Fernsehserien gibt.

Das Merchandising reagierte bisher eher auf die zufälligen Wünsche des Publikums und wurde manchmal von dem Erfolg einzelner Serien überrascht, so dass erst mit einer zeitlichen Verzögerung mit entsprechenden Produkten in die Kaufhäuser gegangen werden konnte.

Um aus dieser Unwägbarkeit herauszukommen, begann man damit, einzelne Medienereignisse durch durchgeplante Medienkampagnen zu ersetzen. Es wird nicht mehr das einzelne Medium als Vermarktungsobjekt angesehen. »Die multimediale Medienverwertung und die Merchandising-Aktivitäten sind nicht »Nachzieher«, sondern werden vorher geplant, beschlossen, konzipiert und koordiniert. Deutlich wird das z.B. bei audiovisuellen Produkten: Wann, in welchen zeitlichen Abständen ein Spielfilm ins Kino, ins Fernsehen, ins Videoverleihgeschäft und in den Videoverkauf kommt, ist genau festgelegt.«

Kagelmann. H. Jürgen, Merchandising, multimediale Verwertung, Marketing,Synergie, in: Deutsches Jugendinstitut Handbuch (Hrsg.) Medienerziehung im Kindergarten, Teil 1, S.528

Zu dieser Vermarktungsstrategie, die zunächst nur die zeitliche Aufeinanderfolge des Erscheinens festlegt, kommt hinzu, dass dann auch die weiteren Produkte, die sich um ein solches »Medienereignis« ranken, entwickelt und vertrieben werden.
In der Arbeit mit Kindern wird man diesen Produkten in Form der verschiedenen Spielzeuge häufig begegnen.

1. *Veranstalten Sie in Ihrer sozialpädagogischen Praxis einmal einen offenen »Spielzeugtag«, an dem die Kinder ihre Lieblingsspielzeuge mitbringen dürfen.*
2. *Ordnen Sie dieses Spielzeug, wenn möglich, den verschiedenen Serien zu. Achten Sie darauf, ob es bei den Spielzeugen immer noch geschlechtsspezifische Unterschiede gibt.*

Welche Lizenzprodukte sich um eine bekannte und erfolgreiche Serie gruppieren können, zeigt das Beispiel der RTL 2 Zeichentrickserie »Sailor Moon«.

1. *Versuchen Sie in Ihrer Lerngruppe möglichst viele Produkte rund um eine bekannte Fernsehsendung oder einen Kinofilm (z. B. Pocahontas) zu sammeln. Es reichen Abbildungen aus.*
2. *Gestalten sie mit diesen Abbildungen eine »Merchandising-Wand«.*

Medienpädagogische Zusammenarbeit mit Eltern

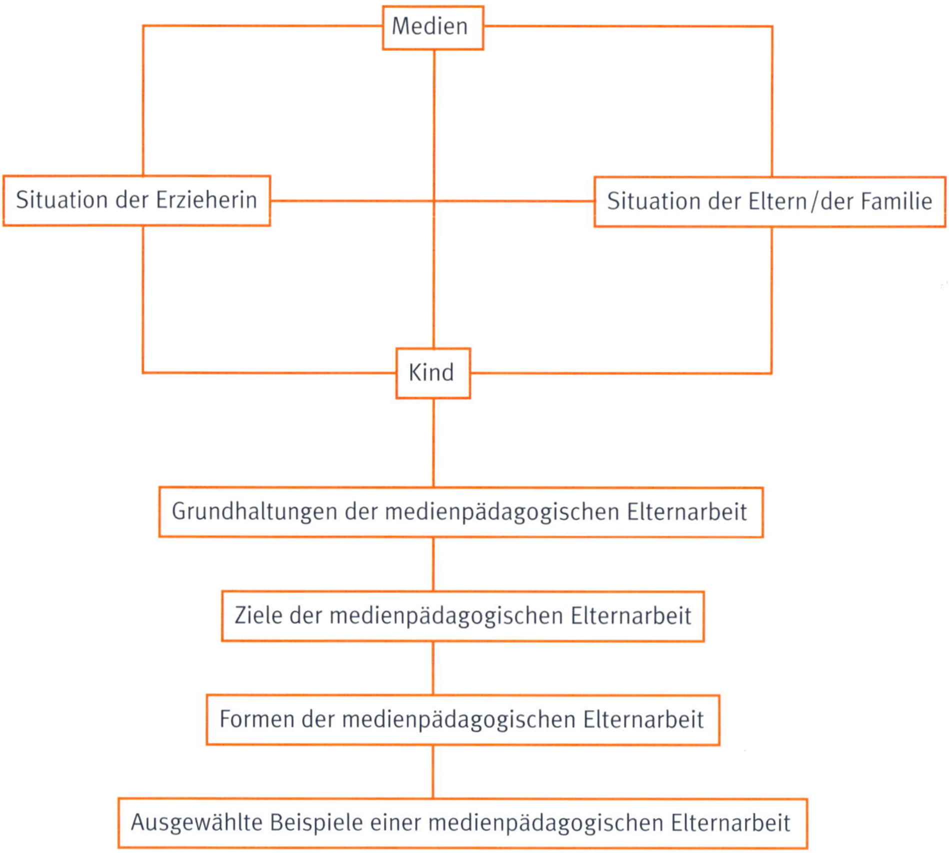

Ein Montag Morgen im Advent. Drei Jungen und ein Mädchen spielen im Rollenspielbereich eine Kindersendung mit Kampfhandlung nach. Die Erzieherin sitzt bei Kindern, die ihren Nikolausteller bemalen wollen. Dabei kann sie sich kaum mit den malenden Kindern unterhalten, denn die Rollenspiel-Kinder sind sehr laut und haben ihre Spielsituation auf den gesamten Raumbereich ausgedehnt. Sie laufen in den Baubereich, springen in bestimmten Hüpfarten hoch und rufen zu den bauenden Kindern: »Jetzt kriegen wir euch!« Dabei geht ein gebauter Turm kaputt. Alle anwesenden Kinder schauen dem Spiel der vier Kinder wie gebannt zu.

1. *Überlegen Sie, wie Sie als Erzieherin auf die beschriebene Situation reagieren würden.*
2. *Beschreiben Sie, welche Funktion das Medienspielverhalten für die Kinder hat.*
3. *Zeigen Sie auf, welche Bedeutung Ihrer Meinung nach die Zusammenarbeit mit Eltern bezogen auf die geschilderte Kindergartensituation hat.*
4. *Nennen Sie Schwierigkeiten und Ängste der Erzieherinnen und der Eltern bezüglich einer medienpädagogischen Zusammenarbeit.*

Medien gehören ganz selbstverständlich zu unserem Leben, zu unserem Alltag. Kinder und Jugendliche benutzen bzw. kennen durch Freunde Hörspiel-Kassetten, Fernsehen, Computerspiele und Internet, Videos, Bücher, Zeitschriften und Merchandising-Produkte. Grundlage für den Umgang mit Medien in sozialpädagogischen Einrichtungen ist eine entsprechende medienpädagogische Konzeption und die Absprache im Team (siehe »Basiswissen Medienpädagogik«, S. 27ff.).

Die Mediennutzung wird hauptsächlich in der Familie vorgelebt. Kinder werden durch das Vorbild der unmittelbar erlebten Personen im Umgang mit den Medien geprägt, und somit müssen diese zum Thema einer Zusammenarbeit zwischen Eltern und den sozialpädagogischen Einrichtungen gemacht werden:

- weil das Kind und seine Entwicklung im Mittelpunkt des Austausches und der Partnerschaft aller Erziehungsbeteiligten stehen muss;
- weil jeder Erziehungsbeteiligte von der Lebenssituation, von den pädagogischen Absichten und Notwendigkeiten des anderen lernen kann;
- weil jeder Erziehungsbeteiligte seine Interessen und Kompetenzen in den pädagogischen Prozess einbringen kann und davon letztlich jeder – einschließlich das Kind – profitiert.

Als Grundhaltung der Erzieherin gegenüber den Eltern und anderen Erziehungsbeteiligten muss

- die Zusammenarbeit,
- der kooperative Dialog,
- die gegenseitige Bereicherung,
- und nicht die Belehrung oder Aufklärung stehen.

Die Zusammenarbeit mit Eltern orientiert sich an deren Lebenssituationen und Lebenswelten.

1. Lebenssituation der Eltern

Wenn wir von Familie reden, haben wir meist eine Idealvorstellung in uns, die von eigenen Erfahrungen mit der Familie geprägt ist. Grundsätzlich ist aber festzustellen, dass es »die Eltern« oder »die Familie« immer weniger gibt, wobei damit aber nicht gesagt wird, dass dies generell schlechter oder defizitär wäre:

- In etwa 13% aller Familien sind die Mutter (85%) oder der Vater (15%) alleinerziehend und bilden sogenannte **»Ein-Eltern-Familien«**.

- Daneben gibt es eine Vielzahl unterschiedlichster Lebensgemeinschaften von Erwachsenen und Kindern, die sogenannten **»Patch-Work-Familien«**.

- Darüberhinaus sind etwa ein Drittel aller Kinder **Einzelkinder**, d. h. immer mehr Familien haben immer weniger Kinder.

Trotz dieser Vielzahl von Möglichkeiten wird im folgenden Text zur Vereinfachung weiterhin der Begriff Familie/Eltern benutzt, wobei jedoch jegliche Form des Zusammenlebens gemeint sein soll.
Auf die ständigen **Veränderungen in der Arbeitswelt** müssen gerade auch Familien flexibel reagieren:

- Arbeitszeiten sind ganz unterschiedlich gestaltet (oft bis spät in den Abend);

- bei wechselnden Einsatzorten gilt es mobil zu sein

- und oftmals sind Umschulungen oder Weiterbildungen notwendig.

Mit den Folgen der Arbeitslosigkeit müssen sich immer mehr Familien auseinandersetzen oder sie lernen mit ihrer Angst vor der Bedrohung der Arbeitslosigkeit um zu gehen. Unter diesen Belastungen muss der Alltag und das Zusammenleben der Familienmitglieder organisiert und strukturiert werden.

Die Eltern sind des weiteren immer weniger in der Lage, die **eigenen** hohen **Erwartungen** und Anforderungen an das »Familienleben-Ideal« zu erfüllen und resignieren bzw. kapitulieren durch den eigenen Erwartungsdruck häufig.
Zudem sind die **Anforderungen der Gesellschaft an die Eltern** bezüglich der Erziehung ihrer Kindern gewachsen bzw. **widersprüchlich** geworden:

- so sind die Kinder einerseits ein wichtiger Wirtschaftsfaktor der konsumorientierten Freizeitwelt – demgegenüber sollen die Eltern die Kinder zu Kreativität, Sparsamkeit und gezielter Auswahl erziehen;

- Kinder haben gerade im städtischen Umfeld wenig Spiel- und Freiflächen, die sie eigenständig nutzen können – Eltern sollen ihnen dafür eine kompensatorische ganzheitliche Förderung anbieten, um sie auf die Anforderungen der Leistungsgesellschaft und das spätere Berufsleben vorzubereiten;

- und die Kinder brauchen nach wie vor die Befriedigung ihrer Grundbedürfnisse nach Geborgenheit und Sicherheit gerade innerhalb der Familie. Der elterliche Erziehungsstil wandelt sich von klaren Anordnungen der Eltern hin zu langwierigen Verhandlungen mit den Kindern.

Der **Wandel der Erziehungsziele** verunsichert die Eltern ebenso, wie die Veränderung der elterlichen Rolle als Vater und Mutter. Das vielfältige Angebot an Erziehungsratgebern macht die Eltern kaum sicherer; im Gegenteil, der eigene Leistungsdruck eine »gute Mutter – ein guter Vater« zu sein erhöht sich noch. Durch die Fülle der psychologischen und pädagogischen Ratgeber entsteht schnell der Eindruck es bedürfe nur der richtigen Methode um Erziehungsprobleme zu lösen. Gelingt dies nicht, so werden Schuldgefühle entwickelt und die Probleme als eigenes persönliches Versagen aufgefasst.

Erkundigen Sie sich in der Praxiseinrichtung nach den Lebenssituationen der Eltern und damit auch der Kinder:

- *Wo wohnen die Familien?*

- *Wie sieht das Wohnumfeld aus?*

- *Wer wohnt bei der Familie?*

- *Was und wo arbeiten die Eltern?*

- *Wie sieht der Tagesablauf der Familien aus?*

- *Machen Sie einen Stadtteilerkundungsgang durch das Wohngebiet der Ihnen bekannten Familien und suchen Sie Spielmöglichkeiten für die Kinder, Kultur- und Bildungseinrichtungen oder sonstige Freizeitangebote.*

2. Mediennutzung im Familienalltag

Die Mediennutzung ist eingebunden in den Familienalltag, wobei das Medienhandeln oftmals den Tagesablauf der Familie strukturiert; so zum Beispiel:

- Radio hören beim Frühstücken
- Kassetten hören im Auto
- Fernsehen nach der Schule oder nach dem Kindergarten
- Musik hören zur Hausarbeit
- Vorlesen zum Einschlafen

Das unterschiedliche Medienhandeln von Familien findet immer vor dem Hintergrund der Lebenssituation und der familiären Alltagssituation statt. Geht es um die Medienerziehung der Kinder, sind die Eltern stark gefordert und meistens auch überfordert. Das hängt unter anderem auch davon ab, wie viel Energie und Kraft den Eltern neben der Bewältigung des Alltags für den Umgang mit Medienerziehungsfragen noch bleibt.
»Medien haben im familiären Alltag vielfältige, auch positive Funktionen:

- Sie machen Spaß, sie unterhalten
- Sie dienen der Entspannung
- Sie bieten Stoff für Tagträume und Rückzug aus dem belasteten Alltag
- Sie strukturieren den Tagesablauf
- Sie sorgen für Gesprächsstoff
- Sie schaffen Nähe
- Sie informieren
- Sie bieten Ersatzmöglichkeiten für nicht erfüllte Bedürfnisse«[1]

Eigene Medienreflexion – Mediennutzung und deren Funktion im Tagesablauf

Uhrzeit / Datum	welche Mediennutzung	Funktion/Absicht der Mediennutzung
Z. B. 6.30 bis 7.00 Montag	Radio hören, Rundfunksender: FFH	gute Laune durch Musik erhalten; Informationen erhalten (Stau,Wetter ...)
...	...	...

[1] U. Arbeiter, ajs-Informationen, Medienpädagogische Elternarbeit, 4, 1998 Stuttgart, S. 2

Füllen Sie diese Tabelle für einen Werktag und einen Wochenendtag aus. Tauschen Sie sich in Kleingruppen über Ihre Mediennutzung und Ihre damit verbundenen Absichten aus:

- *Gibt es Ähnlichkeiten, Gemeinsamkeiten, Unterschiede?*
- *Vergleichen Sie Ihre Mediennutzung werktags und am Wochenende. Was stellen Sie fest?*

Eltern, die Medienerziehung betreiben haben ganz unterschiedliche Handlungsstrategien im Umgang mit den Medien. Grundsätzlich lassen sich zwei **medienpädagogische Erziehungshaltungen** unterscheiden:

1. Eltern wollen ihre Kinder vor den Medien grundsätzlich bewahren und kontrollieren dementsprechend die Nutzung der Medien.

2. Eltern sehen die Medien als Kontakt zur Außenwelt und als Miteinander im Familienalltag; dementsprechend haben die Medien einen hohen Stellenwert und die Kinder können die Medien häufig nutzen.

Das Gros der elterlichen Medienerziehung ist immer wieder von Unsicherheiten, Hilflosigkeit oder Resignation begleitet. Dazu kommt, dass unabhängig von den individuellen Bedingungen **Medienerziehung immer dynamisch** und nie statisch stattfindet:

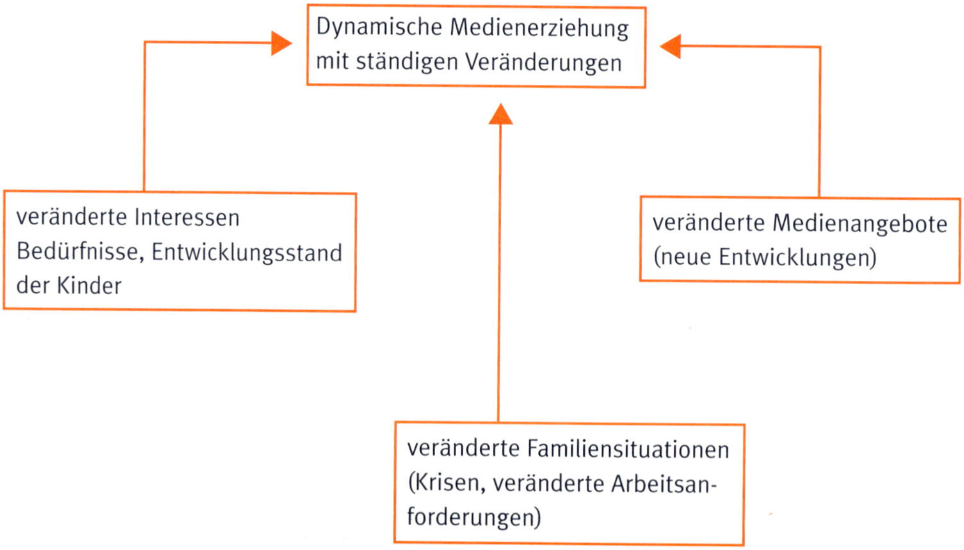

3. Situation der Erzieherinnen

Die Arbeitssituation der Erzieherinnen ist geprägt von den vielfältigsten Erwartungen: die der Kinder, der Eltern, der Kollegen, der Träger, der Gesellschaft und nicht zuletzt den eigenen Erwartungen an sich selbst.

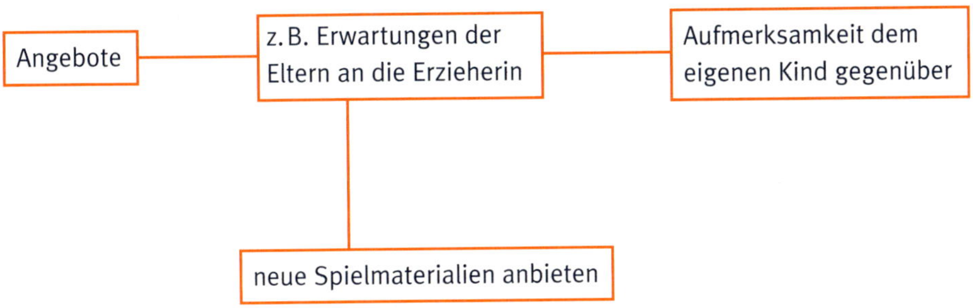

1. Zeigen Sie Erwartungen an die Erzieherin auf, die
- *die Gesellschaft*
- *der Träger*
- *die Eltern*
- *die Kinder*
- *die Kollegen*
- *die Sie selbst an sich haben*

2. Entwickeln Sie Ideen, wie die Erwartungen der einzelnen Personen deutlicher und klarer erfasst werden können, bzw. wie Sie möglicherweise Fantasien bezüglich der Erwartungshaltungen relativieren können.

3. Überlegen Sie, welche Möglichkeiten es gibt mit diesen unterschiedlichen Erwartungen umzugehen.

Die **Anforderungen an eine Erzieherin** im Beruf sind sehr vielfältig und müssen ein beständiges Lernen und Neuorientieren beinhalten. Im realistischen Umgang mit den vielfältigen Erwartungen an die Berufsrolle »Erzieherin«, ist es für die **Psychohygiene** der Betroffenen notwendig:

- sich selbst nicht zu überfordern und sich bewusst zu machen, dass man es nicht allen recht machen kann;
- mit den unerfüllten Erwartungen und Wünschen der Anderen leben zu lernen, um damit die negativen Konsequenzen für die Berufszufriedenheit und das Selbstwertgefühl möglichst gering zu halten.

Zitat einer Erzieherin:
»Neben allen diesen Erwartungen und Anforderungen an mich in meinem Beruf soll ich auch noch eine medienpädagogische Elternarbeit betreiben? Was kann mir denn das bringen?«

1. Überlegen Sie, welcher Nutzen die Zusammenarbeit mit den Eltern im Bereich der Medienpädagogik für die einzelne Erzieherin haben kann.
2. Entwickeln Sie Ideen, wie die Arbeitsbelastung der Erzieherin bewältigbar oder sogar geringer gehalten werden kann. Orientieren Sie sich dabei an den von Ihnen erlebten konkreten Arbeitsbelastungen der Anleiterinnen/Kolleginnen in der Praxis.

Erzieherinnen haben oft ein ganz **anderes Medienverhalten** als die von ihnen betreuten Kinder und deren Eltern. Sie orientieren sich in ihrem Leben an einem individuell herausgebildeten Wertesystem – auch bezüglich der Mediennutzung (siehe »Medienbiographie«, S. 9ff.). Jede Erzieherin muss sich darum bezüglich einer medienpädagogischen Zusammenarbeit mit Eltern

- ihre eigenen medienpädagogischen Einstellungen und Vorstellungen deutlich machen,
- sich mit der eigenen Medienbiographie und dem eigenen Medienverhalten auseinander setzen,
- die Medienwelt der Kinder kennen lernen,
- die Lebenssituationen der Familien als einen bedeutsamen Faktor der Medienerziehung ernst nehmen,
- sich mit Informationen und wissenschaftlichen Erkenntnissen zum Thema Medien auseinandersetzen,
- Berührungsängste vor Medien abbauen.

Überprüfen Sie bisherige Überlegungen zu Ihrer Medienbiografie:
1. Wie gehe ich selbst mit Medien um? Welche lehne ich ab, welche bevorzuge ich?
2. Warum finde ich das Mediennutzungs- und Medienverarbeitungsverhalten der Kinder evtl. problematisch?
3. Welche eigenen pädagogischen Vorstellungen sind die Grundlage meiner Einschätzung?
4. Wie unterscheidet sich meine Lebenswelt von jener, der Kinder und Eltern?

4. Situation der Kinder und Jugendlichen

Kinder und Jugendliche wollen in ihren Bedürfnissen und Interessen auch bezüglich der Medien ernst genommen werden. Heranwachsende nutzen Medien aus folgenden Gründen:

- Rückzug und Entspannung
- Impulse für Tagträume
- Ausleben von Abenteuer- und Spannungsbedürfnissen
- Spaß-, Spiel- und Fantasieanregung
- Bedürfnis nach Harmonie und einer heilen Welt
- Orientierung an anderen Kindern und Jugendliche
- Erzeugung eines Gemeinschaftsgefühls durch Gespräche über und Nachspielen von Medienerlebnissen.

Eine medienpädagogische Zusammenarbeit zwischen Eltern und Erzieherinnen ist notwendig,

- um dem Kind Sicherheiten in Einstellungen, Werten und Beurteilung bezüglich der Medien zu geben;
- um das Kind besser in seiner Lebenssituation und Lebensgeschichte kennen zu lernen;
- um den Kindern und Jugendlichen eine differenzierte und optimale Erweiterung des Erfahrungsfeldes sozialpädagogische Einrichtung zu ermöglichen.

Durch eine gemeinsame Medienpädagogik ist es möglich, dass alle am Erziehungsprozess Beteiligten, die Kinder

- bei einem kritischeren und urteilungsfähigeren Gebrauch der Medien,
- bei einer Beurteilung der Medien
- und im Durchschauen-Lernen der Funktion von Massenmedien begleiten können.

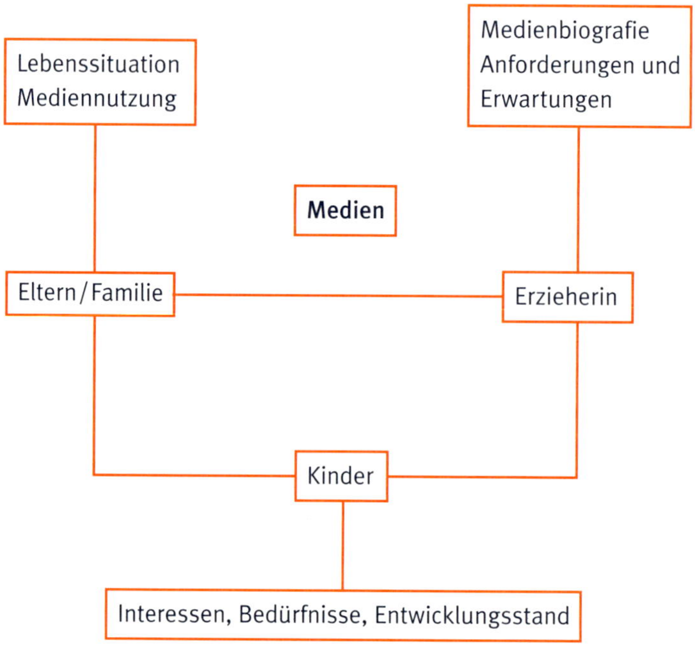

5. Ziele der medienpädagogischen Zusammenarbeit mit Eltern

Zwar ist die Familie der Ort, der den Medienumgang in der Phase der Kindheit am nachhaltigsten prägt, doch eine »Sündenbockprojektion« erschwert und verhindert nur die Suche nach möglichen Alternativen und Lösungen im Umgang mit Medien.

Medienpädagogische Elternarbeit in den sozialpädagogischen Institutionen sollte nicht eine Elternbelehrung anstreben, sondern

- ein gegenseitiges Kennenlernen und eine Öffnung füreinander,
- ein Transparentmachen der Erziehungsvorstellungen,

- eine Zusammenarbeit in allen pädagogischen Fragestellungen,
- einen kooperativen Dialog mit gegenseitiger Bereicherung.

Eltern selbst interessieren sich hauptsächlich für das Medium Fernsehen, denn zu diesem haben sie die meisten Fragen und machen sich über die Mediennutzung der Kinder die größten Sorgen.

»Bei der Mediennutzung reden die Eltern mit. Das Image eines Mediums bei den Eltern kann somit direkt zu einer Nutzungseinschränkung oder –erweiterung bei den Kindern führen. Spitzenreiter bei den Einschränkungen ist dabei das Fernsehen: bis zu 97% aller Eltern üben hier einschränkenden Einfluss auf die Kinder (siehe Tabelle) aus.«

Einschränkung der Mediennutzung durch die Eltern

	TV	PC	Zeitschr.	Comics	Radio	Zeitungen
9 – 10 J.	97%	73%	67%	17%	17%	3%
11 – 12 J.	57%	57%	40%	10%	20%	3%
13 – 14 J.	20%	23%	17%	10%	13%	7%

Offensichtlich ist das Unbehagen der Eltern gegenüber der »Mattscheibe« recht deutlich ausgeprägt. Printmedien werden dagegen kaum als Gefahr wahrgenommen, wohl weil hier für die Eltern auch transparenter ist, welche Inhalte von den Kindern konsumiert werden. Auch das Radio gilt selbst bei starker Nutzung harmlos.«[1]

Bei einer medienpädagogischen Elternarbeit ist es von Seiten der Erzieherinnen dennoch wichtig, den Bezug zu anderen Medien nicht aus den Augen zu verlieren, denn die Kinder nutzen meist die **ganze Bandbreite der Medien**. Hörspielkassetten oder Computerspiele werden aber sehr selten thematisiert. Sinnvoll ist es zu allen aktuellen Themen, Figuren oder Medien der Kinder eine medien-pädagogischen Elternarbeit zu planen.

Oberstes Ziel der Zusammenarbeit mit den Eltern muss die **Stärkung der gesamten Familie** sein. Dies bedeutet, die Familie als Gesamtes wahrzunehmen und zu unterstützen. Im Gegensatz dazu sollte Kritik und das Erteilen von, – wenn auch gutgemeinten – Ratschlägen vermieden werden, damit die Familie selbst nach möglichen Veränderungen suchen kann.

[1] Egmont-Verlag, Studie »Coole Profis; Die Medienrealität der Kids«

Eine medienpädagogische Elternarbeit auf diesem Hintergrund **schließt** folgende Inhalte und Vorgehensweisen **aus**:

- Elternabende unter dem Motto »Fernsehen – die Droge unserer Kinder« zu veranstalten, da alleine der Titel schon eine Kritik an der elterlichen Medienerziehung impliziert.
- Vereinfachende Theorien von der schädlichen Wirkung (z.B. Fernsehen = zappelige und aggressive Kinder) der Medien zu präsentieren, obwohl die Medienwirkungstheorien sehr komplex sind.
- Erwartungen der Eltern auf gebrauchsfertige medienpädagogische Rezepte zu wecken, denn diese gibt es nicht und wird es nicht geben.

Demgegenüber stehen folgende **Ziele der medienpädagogische Zusammenarbeit zwischen der Institution und den Eltern**:

- Kennen lernen der jeweils anderen kindlichen Lebenswelt: zum einen der familiären, zum anderen der institutionellen Lebenswelt
- Öffnung und Transparenz der medienpädagogischen Vorstellungen, der Erziehungsziele und Erziehungsstile durch einen wechselseitigen Austausch zwischen Erzieherinnen und Eltern
- Medienwelten der Kinder und deren Umgang mit Medienerlebnissen wahrnehmen und kennen lernen
- Kennen lernen der kindlichen Wahrnehmungs- und Verarbeitungsmöglichkeiten von Medien durch einen gegenseitigen Informationsaustausch
- Hilfestellungen bei der Auswahl und der Beurteilung von Medien geben, wobei der Schwerpunkt beim Austausch der Beurteilungskriterien liegen sollte
- Aktivierung und Stärkung der Problemlösungskompetenzen der Kinder und Eltern
- Offen werden für den Erfahrungsaustausch und Reflektieren des eigenen Medienverhaltens und das der Kinder
- Medien als aktive Freizeitgestaltung mit den Kindern nutzen bzw. verschiedene Möglichkeiten dazu kennen lernen

- Mitbestimmung und Mitarbeit von Eltern im sozialpädagogischen Alltag, bei (Medien-) Projekten und Planungen.

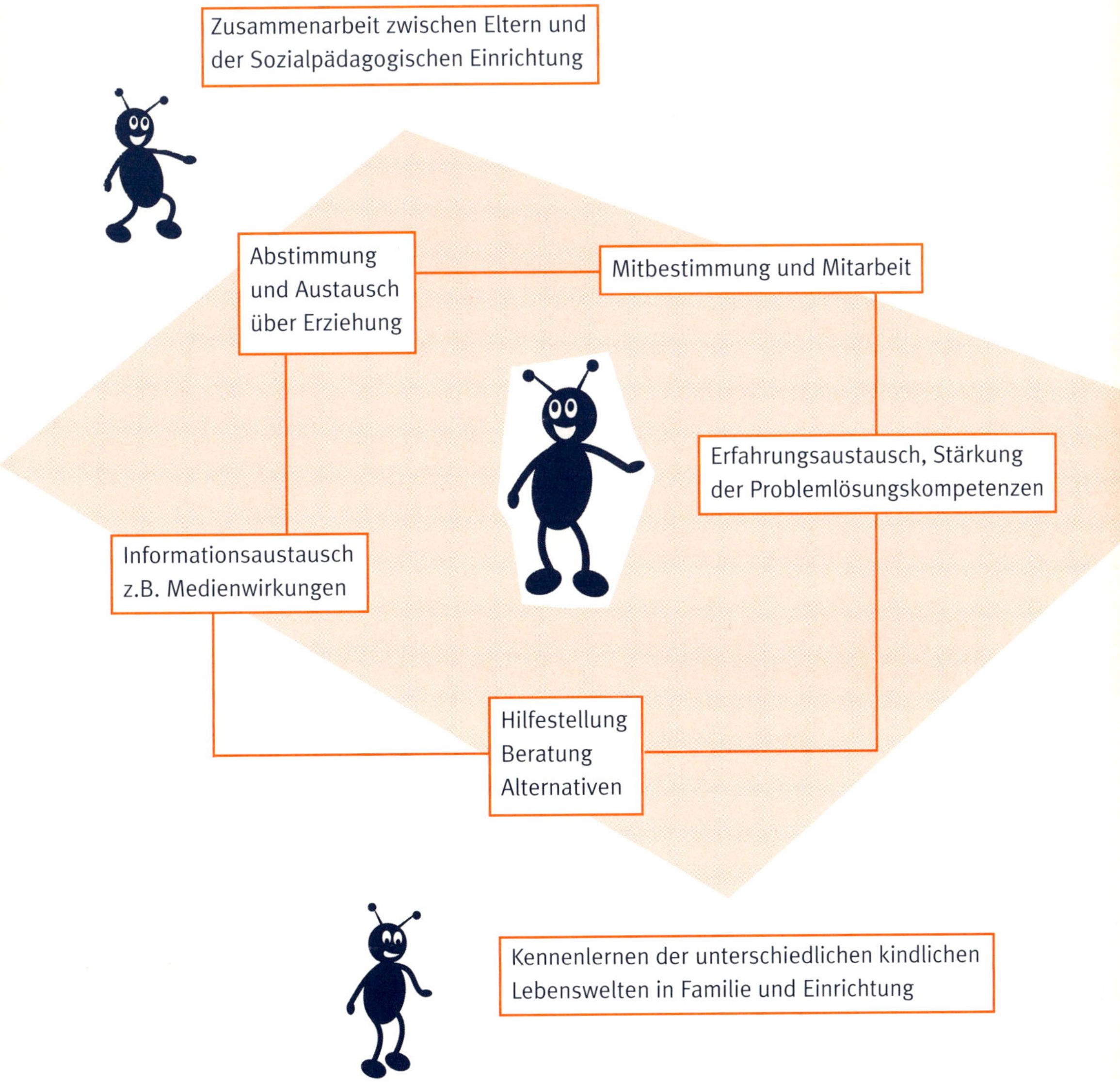

6. Grundhaltungen in der Zusammenarbeit mit Eltern

Eine gute Zusammenarbeit zwischen Eltern und den Erzieherinnen der sozial-pädagogischen Einrichtungen kann sich nur in einem längeren Prozess entwickeln. Die Basis hierfür wird schon beim ersten Kontakt der Eltern mit der Einrichtung gelegt. Erzieherinnen müssen professionelle Wege zu den Eltern suchen, wie auch Eltern grundsätzlich bereit sein müssen sich langsam für weitere Bezugspersonen ihres Kindes zu öffnen.
In dem Prozess der Annäherung und der zunehmenden Öffnung sind folgende Grundhaltungen beider Seiten, vor allem aber von Seiten der Erzieherin Voraussetzung:

Kontaktfreude und Dialogbereitschaft

Erzieherinnen sollten auf Eltern bzw. auf allen am Erziehungsprozess beteiligten Personen aktiv zugehen und diese im offenen Gespräch und Dialog kennen lernen und Vertrauen bzw. Vertraulichkeit aufbauen. Eine grundsätzliche Dialogbereitschaft der sozialpädagogischen Einrichtung gegenüber ist auch von den Eltern zu fordern.

Akzeptanz und Toleranz

Erzieherinnen und Eltern müssen ihre gegenseitige Bedeutung für das Kind und seine Lebenswelt anerkennen. Die pädagogischen Kompetenzen, das Wissen vom Kind, müssen von der jeweils anderen Seite respektiert werden.

Offenheit für Veränderungen und Geduld

Zusammenarbeit zwischen der sozialpädagogischen Einrichtung und den Eltern bedeutet auch offen sein für Kritik und ein Überdenken der eigenen pädagogischen Erziehungsvorstellungen gegebenenfalls auch Veränderungen der pädagogischen Handlungen und Haltungen. Für diesen Prozess ist Geduld notwendig, den nur in kleinen Schritten oft auch mit Rückschlägen, die aber nicht zur Entmutigung führen sollen, kann eine Annäherung an diese Ziele erreicht werden.

7. Formen der Zusammenarbeit zwischen sozialpädagogischen Einrichtungen und Eltern – eine Übersicht

Jede sozialpädagogische Einrichtung muss ihre eigene Zusammenarbeit mit den Eltern entwickeln, die sich

- an den örtlichen Gegebenheiten,
- am Team und seinen Möglichkeiten,
- an den Kindern und Eltern und deren Lebenssituation orientiert.

Die Übersicht aus der Broschüre »Elternmitarbeit – auf dem Wege zur Erziehungspartnerschaft« herausgegeben vom Bayerischen Staatsministerium für Arbeit und Sozialordnung, Familie, Frauen und Gesundheit zeigt eine Vielzahl von Formen der Zusammenarbeit zwischen Einrichtung und Eltern auf. Aus dieser Auflistung heraus, kann jede sozialpädagogische Institution überprüfen, welche Formen der Zusammenarbeit mit den Eltern zum Thema Medien am geeignetesten erscheinen. Hierbei gilt der Grundsatz der Qualität: lieber einzelne wenige Formen statt Quantität.

Auflistung der Formen der Elternarbeit aus der oben genannten Broschüre Seite S. 17

Tabelle 3: Formen der Elternarbeit

Nr.	Kategorie	Formen der Elternarbeit
1	Angebote vor Aufnahme des Kindes	erster Kontakt zu Eltern Anmeldegespräch Vorbesuche in der Gruppe regelmäßige Besuchsnachmittage Einführungselternabend Elterncafé zu Beginn des Kindergartenjahres Hausbesuche oder Telefonanrufe vor Beginn des Kindergartenjahres
2	Angebote unter Beteiligung von Eltern und Erzieherinnen	Elternabende Gruppenelternabende Elterngruppen (mit/ohne Kinderbetreuung) themenspezifische Gesprächskreise Treffpunkt für Alleinerziehende Vätergruppe Treffpunkt für Aussiedler/Ausländer Gartenarbeit Kochen für Kinder Spielplatzgestaltung Renovieren/Reparieren Büroarbeit/Buchhaltung Elternbefragung
3	Angebote unter Beteiligung von Familien und Erzieherinnen	Feste und Feiern Bazare, Märkte, Verkauf von Second-Hand-Kleidung Freizeitangebote für Familien (z. B. Wanderungen, Ausflüge) Bastelnachmittage Spielnachmittage Kurse (z. B. Töpfern) Familiengottesdienste Vater-Kind-Gruppe/-angebote Familienfreizeiten

4	Eltern als Miterzieher	Mitwirkung von Eltern bei Gruppenaktivitäten, Beschäftigungen und Spielen Begleitung der Gruppe bei Außenkontakten Einbeziehung in die Entwicklung von Jahres- und Rahmenplänen, die Planung von Veranstaltungen und besonderen Aktivitäten, die Gestaltung von Spielecken usw. Kindergartenprojekte unter Einbeziehung der Eltern (z. B. Sprachunterricht, Schwimmkurs, Töpferkurs) Einspringen von Eltern bei Abwesenheit von Fachkräften (z. B. wegen Erkrankung, Fortbildung)
5	Angebote nur für Eltern (ohne Mitwirkung von Erzieherinnen)	Elternstammtisch Elternsitzecke (auch im Garten) Elterncafé Treffpunktmöglichkeiten am Abend oder am Wochenende Elterngruppe/-arbeitskreis (allgemein, themen-/aktivitätenorientiert, Hobbygruppe) Väter-/Müttergruppen Angebote von Eltern für Eltern Elternselbsthilfe (z. B. wechselseitige Kinderbetreuung)
6	Einzelkontakte	Zwischen-Tür-und-Angel-Gespräche Termingespräche Telefonkotakte (regelmäßig oder nur bei Bedarf) Mitgabe/Übersendung von Notizen über besondere Ereignisse Tagebücher für jedes einzelne Kind Beratungsgespräche (mit Mutter, Eltern, Familie; unter Einbeziehung von Dritten), Vermittlung von Hilfsangeboten Hospitation Hausbesuche
7	informative Angebote	schriftliche Konzeption des Kindergartens Elternbriefe/-zeitschrift Schwarzes Brett Rahmenplanaushang Tagesberichte Fotowand Buch- und Spielausstellung Ausleihmöglichkeit (Spiele, Bücher, Artikel, Musikkassetten) Beratungsführer für Eltern Auslegen von Informationsbroschüren
8	Elternvertretung	Einbeziehung in die Konzeptionsentwicklung Besprechung der Ziele und Methoden der Kindergartenarbeit Einbindung in Organisation und Verwaltungsaufgaben gemeinsames Erstellen der Jahres- und Rahmenpläne Einbeziehung in die Planung, Vorbereitung und Gestaltung besonderer Aktivitäten und Veranstaltungen
9	kommunalpolitisches Engagement	Eltern als Fürsprecher des Kindergartens Eltern als Interessenvertreter für Kinder Zusammenarbeit mit Elternvereinigungen, Initiativgruppen, Verbänden und Einrichtungen der Familienselbsthilfe

8. Ausgewählte Formen der medienpädagogischen Zusammenarbeit zwischen Erzieherinnen und Eltern

Es gibt viele Möglichkeiten, wie Erzieherinnen das Thema Medienpädagogik bei Eltern ansprechen können. Hier sollen im Folgenden exemplarisch drei Formen der Zusammenarbeit zwischen sozialpädagogischen Institutionen und der Familie vorgestellt werden, wobei sich die Umsetzung sowohl am Alltag der Familie, wie der Praxiseinrichtung orientieren sollte.

8.1. Kennen lernen der Medienwelten der Kinder durch einen Spielzeugtag in der sozialpädagogischen Einrichtung

Die in den sozialpädagogischen Einrichtung zur Verfügung stehenden Spielsachen stehen oft im krassen Gegensatz zu den Spielsachen der Kinder zu Hause. Mit den gekauften Merchandising-Waren z. B. Star-Wars-Figuren, Teletubbies oder Barbiepuppen, erleben Kinder Medieneindrücke nach und verarbeiten sie damit. Als Einstieg in das Wahrnehmen und Kennen lernen der kindlichen Medienwelten eignet sich sowohl für Erzieherinnen, wie für Eltern ein Spielzeugmitbringtag.

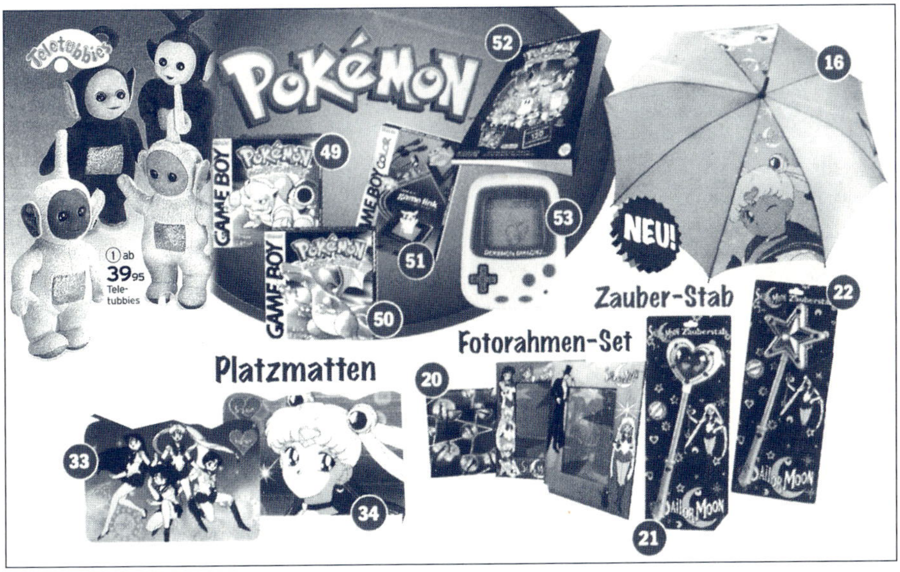

Erzieherinnen können die Lebenswelten der Kinder durch die häuslichen Spielfiguren besser wahrnehmen, kennen lernen und mit den Kindern über deren Bedeutung und Funktion ins Gespräch kommen. Zudem erleben die Erzieherinnen einen Bereich der Kinder, der ihnen bislang verborgen blieb.

Die **Eltern** erleben dagegen, dass die sozialpädagogische Einrichtung die Medienwelt der Kinder thematisiert und ernst nimmt. Dadurch kann die Möglichkeit der eigenen Beobachtung und Reflexion der kindlichen Spielwelten und Medienwelten angeregt werden, insbesondere durch die Feststellung, welche Spielfigur für das eigene Kinder im Moment eine besondere Bedeutung hat. Durch das Mitbringen der Spielfiguren ergeben sich leicht Gesprächsanlässe und Austauschmöglichkeiten zwischen den Eltern untereinander bzw. den Eltern und den Erzieherinnen.

Kennenlernen der kindlichen Spielwelten/Medienwelten durch einen Spielzeugtag

Erzieherinnen:

- Medienpädagogisches Interesse zeigen
- ernst nehmen der Kinder und Eltern
- Kennen lernen der kindlichen Lebenswelt
- eigene Auseinandersetzung mit der Medienwelt der Kinder ...

Eltern:

- Bewusstmachung des Themas Medienfiguren
- ernst genommen fühlen
- eigene Reflexion über das Thema Medien
- Austausch mit anderen über das Thema ...

Kinder:

- ernst genommen fühlen
- Bereiche der Lebenssituation müssen nicht ausgeklammert werden
- Verarbeiten von Medienerlebnissen

Diskutieren Sie in zwei Gruppen und sammeln Sie Argumente für Ihre Position:

1. *Sie wollen im Kindergarten/Hort kein Medienspielzeug zulassen und argumentieren dagegen.*
2. *Sie wollen im Kindergarten/Hort einen Bereich mit Medienspielsachen einrichten.*

Stellen Sie die Argumente im Plenum vor und überlegen Sie, wie Sie in einem Kollegenteam mit den unterschiedlichen Positionen umgehen könnten.

Voraussetzungen für die Spielzeugaktion sind Überlegungen und ein Austausch im **Kolleginnenteam** über Absichten und Wünsche, wie auch Befürchtungen und Ängste, die mit dem Spielzeugtag verbunden sind. Außerdem sind folgende Fragestellungen zu klären:

- Gibt es beim Mitbringen der Spielsachen Einschränkungen (Pistolen, Lautstärke von Spielgeräten ...)?
- Wie geht das Team mit dem Spiel mit Pistolen um? Gibt es Regeln oder Grenzen für das Spiel?
- Können die mitgebrachten Spielsachen in der gesamten Einrichtung »bespielt« werden, oder gibt es nur bestimmte Orte an denen diese Spielmaterialien ihren Einsatz finden?
- Wird eine Vorstellungsrunde gemacht, in der jedes Kind sein Spielzeug vorstellen kann?
- Wie geht das Team mit »verlieren«, »verlegen« oder auch »Verlusten« von mitgebrachtem Spielmaterial um?
- Wie wird die Spielzeugaktion ausgewertet und evtl. weitergeführt?

Als **Ankündigung und Einstieg** in die Spielzeugaktion eignet sich ein **Elternbrief** mit Darstellung der Absichten und Begründungen für diese Aktion. Auch ein **Elternaushang ist** möglich, der auf den Spielzeugmitbringtag hinweist. Die Kinder müssen natürlich auch informiert werden: Das kann in Kinderkonferenzen, Stuhlkreisen oder Ankündigungen geschehen.

Die **Reflexion und Auswertung** dieser Spielzeugaktion sollte auch Eltern und Kindern bekannt gemacht werden, z. B. durch eine Elternabend- oder Aushangbegleitung (evtl. mit Fotos), oder durch eine Kinderbefragung.

8.2 Durch regelmäßige Tipps in Elternbriefen Hilfestellung bei der Auswahl und Beurteilung von Medien geben

In dieser Form der Medienpädagogik geht es um den Grundgedanken, dass nicht die Verteufelung der Medien im Vordergrund stehen darf, sondern die Information über eine **bewusste Auswahl an Medienangeboten.**

Dabei sollten die **Medienwünsche der Kinder** ebenso Beachtung finden, wie Probleme die Medieneindrücke den Kinder machen können. In schriftlicher Form können Medientipps für Eltern und Kinder im Rahmen von Kindergarten- oder Hortzeitungen weitergegeben werden.

Dabei kann im Bereich des Fernsehens kann auf die dreimal im Jahr erscheinende kostenlose Broschüre »Flimmo – Fernsehen mit Kinderaugen« zurückgegriffen werden. Das Projekt »FLIMMO« wurde vom Institut Jugend Film Fernsehen (JFF) und dem Trägerverein »Programmberatung für Eltern e.V«. Anfang 1997 ins Leben gerufen. Es soll Eltern und Kindern Orientierungshilfen für die tägliche Sendungsauswahl aus dem aktuellen Programm geben. Kleinere Artikel tragen daneben stückchenweise Hintergrundwissen der Medienpädagogik an Eltern heran. Grundlagen dafür sind Forschungsergebnisse zum kindlichen Umgang mit dem Fernsehen und Befragungen von Kindern zu Themenangeboten und Fernsehvorlieben.
Ergänzt werden kann diese schriftliche Form der medienpädagogischen Information für Eltern und Kinder durch Medientipps und Hinweise über neue

- Hörspiele,
- Computerspiele,
- Bücher,
- Videos,
- Zeitschriften.

8.4 Medientips für Kinder und Eltern

Verabredung zum Fernsehen

Kinder sehen gerne fern, und sie sind gerne mit Gleichaltrigen zusammen. Warum da nicht einmal Freundinnen oder Freunde des Kindes zu einem Fernsehnachmittag mit gemeinsam ausgewählten Videos einladen? Und wenn die Kinder im Anschluss auch noch gleich in die Rollen ihrer Filmhelden schlüpfen können, mit Verkleiden und allem Drumherum, dann kann aus dem Fernsehnachmittag ein toller Spielnachmittag werden.

Videos für Kinder

Videos können eine gute Alternative zum Fernsehprogramm sein. Eine übersichtliche Hilfe bietet »Videos für Kinder«. Das Heft kann gegen eine Gebühr von DM 8.- vom KJF; Küppelstein 34, 42857 Remscheid bezogen werden.

Natur und Technik – Wissenswertes per Mausklick

Was haben Schmetterlinge mit Brennesseln zu tun, und was die Gummibärchen mit den Kartoffeln? Wie funktioniert das Ohr und wieso kann sich ein großes, schweres Schiff auf dem Wasser bewegen? Solchen und ähnliche Fragen können Kinder künftig selbst nachgehen, denn das ZDF-Magazin »Löwenzahn« gibt es jetzt auch auf der gleichnamigen CD-Rom. Per Mausklick können sich die Kinder in Peter Lustigs Bauwagen versetzen und dort anhand von Spielen, Experimenten, Liedern und Informationen die Welt der Natur und der Technik ganz neu entdecken. (Löwenzahn CD-Rom, Terzio-Verlag)

Quizsendung selbst gemacht

Viele Quizsendungen bestehen aus einfachen Aufgaben, die jede Familie nachmachen kann. Zum Beispiel »Dingsda«: die Familie teilt sich in zwei Gruppen auf, wobei ein Lexikon bei der Begriffsuche helfen kann, das ja bekanntlich umschrieben werden muss. Ohne das Wort selbst zu nennen! Die zweite Gruppe muss erraten, welcher Begriff gemeint ist. Probieren Sie es doch gleic mal mit dem Begriff Computer aus!

Die Tipps sind dem Internet-Angebot von FLIMMO entnommen, das regelmäßig alle 14 Tage im Internet erscheint (www.flimmo.de) oder dreimal im Jahr als Broschüre in Bibliotheken kostenlos erhältlich ist. Übrigens können sozialpädagogische Einrichtungen diese Broschüre auch in größerer Auflage kostenlos bestellen.

8.3. Eltern-Kind-Nachmittag zum Thema Medienhelden

Thematisch geht es bei diesem exemplarischen Eltern-Kind-Nachmittag um ein Kennen lernen der kindlichen Medienhelden aus den verschiedensten Medienbereichen. Voraussetzung für eine solche Veranstaltung ist die Beobachtung des aktuellen Medienverhaltens der Kinder:

- Welche Kassette ist gerade begehrt?
- Welche Medienspielfiguren bringen die Kinder mit?
- Welche Fernsehsendungen werden von den Kindern nachgespielt?
- Welche Bücher wollen die Kinder häufig vorgelesen bekommen?

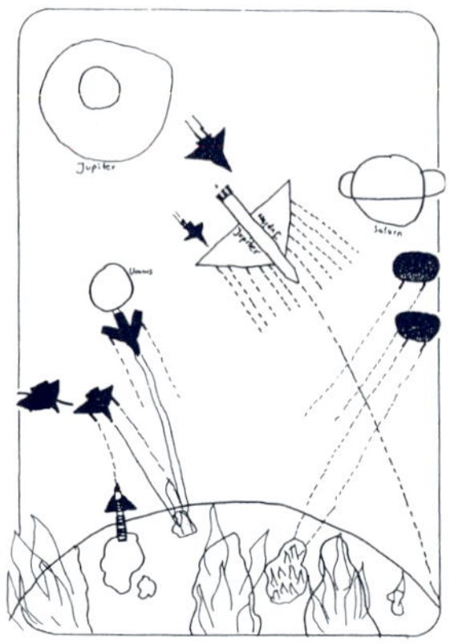

Planung:

Im **Kollegenteam** müssen Ziele, Absichten, Wünsche und Befürchtungen bezüglich der Durchführung einer solchen Veranstaltung gesammelt und diskutiert werden. Zudem muss die Organisation und Aufgabenverteilung der Veranstaltung gut abgesprochen werden, denn Kinder und Erwachsene sollen auch getrennt voneinander am Thema Erfahrungen sammeln.

Angestrebte Ziele könnten sein:

- Kennen lernen der kindlichen Medieninteressen
- Austausch und Gespräch über die Medienhelden der Kinder mit Eltern und Erzieherinnen
- Information über Wahrnehmungs- und Verarbeitungsmöglichkeiten der Medien
- Erfahrungsaustausch zum Thema Medienkonsum der Kinder

Die **Einladung** für den Eltern-Kind-Nachmittag muss rechzeitig geplant und gestaltet werden. Es ist sinnvoll die Kinder in die Gestaltung der Einladung mit ein zu beziehen, um die Motivation und Neugier auf den Nachmittag anzuregen. Als Möglichkeit bietet sich das Malen der liebsten »Heldenfigur« unter der Aufgabenstellung:

- »male aus dem Fernsehen, der Kassette oder dem Bilderbuch jemanden, der dir gut gefällt« (medienbezogene Thematik) an.

Die gemalten oder auch gebastelten Figuren sollten im Orginal für die Veranstaltung selbst aufgehoben und verkleinert und kopiert, evtl. auch angemalt auf Einladungskarten geklebt werden. Mit dieser Einladungsgestaltung wird das Medienthema mit den Kindern schon vorbereitet.

Ablauf bzw. Durchführung:
Die gemalten oder gebastelten Medienfiguren sollten im Raum auf Wäscheleinen aufgehängt werden, sodass die Eltern gleich zu Beginn, die jeweilige Figur ihres Kindes suchen können.
Als Vorstellung bzw. **Eingangsrunde** kann jedes Kind seine Figur vorstellen und erzählen, was es an dieser Figur gut findet.

Ein oder mehrere »Medienhits«, d. h. besonders häufig genannte oder gemalte Figuren können dann in ihrer Medienform vorgestellt werden:

- z.B. Benjamin Blümchen – hier können Ausschnitte oder abgeschlossene Abenteuer gemeinsam mit den Eltern angehört werden;
- z.B. Teletubbies – sie können gemeinsam angeschaut werden;
- z.B. das Bilderbuch »Juli und das Monster« – es kann gemeinsam angeschaut werden.

Bei der Auswahl der Medienfiguren ist auf den Entwicklungsstand, die Bedürfnisse und Interessen der Kinder zu achten.

Kleingruppe Kinder:
Die Kinder sollen in einem extra Raum überlegen, was ihnen an den vorgestellten Medienfiguren gut bzw. nicht gut gefallen hat.

- Die Aussagen der Kinder können von der begleitenden Erzieherin notiert werden, oder die Kinder malen sie,
- oder verkleiden sich zu einer Figur und werden evtl. fotografiert

- oder sie gestalten die Figur mit besonderen Materialien (Modelliermasse, Kochlöffelpuppe ...)
- oder erfinden ein Hörspiel mit allen Figuren, die sie gut finden ...

Kleingruppe Eltern:
Bei den Eltern steht der Austausch über die gemeinsam erlebten Medienfiguren im Vordergrund. Dies sollte in weiteren Kleingruppen evtl. mit vorbereiteten Frage- bzw. Aufgabekärtchen durchgeführt werden:

- Weshalb macht den Kinder die Figur XY solchen Spaß?
- Welche Medienfiguren fand ich als Kind toll? Bitte aufmalen!
- Welche Medien und Figuren mögen die Kinder, welche lehnen sie eher ab?
- Welche Meinung habe ich zur Begeisterung meines Kindes für diese Medienfigur?
- Welche Fragen oder Sorgen habe ich in Bezug auf die Lieblingsfiguren meiner Kinder? ...

Die Frage- bzw. Aufgabenkärtchen sollten in der Großgruppe vorgestellt werden und offene Fragen im Austausch mit allen andiskutiert werden. Hier ist jetzt auch ein großes Forum für medienpädagogische Fragenstellungen, Broschüren, Bücher oder empfehlenswerte Medien gegeben.

Abschluss:
Zum Abschluss können sich Eltern und Kinder gegenseitig ihre Medienfiguren vorstellen und sich über den Verlauf des Nachmittages austauschen. Möglich wäre auch eine Interessens- oder Projektgruppe aus Eltern, Kindern und Erzieherinnen zu initiieren,

- die evtl. ein Hörspiel herstellt,
- sich ein Handpuppenspiel überlegt,
- einen Videofilm dreht,
- Fotogeschichten gestaltet,
- einen regionalen Fernseh- oder Hörfunksender besucht,
- Feste zu einem Medienthema plant,
- Elternstammtische zum Thema Medien vorbereitet,
- oder eine Familienfreizeit plant.

Nachbereitung:
Für die Nachbereitung ist es sinnvoll den Verlauf der Veranstaltung im Kollegenteam oder mit den Eltern durchzusprechen:
- Was lief gut? Was lief schlecht?
- Welche Themen sollten weiter behandelt werden?
- In welcher Form kann das Thema das nächste Mal behandelt werden?
- Was kam gut an? Was nicht

Projekte

Projekt – Projektlernen

»[...] Aufbauend auf den Erfahrungen der zurückliegenden Praktika geht es in diesem Praxisblock darum, sich in einem überschaubaren Tätigkeitsbereich gezielt erzieherisch handelnd zu erproben.
Auf der Basis Ihrer Beobachtungen und deren Auswertung sollen Sie mit den Kindern zu konkretem pädagogischen Handeln kommen.
Sie beginnen mit der Planung und späteren Durchführung einer **Projektarbeit** auf der Grundlage einer vorher erstellten Situationsanalyse [...].«
»[...] Im Mittelpunkt des Praktikums steht die Planung, Durchführung und Reflexion eines **Projektes**. Hierdurch soll eine praktisch – pädagogische Aufgabe durch die Praktikantin bewältigt werden. Nach Vereinbarung mit der Lehrkraft [...].«

Dies sind zwei Beispiele aus einer Vielzahl von Praktikumsaufgaben, die so oder mit ähnlicher Formulierung den Praktikantinnen mit auf den Weg gegeben werden. Vorausgesetzt wird dabei, dass diese wissen, was sich hinter den Begriffen Projektarbeit und Projekt verbirgt.

Für Viele werden bei dieser Aufgabenstellung Erinnerungen an die eigene schulische Laufbahn wach: »... da war doch einmal etwas ...?«
»Haben wir uns da nicht einmal eine Woche lang mit einem Thema beschäftigt?«
»... hatten unsere Lehrer nicht die Idee zu einer Projektwoche?«
»Durften wir da nicht aus verschiedenen Themen eines aussuchen?«
»War das nicht die Woche, in der einige arbeiteten und wir alle eine gute Note bekamen?
Immer wieder tauchen in diesem Zusammenhang eine Vielzahl von Begriffen auf, die alle sehr ähnlich klingen, darum sollen sie hier erst einmal voneinander abgegrenzt werden.

Projektlernen, Projektunterricht, Projektmethode, Projektverfahren und Projektarbeit werden, da sie inhaltlich auf einer Ebene liegen, in gleichem Sinne gebraucht. In der Grundkonzeption bedeutet dies, dass Lernende und Lehrende über die Fächergrenzen hinaus gemeinsam einen Unterricht planen, organisieren, realisieren und kontrollieren, in dessen Mittelpunkt ein Problem steht, das durch gemeinsames Tun und gemeinsame Anstrengung zu lösen versucht wird.[1]

Projektorientierter Unterricht meint dagegen eine Vorstufe des Projektes, der zwar die wesentlichen Elemente desselben beinhaltet, die Grenzen des Fachunterrichtes aber nicht überschreitet und häufig auf die Integration verschiedener Aspekte verzichtet.

Das Arbeiten in Projekten enthält ein grundlegendes Verständnis von Demokratie, denn »ohne dieses konzeptionelle Kernelement, ja Herzstück der freien, selbstbestimmenden, nicht hierarchischen Problembearbeitung schrumpft Projektunterricht zu einer bloßen Methode (unter anderen) zusammen, die sich sogar reibungslos in einen sehr traditionellen Unterricht einverleiben lässt. Bezeichnenderweise haben ja auch die methodischen Aspekte des Projektunterrichts die Geschichte der Diskussion weit gehend bestimmt, die Implikation einer Demokratisierung der Schule wurde demgegenüber jedoch vernachlässigt.[2]«

Mit seiner Aussage fußt Gudjons auf Überlegungen des amerikanischen Philosophen und Pädagogen John Dewey (1859 – 1952), der unter politischen, philosophischen, lernpsychologischen und pädagogischen Gesichtspunkten ein umfassendes Konzept eines Projektunterrichts entwickelte und in seiner Laborschule in Chicago erprobte. Dewey verfolgte in seinem Konzept drei zentrale Anliegen:

- Denkende Erfahrung im Sinne planvoller Auseinandersetzung der Schüler mit ihrer sozialen Umgebung,
- die Perspektive einer sozialen Höherentwicklung im Sinne von Demokratisierung,

[1] Im weiteren Verlauf dieses Kapitels wird stellvertretend für Projektlernen, Projektunterricht, Projektmethode und Projektarbeit der Begriff »Projektlernen« verwendet. Unter »Projekt« wird die Zusammenführung der einzelnen Schritte, die im folgenden dargestellt werden, verstanden.
[2] H. Gudjons, Handlungsorientiert lehren und lernen, Bad Heilbrunn/Obb. 1992, S. 62f.

- dies verknüpft mit dem Anspruch des Menschen auf Selbstorganisation und Selbstverwirklichung.

Vor diesem historischen Hintergrund können folgende Grundzüge des Projektlernens festgehalten werden:

1. Auswählen einer für den Erwerb von Erfahrungen geeigneten, problemhaltigen Sachlage,
2. Entwicklung eines gemeinsamen Planes zur Problemlösung,
3. handlungsorientierte Auseinandersetzung mit dem Problem
4. Überprüfung der Problemlösung an der Wirklichkeit.

1. Schritte und Merkmale eines Projektes

Es wäre eine Illusion zu glauben, es gäbe eine Theorie, die nahtlos in die Praxis umzusetzen wäre; denn »wer ein Projekt beginnt, sollte (zwar) solche Theorien kennen, sich aber davor hüten, ihnen sklavisch zu folgen. Das Leben verläuft nicht gradlinig, manchmal in Sprüngen, zumeist überraschend, Projekte auch.[1]«

Auch wenn Projektunterricht dadurch gekennzeichnet ist, dass sich die Lerngruppe möglichst selbst organisiert und der Arbeits- und Lernprozess genau so wichtig ist wie die Ergebnisse und Produkte, die am Ende des Projektes stehen, bedeutet dies nicht, dass es eine Beliebigkeit in der Vorgehensweise geben darf. Vielmehr sollte man die im Folgenden aufgeführten Schritte so weit wie möglich einhalten, damit man weitgehend davor geschützt ist, sich in den Weiten des Materials und der Ideen zu verlieren.

1. Schritt: Auswahl einer geeigneten, problemhaltigen Sachlage

Gekennzeichnet ist dieser Schritt durch einen **Situationsbezug**, der deutlich werden lässt, dass die Problematik des Projektes etwas mit dem wirklichen Leben zu tun hat und den Erfahrungshorizont der Schülerinnen erweitert. Daraus ergibt sich eine **Orientierung an den Interessen der Beteiligten** (Schülerinnen und Lehrende) zu der nicht nur die Wahl des gemeinsamen Themas gehört sondern auch eine möglichst weitgehende Übereinstimmung dieser Interessen. Ein weiteres wichtiges Merkmal des ersten Schrittes ist es, einen »Ernstcharakter« zu finden, der über die Aneignung von Wissen hinaus geht und eine **gesellschaftliche Praxisrelevanz** hat. Dies bedeutet nicht nur über eine Sache zu reden, sie sollte auch auf eine praktische Veränderung hin ausgerichtet sein; daher ist es sinnvoll, sich Problemen zuzuwenden, die einen eher lokalen Bezug haben.

2. Schritt: Gemeinsame Entwicklung eines Planes zur Problemlösung

Hier zeigt sich deutlich, wo die Grenzen zwischen Projektarbeit und traditionellem

[1] D. Hänsel/H. Müller (Hg.): Das Projektbuch Sekundarstufe, Weinheim 1998, S. 8f.

Unterricht verläuft; denn Schülerinnen und Lehrende stehen sich in der **zielgerichteten Projektplanung** gleichberechtigt gegenüber. Die Verwirklichung der einzelnen Arbeitsschritte, die Verteilung der Aufgaben und die Erstellung des Endproduktes erfolgen in Selbstverantwortung und Selbstorganisation der Beteiligten.

3. Schritt: Handlungsorientierte Auseinandersetzung mit dem Problem

In diesem Handlungsschritt findet in der Auseinandersetzung mit dem Problem eine **Einbeziehung aller Sinne** statt. Neben den geistigen werden auch körperliche Fähigkeiten und handwerkliche Fertigkeiten in die Arbeit einbezogen. Als weitere Elemente stehen die Zusammenarbeit bei der Problemlösung, die Koordination der Gruppenarbeit und der Interessenausgleich der Einzelnen im Vordergrund, sodass soziale Lernprozesse in Gang gesetzt werden.

4. Schritt: Überprüfung der Problemlösung an der Wirklichkeit

Hier sind vor allem die Produktorientierung und Interdisziplinarität zu nennen. Am Ende der Projektarbeit steht nicht nur abprüfbares Wissen sondern ein Produkt, das in spezifischer Weise den Lernprozess und das Lernergebnis festhält und sich bei seiner Präsentation der öffentlichen Kritik und Bewertung stellen muss.
Die Aufhebung oder Überschreitung der Fächergrenzen ermöglicht es, die verschiedenen Wissenschaften zur Problemlösung zu nutzen. Entscheidend ist hierbei nicht, ob ein Fach dominiert, vielmehr hebt der Aspekt der Integration die Zersplitterung des Unterrichts zumindest teilweise wieder auf.

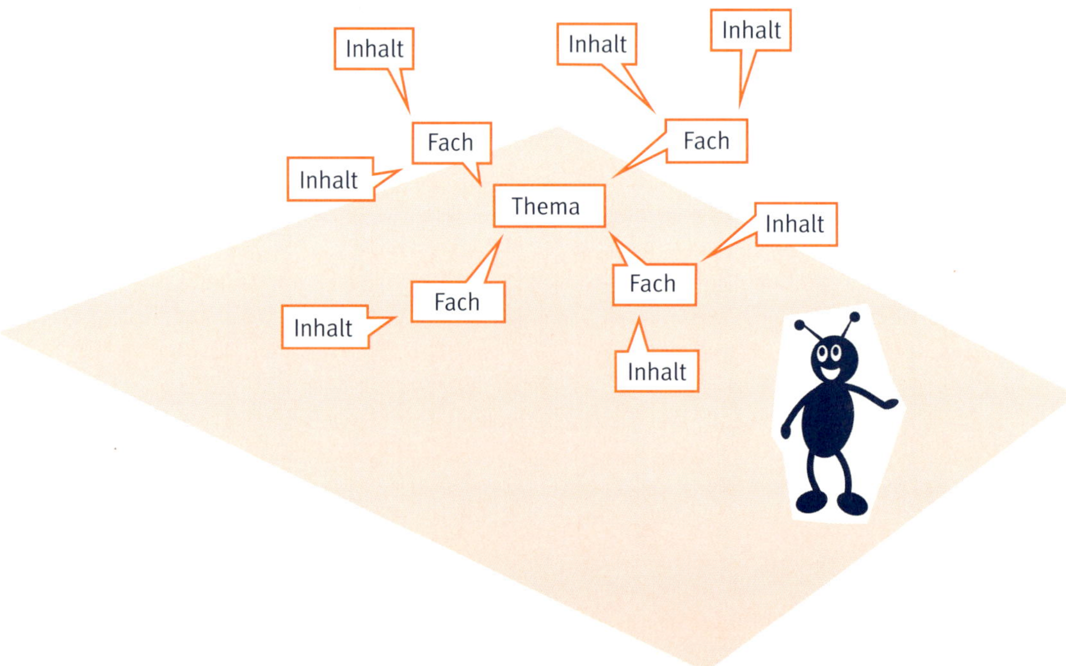

Sie haben sich mit den grundlegenden Ideen und Voraussetzungen des Projektlernens und der Projektarbeit auseinander gesetzt.

1. *Versuchen Sie zunächst durch ein Brainstorming verschiedene Themen zu finden, die sich für eine Projektarbeit eignen können (alle Ideen sind erlaubt).*
2. *Bilden Sie Arbeitsgruppen, wählen Sie in diesen eines der gefundenen Themen aus und versuchen Sie darzulegen, wo hier für Sie der jeweilige Situationsbezug gegeben ist. In einem weiteren Schritt sollten Sie nun in Form einer Mind-Map (siehe Abbildung 1), herausfinden welche Fächer beteiligt sein können und welche Inhalte von diesen zum Projekt beigetragen werden sollten.*

2. Ein Projekt-Fahrplan

Mit entscheidend für eine zielgerichtete und erfolgreiche Vorgehensweise bei einer Projektarbeit ist, wie oben festgestellt, eine genaue und konkrete Planung, ein guter Fahrplan.

Nachdem man sich Klarheit darüber verschafft hat, welcher Projektvorschlag in Frage kommt – dies kann neben dem vorher angesprochenen Brainstorming auch dadurch geschehen, dass man Vorschläge auf einer Wandzeitung sammelt und durch Klebepunkte gewichtet – muss man entscheiden, ob das Projekt mit der Klasse, mit dem Bildungsgang oder sogar mit der gesamten Schule durchgeführt wird. Diese Entscheidung hat Einfluss darauf, wie die einzelnen Projektgruppen gebildet werden. Wenn die Projektgruppen feststehen, sollen in einem konkreter Projektplan die verschiedenen Phasen mit inhaltlicher Vorgehensweise und Fahrplan festgehalten werden, ansonsten besteht die Gefahr, dass der zeitliche Überblick verloren geht.

Phasen eines Projekts

Vorlaufphase	In der Vorlaufphase sollen Merkmale und Arbeitsformen des Projektlernens schon im Fachunterricht eingeübt werden: Dokumentieren und protokollieren von Arbeitsprozessen, Gruppenarbeit etc.
Planen	**Planungsphase** In Kooperation mit der Lerngruppe werden z. B. in einer Assoziationsphase Themen gesammelt und zu thematischen Schwerpunkten, die inhaltlich tragfähig und eine projektbezogene Arbeitsform ermöglichen, zusammengefasst. Parallel hierzu fertigt die Lehrende eine Projektskizze an, die so flexibel sein muss, dass sie sich jederzeit den Schülerinnen interessen anpasst. Mit der Lerngruppe wird der Arbeitsprozess geplant: Zeitleiste mit Projektphasen, Zuordnung zu Arbeitsgruppen.

Erarbeiten	**Materialsammlung** Eigenständig erstellen die Lernenden eine Materialsammlung zu ihrem Themenschwerpunkt. Hierfür kann es erforderlich sein, sich an Institutionen zu wenden, die Schule zu verlassen, »Experten« zu interviewen, zu forschen. Das gesammelte Material wird anschließend unter dem Gesichtspunkt der Aussagefähigkeit gesichtet, geordnet und ausgewertet.
Verarbeiten	**Materialaufbereitung** Das Material wird nun aufbereitet und verarbeitet, wobei verschiedene Formen denkbar sind: Foto, Film, Theaterstück, Aufsatz, Statistiken, Vortrag etc. Erste Zwischenergebnisse werden dann der Gesamtgruppe präsentiert und auf ihre Tragfähigkeit hin diskutiert und überprüft.
Herstellen	**Produktion** In den Kleingruppen werden die Zwischenergebnisse in eine endgültige Form gebracht und in der Großgruppe zu einem Gesamtprodukt zusammengefasst.
Präsentation	Das Gesamtprodukt wird der Öffentlichkeit zugänglich gemacht: Aufführung, Schülerzeitung, Elternabend, Stellwände, Tag der offenen Tür, Presse.
Nachdenken	**Rückblick** Ist das gesteckte Ziel erreicht worden? Ist ein Lernzuwachs im kognitiven und sozialen Bereich erzielt worden? Welche Resonanz hatte die Präsentation?

In Anlehnung an: J. Fritsche/H. Ivo/T. Kopfermann/ R. Siegle: Projekte im Deutschunterricht, Stuttgart 1992, S.96

3. Projekt-Tagebuch

Während der gesamten Projektarbeit sollte von jeder Arbeitsgruppe – besser noch wäre es von jedem Einzelnen – ein Projekttagebuch geführt werden. Dies kann dann u. a. in der letzten Phase als Gedächtnisstütze dienen. Es hilft aber auch der Gruppe und jedem Mitglied zur eigenen Kontrolle und Selbstüberprüfung; denn jeder ist für das Gelingen des Projektes verantwortlich:

Jeder ist für das Gelingen verantwortlich. Aber machen alle mit? Jeder muß Tagebuch führen:

1. Wieviel Zeit habe ich für die Gruppe?
2. Was habe ich heute gemacht?
3. Hat das dem Projekt geholfen?
4. Was stört mich?
5. Wie bringe ich mich ein?
6. Was muß ich zur Verbesserung vorschlagen (morgen)?

Darüber hinaus bietet es sich an, sowohl die gesamte Projektplanung als auch die Planung der einzelnen Projektschritte von vornherein festzuhalten und die Verantwortlichkeit festzulegen. Im Folgenden finden Sie einige Vorschläge für praktische Hilfen:

Wie wollen wir vorgehen

Handlungsziel	Methode	Wer übernimmt?
Wir wollen mit einem Mitarbeiter des Kinderbüros sprechen	Kontaktaufnahme (telefonieren, faxen, hin gehen)	Karin, Elke, Jörg
Wir möchten etwas über die Spielplatzgestaltung und die Gestaltung der Außengelände von Kindergärten erfahren	Gang über verschiedene Spielplätze Dia- und Filmvorführung Diskussion	Alle

Sie haben sich bereits vorher in einem Brainstorming bzw. einer Mind-Map mit verschiedenen Themen und ihren Aspekten auseinander gesetzt. Wählen Sie in ihrer Gruppe ein Thema aus und versuchen Sie erste Schritte in einem Projektplan zu skizzieren.

Neben der Planung für das gesamte Projekt sollte auch jede einzelne Einheit (Tag, Doppelstunde) in einem Planungsraster festgehalten werden. Um zielgerichtet vorgehen zu können, sollte sich die Arbeitsgruppe zu Beginn zusammensetzen und die Vorgehensweise absprechen. Hierbei sollte auch wieder die Verantwortung des Einzelnen für bestimmte Aufgaben festgehalten werden.

Ebenso sollte am Ende jeder Einheit in einem Protokoll vermerkt werden, inwieweit das Ziel erreicht wurde, welche Schwierigkeiten es gegeben hat und welche Lösungsmöglichkeiten von der Arbeitsgruppe gefunden wurden. Dieses Protokoll hilft dann wieder, die nächste Einheit zu planen und auftretende Schwierigkeiten von vornherein zu vermeiden.

Da die Möglichkeit der Entstehung von Spannungen innerhalb der Lerngruppe im Projektlernen größer ist, sollte dies auch Gegenstand der Gespräche sein.

Projekt-Tagesplan
Tag:
Gruppe:

Ziel heute	Wer macht was?	Welches Material?	Wann? (von – bis)

Protokoll der Tagesarbeit
Projekt:
Tag:
Gruppe:

Zeit	Tätigigkeit	Kommentar

Während der handlungsorientierten Auseinandersetzung mit dem Problem hat man gesehen, dass ein Merkmal der Projektarbeit der soziale Lernprozess ist. Damit dieser nicht nur als Gedankenkonstruktion mitläuft, sollte in Ergänzung zum täglichen Gruppenprotokoll, welches sich mehr auf den Inhalt bezieht, die Zusammenarbeit in der Gruppe reflektiert werden. Ein Mittel hierzu stellt das Gruppenarbeits-Blitzlicht dar:

Gruppenarbeits-Blitzlicht
(jeden Tag)

Wir bewerten die Zusammenarbeit in der Gruppe:

Gesichtspunkte	sehr gut	gut	mittel	weniger	schlecht
Arbeitsintensität					
Vorankommen					
Kooperation					
Beteiligung					

4. Beendigung und Auswertung

In der letzten Phase einer Projektarbeit steht die Schlusseinschätzung durch die Arbeitsgruppe (möglicherweise auch durch die gesamte Klasse). Damit ein Gespräch darüber zu einem sinnvollen Ergebnis führen kann, bietet es sich auch hier an, eine Grundlage in Form eines Blitzlichtes zu schaffen:

Schlusseinschätzung

Gesichtspunkte	sehr gut	gut	mittel	weniger	schlecht
Thema					
Planung					
Realisierung					
Ergebnis					
Präsentation					

Für Schülerinnen und Lehrende ist die **Leistungsbewertung** am Ende einer Projektarbeit ein häufig genanntes Problem. Neben der Selbstkontrolle durch die Arbeitsgruppe, die u. a. durch Tagesprotokolle sichergestellt ist, sollten deshalb zu Beginn der Projektarbeit Kriterien miteinander vereinbart werden. Solche Kriterien können sein:

- Informationsgehalt und -dichte
- Übersichtlichkeit
- Ästhetik
- Eigenkritik
- Darstellung und Reflexion der Ergebnisse

Ergänzt werden können diese Kriterien durch einen Bericht der Schülerinnen, der folgende Angaben enthalten sollte:

- Chronologische und realistische Darstellung des Arbeitsprozesses
- Darstellung und Reflexion der Schwierigkeiten und Erfolge
- Wertung des Lernprozesses
- Selbsteinschätzung des Arbeitsanteils an der Gruppenarbeit
- Vergleich zum regulären Unterricht

Arbeitstechniken zur Informationsbeschaffung

»Wer suchet, der findet«, sagt ein altes Sprichwort; doch so einfach, wie es sich in diesem Sprichwort anhört, ist es heute nicht mehr.

Bei der Fülle an Informationen, die uns täglich erreicht, wird es immer schwerer, diese zu verfolgen, geschweige denn, diese auf ihre Eignung zu überprüfen, sie zu verarbeiten und für uns nutzbar zu machen.

Informationsbeschaffung und Informationsbereitstellung ist ein wichtiger Bestandteil der Arbeitstechniken, die bei der Beschäftigung mit und der Erarbeitung von verschiedenen Themen, Referaten und Hausarbeiten von großer Bedeutung sind. Wichtige Quellen zur Informationsbeschaffung für den Unterricht und die Arbeit von uns sind Bücher und Zeitschriften, die wir in den verschiedenen Bibliotheken und Archiven finden.

Um mit und in Bibliotheken sinnvoll arbeiten zu können, müssen wir uns zunächst einen Überblick darüber verschaffen, wie wir hier Informationen finden können. Der Buchbestand einer Bibliothek wird entweder auf Karteikarten oder in einer Datenbank (elektronische Karteikarte) nachgewiesen.

Klippert, Heinz
Kommunikations-Training
Übungsbausteine für den Unterricht.
4., neu ausgestattete Auflage.
Weinheim 1998, 288 Seiten

Der leichteste Weg für uns ein Buch zu finden ist dann gegeben, wenn wir den Namen des Verfassers kennen, denn in jeder Bibliothek finden wir einen alphabetisch nach Verfassernamen geordneten Verfasserkatalog:
Darüber hinaus finden wir in jeder Bibliothek noch verschiedene andere Kataloge, die uns bei der Suche nach Informationen hilfreich sein können.

In einem Stichwortkatalog können wir dann nachschlagen, wenn wir Bücher und Zeitschriften zu einem bestimmten Themengebiet suchen, nicht aber den Verfasser kennen, denn hier finden wir ein den Inhalt des Buches wiedergebendes Stichwort, das wörtlich im Titel des Buches zu finden ist.

Tausch, R. & Tausch, A. M.	„Erziehungspsychologie" Göttingen 1977
Thiesen, P.	„Mit allen Sinnen spielen" Weinheim 1996
Tietze-Fritz, P.	„Integrative Förderung in der Früherziehung" Dortmund 1997
Tossmann, H. P.	„Haschisch. Lebensprobleme und Drogenabhängigkeit. Ein Ratgeber für Eltern und Jugendliche" Weinheim 1998
Trapmann, H. & Liebetrau, G. & Rotthaus, W.	„Auffälliges Verhalten im Kindesalter" Dortmund 1970
Tresdner, H.-G.	„Theorie und Praxis der Psychoanalytischen Pädagogik" Mainz 1992
Ulich, D.	„Das Gefühl" München 1989
Vofl, R. & Wirtz, R.	„Keine Pillen für den Zappelphillip" Reinbek 1990
Watzlawick, P. & Beavin, J. & Jackson, D. D.	„Menschliche Kommunikation" Bern, Stuttgart, Wien 1982
Weisfeld, C. C. &	„Female inhibitation in mixed-sex competition

Ein Schlagwortkatalog ermöglicht uns eine ähnliche Vorgehensweise, da hier in kurzer und prägnanter Form, der Inhalt durch wenige aber sehr aussagekräftige Schlagwörter erfasst wird. Dieser Katalog bietet viele Vorteile, da es hier ohne Kenntnis von Verfasser und Buchtitel möglich ist, sich einem Thema zu nähern und eine Vielzahl von Informationen zu bekommen.

Neben diesen Katalogen finden wir besonders in wissenschaftlichen Bibliotheken (Universitäts- oder Fachhochschulbibliotheken) systematische Kataloge, die den Buchbestand nach Fachgruppen aufführt.

Verschwiegen werden darf aber nicht, dass die Literaturrecherche in einer Bibliothek auch Nachteile haben kann. Im Normalfall finden wir nur die Bücher und Zeitschriften, die in der besuchten Bibliothek tatsächlich vorhanden sind. Wir wissen also nicht, wenn wir zu einem Thema keine Literaturhinweise bekommen, egal in welchem Katalog wir gesucht haben, ob es zu unserem Thema in dieser Bibliothek oder ob es überhaupt keine Literatur gibt. Auch ist es möglich, dass wir mit den falschen Stich- und Schlagwörtern gesucht haben. Mittlerweile ist es aber so, dass in der überwiegenden Zahl der Bibliotheken keine Kataloge mehr existieren, die tatsächlich mit Karteikarten in Papierform arbeiten. Abgelöst wurden diese häufig durch die sogenannten Mikrofiches (»kleiner Zettel«), die es ermöglichten auf engstem Raum (Mikrofilmen im DIN-A6-Format) eine Vielzahl von Informationen zu speichern. Hierzu standen in den Bibliotheken spezielle Lesegeräte.

In einem nächsten Schritt stellten gerade die wissenschaftlichen Bibliotheken, begünstigt durch die Entwicklung der Computer, ihre Bestandsverwaltung auf die EDV um. Durch die Benutzerfreundlichkeit der Datenbankprogramme sind diese auch von Computerlaien zu bedienen, wenn Kenntnis darüber haben, wie in einer Bibliothek nach Literatur gesucht wird.

Auch wenn die unterschiedlichen Kataloge und Karteikästen nicht mehr sichtbar sind, ihre Systematik steht aber auch hinter den Datenbankprogrammen, nur dass sie häufig in einer Suchmaske miteinander verknüpft sind.

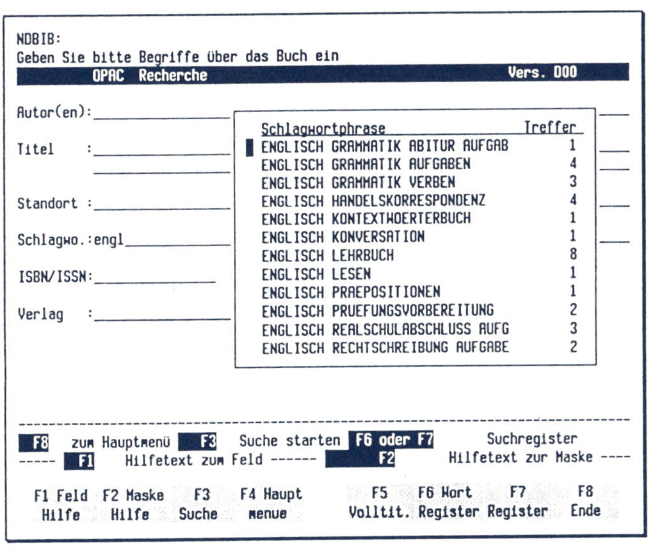

Eingabemaske zur Titelsuche

Suchstrategien

Um möglichst erfolgreich auf Literatursuche gehen zu können und um keinen Schiffbruch zu erleiden, sollten wir versuchen, uns eine geeignete Strategie zurecht zu legen.

In vielen Fällen hilft uns als erstes ein Blick in ein enzyklopädisches oder ein Fachlexikon. Die Artikel zu den einzelnen Stichworten beinhalten eine erste Erklärung, häufig bereits Namen von Personen, die sich mit dem entsprechenden Thema auseinandergesetzt haben und weitere Querverweise. Hinzu kommen bei den großen Lexika bereits erste Literaturhinweise.

Haben wir auf diesem Weg entsprechende Hinweise bekommen, sollten wir anschließend in der Lage sein, in einer Bibliothek mit Hilfe der verschiedenen Kataloge die hoffentlich vorhandene Literatur finden und bearbeiten.

Der aussichtsreichste Weg ist für uns dann gegeben, wenn unsere Bibliothek über ein Datenbankprogramm verfügt; denn ihre Struktur vereinigt in sich mehrere sonst parallel zu nutzender Kataloge: Titel-, Personen-; Schlagwort-, Stichwortkatalog und systematischer Katalog. In einer solchen Datenbank entfällt nun der oft mühsame und zeitaufwendige Gebrauch verschiedener Kataloge.

1. Internet

Die Voraussetzungen zur Nutzung des Internets als Informationsquelle sind

- ein mit dem Telefonnetz verbundener Computer oder entsprechend ein Laptop,
- ein entsprechendes Programm (Browser), wie z. B. Internet Explorer oder Netscape Navigator,
- eine Datenfernübertragungsverbindung zu einem Online-Dienst-Anbieter,
- eventuell ein Drucker, um Ergebnisse zur weiteren Bearbeitung fest zu halten,

Die entsprechenden Programme und Informationen, um einen Computer mit dem Internet zu verbinden werden wiederholt in gängigen Fachzeitschriften angeboten.

2. Suche im Internet

Browser wie die oben genannten, sind mit einer Funktion ausgestattet, die den Benutzer automatisch zu einer Suchroutine, auch Suchmaschine genannt, führen.
Je nach Programmanbieter und kommerzieller Orientierung werden zwischen einer bis mehreren Auswahlmöglichkeiten präsentiert. Hierbei handelt es sich jedoch nicht um ein erschöpfendes Angebot. Das World Wide Web bietet eine Fülle differenzierter Suchmaschinen mit unterschiedlichstem Aufbau an. Dementsprechend sind bei der Eingabe des selben Suchbegriffs und der Nutzung unterschiedlicher Suchroutinen wechselnde Ergebnisse die Folge.

Damit eine Suche möglichst erfolgreich verläuft sollte zunächst eine geeignete Suchroutine gefunden werden. Die Eingabe eines entsprechenden Begriffs wie etwa »Suchmaschinen« oder »Literatursuche« wäre ein erster Schritt zu Erfolg versprechenden Ergebnissen. Gerade bei der Suche nach geeigneter Literatur empfiehlt es sich, Universitäts- oder Zentralbibliotheken zu finden.

In jedem Fall sollten angegebene Internetadressen notiert werden um sie später direkt eingeben zu können. Die direkte Eingabe einer bekannten Adresse ist der schnellste und kostengünstigste Weg, eine Internetseite aufzurufen.

3. Effizienz der Suchergebnisse

Grundsätzlich gilt, je themenspezifischer die gewählte Suchmaschine ausgerichtet ist, desto effizienter sind die Ergebnisse.

Die Suche über die eher global orientierten Suchmaschinen gaukeln zwar zunächst eine Flut von Ergebnissen vor, lassen jedoch schnell erkennen, dass es Stunden dauern würde, alle Angaben auf ihren nutzbaren Wert zu überprüfen und geeignete Informationen von ungeeigneten zu trennen. Viele Suchmaschinen bieten hier die Hilfe an, die vorhandenen Suchergebnisse mit einem weiteren Begriff einzuschränken. Es empfiehlt sich deshalb, mit einem umfassenderen Begriff zu beginnen und dann nach und nach auszusondern.

Sind schließlich akzeptable Internetseiten gefunden die sie sogar konkrete Informationen beinhalten, sollten diese dennoch mit Vorsicht genossen werden. Nicht alles, was im Internet präsentiert wird, ist auch sachlich korrekt. Es gibt kaum Kontrollinstanzen, die Internetseiten auf ihre sachliche Richtigkeit prüfen. Bei fehlenden Angaben von Quellen oder Autoren sollte der Informationsgehalt kritisch hinterfragt und möglichst über weitere Quellen gesichert werden.
Als oftmals nützlich hat sich herausgestellt, Querverweisen nachzugehen. Sie führen zu weiteren Seiten mit gleichen oder ähnlichen thematischen Inhalten.

Das Internet ist wie viele mediale Produktionszweige der Kostendeckung durch Werbung unterworfen. Das Aufrufen einer Internetseite führt nicht selten dazu, den Nutzer mit einer Informationsflut von Werbeangeboten zu überhäufen. Hier gilt es, nicht die Orientireung zu verlieren und schnell über Sinn und Unsinn zu entscheiden.

1. Geben Sie denselben Suchbegriff bei verschiedenen Suchmaschinen ein und vergleichen Sie die Ergebnisse.

4. www-Adressen

Der folgende Auszug aus Internetadressen erhebt keinen Anspruch auf Vollständigkeit und ist in seiner Richtigkeit der hohen Veränderungsgeschwindigkeit des Marktes unterworfen.
Alle Adressen beginnen mit: »http://www.«

Allgemeine Suche	Literatursuche
lycos.de	uni-stuttgart.de/WWWraum/literatur.com
web.de	bib-bvb.de
fireball.de	uni-marburg.de
search.yahoo.com	ub.uni-dortmund.de
dino-online.de	uni-mainz.de
meta.rrzn.uni-hannover.de	zb-fh-weihenstephan.de
aladin.de	swbv.uni-konstanz.de/bibinfo/

Keine Macht der Gewalt

1.Hörfunk – Hörfunkproduktion

In der Fachschule für Sozialpädagogik wurde im Fach Medienpädagogik das Thema »Gewaltdarstellung in den Medien« behandelt. Der Schwerpunkt in der Auseinandersetzung mit diesem Thema lag hierbei wesentlich auf dem Vorkommen von Gewaltszenen im Fernsehen und in Videospielen. Hierbei standen u. a. die auftretenden Formen von Gewalt (physische, psychische, saubere Gewalt) und die Auswirkungen dieser Gewaltdarstellungen auf Kinder und Jugendliche im Mittelpunkt.

Die Beschäftigung mit der Problematik bestand einerseits in der Rezeption und Analyse verschiedener Fernsehsendungen und Videospiele andererseits in der Auseinandersetzung mit theoretischen Grundlagen und Aussagen verschiedener Medienwissenschaftler.

Die Schülerinnen bemängelten am Ende der Unterrichtseinheit, dass weite Teile des Unterrichts und der daraus resultierenden Ergebnisse zu sehr auf der theoretischen Ebene blieben. Aus Zeitmangel war es nicht mehr möglich sich aktiv (z. B. Verfilmung eines Anti-Gewalt-Spots) mit der Thematik auseinanderzusetzen.

Zu Beginn des Schuljahres war bereits vereinbart worden, dass im Mittelpunkt der weiteren Arbeit die Beschäftigung mit dem Medium »Hörfunk – Hörfunkproduktion« mit der Betonung auf Produktion stehen sollte.

Um dem Wunsch der Schülerinnen, den sie in der vorhergehenden Unterrichtseinheit äußerten, zu entsprechen, sollte nun eine mehrheitlich praktisch ausgerichtete Arbeit unter das Thema: »Keine Macht der Gewalt« gestellt werden.

Projektbeschreibung

Durch die Auseinandersetzung mit dem Thema »Gewaltdarstellung in den Medien« und der Äußerung des Wunsches nach einer aktiven Auseinandersetzung war bereits der erste Schritt getan.

Im ersten gemeinsamen Planungsgespräch, das ein Teil der Lerngruppe in Form eines Brainstormings durchführte und ein anderer Teil seine Ideen in einer Mind Map festhielt, stellte sich heraus, dass das Vorhaben umfangreicher war als zunächst angenommen.

Das Fach Medienpädagogik konnte gar nicht alle thematischen Schwerpunkte, die sich herausbildeten, abdecken. So wurde versucht den thematischen Schwerpunkten Inhalte verschiedener Fächer zuzuordnen. Anhand dieser Zuordnung nahm die Lerngruppe Kontakt mit einzelnen Fachlehrerinnen auf und gewann diese für eine Kooperation. Dies erforderte anschließend ein weiteres Planungsgespräch mit den Kolleginnen, das die Schülerinnen vorbereiteten und durchführten. In diesem Gespräch legte

man den Zeitrahmen fest und traf eine Zuordnung zu den Arbeitsgruppen.
Es zeigte sich auch, dass es vor der eigentlichen Arbeit am Thema eine Vorschaltphase geben musste, da die Kenntnisse über die Aufnahmetechnik gering waren.

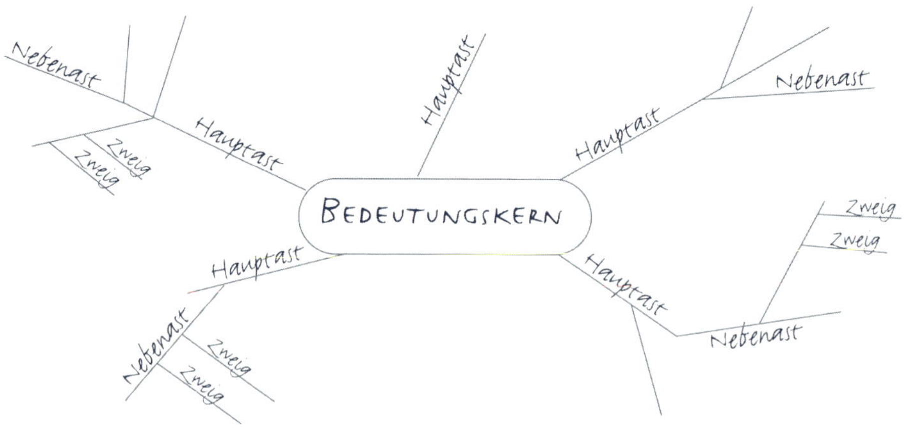

Vorschaltphase:

Gebundenes Produzieren

In kleinen Partnerinterviews erprobten die Schülerinnen technische »Grundregeln« bei der Tonarbeit. Hierzu gehörten:

- das Halten des Mikrofons möglichst nahe beim Sprecher,
- die Aussteuerung der Aufnahme.

Freies Produzieren

Hier ging es darum herauszufinden, welche Möglichkeiten es gibt Töne, Geräusche und Klangbilder zu erzeugen. Als Material standen den Schülerinnen ihre eigene Stimme, verschiedene Instrumente (keine elektronisch verstärkten) und unterschiedliche Gegenstände zur Verfügung. Ausprobiert wurde hierbei:

- das Mischpult,
- das Hallgerät.

In dieser Phase nahm der Gedanke etwas für den »Hörfunk« zu produzieren Gestalt an. Eine Arbeitsgruppe nahm Kontakt zum Lokalradio auf um herauszufinden, ob es die Möglichkeit gab, einen eigenen kleinen Sendebeitrag zu erstellen. Als hier eine positive Rückmeldung kam, die aber an die Bedingung geknüpft war, dass der Beitrag »sendefähig« sein sollte, wollte die gesamte Arbeitsgruppe herausfinden, was die Mitarbeiter des Lokalfunks als »sendefähig« ansahen. Um dies zu erreichen nahmen sie verschiedene Originalhörbeispiele vom Hörspiel bis zum Magazinbeitrag auf und untersuchten sie im Hinblick auf ihre Gestaltungsprinzipien.

Im Anschluss an ein weiteres kurzes Planungsgespräch gingen die Arbeitsgruppen zweigleisig vor: Ein Teil hatte sich dazu entschlossen ein eigenes kleines Hörspiel zu produzieren, dass den Gedanken des Anti-Gewalt-Spots aus der vorhergegangen Unterrichtseinheit aufgreifen sollte. Die übrigen Gruppen verfolgten die Idee eines Radiofeatures mit Originalbeiträgen, Kommentaren und Musik.

Materialsammlung

Eigenständig sammelten die Arbeitsgruppen nun Material für ihren Arbeitsschwerpunkt. Unter Einbeziehung der verschiedenen Fächer erarbeiteten sie sich theoretisches Hintergrundwissen und suchten nach Lösungsansätze. Parallel hierzu verließen einige Gruppen das Schulgelände um Interviewbeiträge vor Ort zu sammeln. Sie wählten Musik aus und erprobten die Produktion von Geräuschen.

Materialaufbereitung

Mit diesem »Rohmaterial« erstellten sie dann ein »Drehbuch«, damit ein weiteres sinnvolles Arbeiten möglich wurde.

Text	Geräusche/Musik	Ort	Zeit
	Muster		

Erste Umsetzungsversuche wurden dann der Gesamtgruppe vorgeführt, diskutiert und überprüft.

Herstellen

In dieser Phase erstellten die Arbeitsgruppen das endgültige Produkt. Hierbei nahmen die Schülerinnen positiv die Hilfestellung durch die Mitarbeiter des Lokalfunks auf. So verfügten sie nicht nur über besseres technisches Gerät, sie sahen auch, wie man in einem Hörfunkstudio unter professionellen Bedingungen arbeitete.

Präsentation

Für die Schülerinnen war es dann ein besonderes Ereignis, als ihr Produkt der Öffentlichkeit präsentiert wurde. Denn es war hier nicht ausschließlich die Schulöffentlichkeit angesprochen, vielmehr konnten die Sendebeiträge im Einzugsbereich des Lokalfunks von vielen Zuhörern empfangen werden. Da sie nicht nur in der Schule sondern auch bei Freunden und Bekannten Reklame gemacht hatten, erhielten sie eine Vielzahl von positiven Rückmeldungen.

Im Schulgebäude dokumentierten sie wichtige Schritte ihres Vorgehens auf Stellwänden und boten für Interessierte an, ihre Beiträge gegen einen Kostenbeitrag auf Kassetten zu vervielfältigen.

Hiermit erreichten sie noch einen Nebeneffekt, denn das Geld, das ihnen nach Abzug der Kosten blieb spendeten sie einer karitativen Einrichtung.

Nachdenken

Im Rückblick auf ihre Arbeit diskutierten die Schülerinnen u.a. die Frage, ob sie in ihrer sozialpädagogischen Praxis mit Kindern und Jugendlichen ähnliche Ergebnisse erzielen könnten. Deutlich wurde in der Diskussion, dass die technischen Möglichkeiten, die der Lokalfunk ihnen geboten hatte, in der Praxis nicht genutzt werden können, dass es aber auch mit geringeren Mitteln (ein oder zwei Kassettenrekordern und ein Mikrofon) mit Kindern und Jugendlichen möglich ist, Tonproduktionen zu erstellen.

Die Frage nach dem Lern- und Erfahrungszuwachs wurde von den Schülerinnen positiv gesehen, dies zeigte sich auch in dem sich anschließenden Fachunterricht.

... und dann?

Die Präsentation der Ergebnisse im Lokalfunk und auf den Stellwänden in der Schule brachte eine andere Lerngruppe auf die Idee sich aus einer anderen Richtung dem Thema zu nähern. Ihr war der flüchtige Augenblick des Hörens nicht ausreichend um auf das Thema »Keine Macht der Gewalt« einzugehen. Sie wollten optische Anreize und Informationen bieten um sich mit dem Thema auseinanderzusetzen. Für diese Lerngruppe stand fest, dass im Mittelpunkt ihrer Arbeit die Fotografie stehen sollte.

2. Fotografie

Sie baten die Projektgruppe, die sich mit der Hörfunkproduktion beschäftigt hatte, ihnen Informationen über die Erfahrungen, die sie in ihrer Arbeit gemacht hatten, zu berichten. Aus diesem Erfahrungsaustausch heraus wurde beschlossen, auf ähnliche Weise vorzugehen. Es fehlte zwar weitgehend die Erfahrung im Umgang mit dem Fotoapparat, dies war aber ein Problem, dass sich lösen lies.

Projektbeschreibung

Da das Projekt nicht ganz so umfangreich und aufwendig gestaltet werden sollte, wurde in der Planungsphase vereinbart, auch hier eine Vorschaltphase einzurichten um sich mit den technischen Voraussetzungen der Fotografie zu befassen. Die Kooperation sollte nach dem Wunsch der Schülerinnen auf die Fächer Medienpädagogik, Kunst und Deutsch beschränkt bleiben.
Als Zeitrahmen für das eigentliche Projektlernen setzte die Lerngruppe drei Tage an.

Vorschaltphase

In der Vorschaltphase machten sich die Schülerinnen mit der Funktion und dem Gebrauch des Fotoapparates vertraut und erwarben Grundkenntnisse über das Verhältnis von:

- Blende,
- Belichtungszeit,
- Schärfentiefe (Tiefenschärfe).

In dieser frühen Phase kam einigen Schülerinnen bereits der Gedanke, mit der Fotografie auch in der sozialpädagogischen Praxis zu experimentieren und mit den Kindern eigene Produkte zu erstellen. Daraufhin baten sie auch in die Praxis des Entwickelns und Vergrößerns eingeführt zu werden.

Materialsammlung

In der Diskussion zur Vorbereitung auf die Materialsammlung stellte sich sehr schnell heraus, dass die Lerngruppe eine Einschränkung des Themas vornehmen musste; denn sie ging davon aus, dass es möglich sei durch die Stadt zu gehen und reale Gewalt (z. B. Schlägereien) gegen Menschen zufällig anzutreffen und fotografieren zu können. Nachgestellte Szenen genügten aber nicht den Ansprüchen. Daher beschloss sie sich auf Gewalt gegen Sachen zu beschränken.

Da die Schülerinnen aus eigener Anschauung wussten, wo sie in der Stadt geeignete Objekte finden konnten, sahen sie einen Tag vor, um »vor Ort« zu fotografieren. Daneben zeigten sie sich interessiert daranzu erfahren, wie hoch die finanziellen Aufwendungen für die Beseitigung dieser Schäden waren. Um dies in Erfahrung zu bringen, nahmen sie Kontakt mit der Polizei, Versicherungen und den Verkehrsbetrieben auf.

Materialaufbereitung

Zu Beginn der Materialaufbereitung entwickelten und vergrößerten die Schülerinnen zunächst ihr Filmmaterial. Anschließend wählten sie aus der Vielzahl von Aufnahmen diejenigen aus, die ihnen geeignet erschienen um ihr Anliegen zu verdeutlichen. Hierbei zeigte es sich, dass eine einfache Bildunterschrift, die dokumentierte wann und wo die Aufnahme gemacht wurde, nicht ausreichte. Da ihnen die Urheber der Zerstörungen und Schmierereien, die sie über ihre Motive befragen konnten, nicht bekannt waren, wollten sie zumindest etwas darüber erfahren, was andere Menschen hierüber dachten um es als Bildunterschrift zu verwenden.

Mit den ausgewählten Bildern gingen sie in die Stadtteile, in denen die Aufnahmen entstanden waren und befragten Passanten nach ihrer Meinung, die sie protokollierten.

Herstellen

In dieser Phase stellten sie ihr Produkt her, indem sie eine letzte Auswahl der Bilder trafen und diese mit Bildunterschriften versahen.

Das Datenmaterial zu den finanziellen Schäden, das sie von der Polizei und den Verkehrsbetrieben erhalten hatten, bereiteten sie grafisch auf, um es ebenfalls zu präsentieren.

Präsentation

Die Präsentation fand dann im Eingangsbereich der Schule statt. Eine Überraschung für ihre Mitschülerinnen hatte sich die Projektgruppe aufgespart. Es gab einige Bilder, die sie bewusst nicht mit einem Kommentar versehen hatten. Um in Erfahrung zu bringen, wie ihre Mitschülerinnen über diese Darstellungen dachten, sollten diese auf einem Fragebogen darüber Auskunft geben, wie sie darüber dachten und ob sie wüssten, wo diese Aufnahmen entstanden sind.

Für die überwiegende Mehrheit war die Überraschung groß, als sie erfuhr, dass diese Aufnahmen aus dem eigenen Schulgebäude stammten und viele achtlos daran vorbeigegangen waren.

Nachdenken

In der Rückschau zeigten sich die Schülerinnen überrascht darüber, wie viele Zerstörungen und Schmierereien sie entdeckt hatten, mehr als sie ursprünglich angenommen hatten. Eine Ursache für ihre Entdeckung sahen sie darin, dass sie mit dem »Auge eines Fotografen« durch die Stadt und das Schulgebäude gegangen sind. Ihr Blick für die »Normalität des Alltags« war sensibilisiert worden.

Kinderkino

In der Reflexion nach einer Praxisphase berichteten zwei Schülerinnen darüber, wie Kinder den Besuch einer Kindervorstellung im Kino begeistert aufgenommen hatten und noch in den Tagen danach immer wieder darauf zu sprechen kamen. Daraufhin diskutierte die Lerngruppe darüber, ob es möglich wäre, solche Besuche mit Kindern häufiger durchzuführen. Bei der Abschätzung des Für und Wider zeigte es sich, dass der Aufwand (finanziell und zeitlich) recht hoch ist, sodass der Gedanke zunächst verworfen wurde.

In den folgenden Tagen ging die Diskussion in der Lerngruppe dennoch weiter. Einige Schülerinnen stellten sich vor, selbst in einer sozialpädagogischen Einrichtung mit und für Kindern ein Kino einzurichten. Es war ihnen aber zu wenig, die Kinder vor eine Leinwand oder ein Videogerät zusetzen, da die Kinder nicht nur über den Film begeistert waren sondern auch über das Ambiente.

Projektbeschreibung

Die Schülerinnen stellten ihre Idee erneut zur Diskussion und baten die Lehrkräfte der Fächer Medienpädagogik, Kunst und Spiel zu einem Gedankenaustausch. Während dieses Gedankenaustausches zeigte es sich, dass man sich ungewollt bereits in der Planungphase befand. Die Schülerinnen sammelten durch eine Kartenabfrage die positiven Äußerungen der Kinder, die ihnen noch in Erinnerung waren. Andere, die nicht die unmittelbare Erfahrung mit einem Kinobesuch während der Praxisphase gemacht hatten, steuerten eigene Vorstellungen, die zum Teil von Kindheitserfahrungen geprägt waren, bei.

Die Strukturierung der Kartenabfrage zeigte, dass der Schwerpunkt einhellig auf der Schaffung einer »Kinoatmosphäre« lag und erst an zweiter Stelle geeignete Kinderfilme genannt wurden. Da keine der Teilnehmerinnen an dem Planungsgespräch praktische Erfahrung mit der Ausführung hatte, beschloss die Planungsgruppe in einem ersten Schritt ein Kino für Kinder zu machen, dies zu dokumentieren und in einer weiteren Praxisphase dann mit Kindern durchzuführen.

Materialsammlung

Viele Schülerinnen der Lerngruppe kannten Kinosäle aus eigener Erfahrung, empfanden die Atmosphäre aber zu nüchtern. Sie wünschten sich etwas »anheimelndes, gemütliches«, konnten dies aber nicht näher erläutern. Die Vermutung wurde geäußert, dass es so etwas »früher« gegeben haben muss. Um hierüber etwas zu erfahren, teilte sich die Lerngruppe. Ein Teil fand sich bereit bei ihren Eltern und Großeltern nachzufragen, ein anderer Teil besuchte die Stadtbücherei und lieh sich Literatur über die Geschichte des Kinos aus.

Materialaufbereiten und Herstellen

Die Auswertung ihrer Recherchen ergab für die Schülerinnen das »Rohmaterial«, mit dem sie nun daran gehen konnten ihr Kino für Kinder zu entwerfen.
Sie wählten als erstes einen geeigneten Raum im Schulgebäude aus, der für mehrere Tage ausschließlich für die Projektarbeit zur Verfügung stehen musste.

Bei der Abdunklung des Raums mit dunklen Tüchern, entstand bei den Schülerinnen die Vorstellung, den Raum mit einem Baldachin – vergleichbar einer Zirkuskuppel – zu verhängen. Auf den Tüchern brachten sie Dekorationselemente (Sonne, Mond, Sterne) aus verschiedenen reflektierenden Materialien an. Außerdem hingen sie mehrere Lichterketten unter die entstandene Kuppel.
Als Sitzgelegenheiten verteilten die Schülerinnen mit Möbelstoff bezogene Matratzen, die in der Schule vorhanden waren.

Eine Projektionsleinwand wurde an der Frontseite des Raumes aufgehängt und durch einen aufziehbaren Vorhang verdeckt. Damit die Illusion eines Kinos vollständig wurde, liehen die Schülerinnen sich bei der Stadtbildstelle einen 16 mm Filmprojektor und zwei Kinderfilme aus.

Zum Abschluss der Vorbereitungen gestalteten sie mehrere Filmplakate und Eintrittskarten. Die Plakate hingen sie in zwei benachbarten Kindergärten auf und luden die Kinder zu ihrer Vorführung ein.

Präsentation

Am Tag der Vorführung nahmen die Schülerinnen die Rollen ein, die sie von Kinobesuchen her kannten: Kassiererin, Kontrolleurin an der Eingangstür und Platzanweiserin.
Mit Musik in der Phase des Ankommens der Kinder, langsamem Abdunkeln des Lichtes und Beginn der Filmvorführung schafften sie für die Kinder eine »authentische« Kinoatmosphäre.
Am Ende der Vorführung waren alle Teilnehmer – Kinder, Erzieherinnen, Lehrkräfte und Schülerinnen – begeistert von dieser Veranstaltung.

Nachdenken

In der Rückschau auf die Arbeit, die sie mit den Lehrkräften und den eingeladenen Erzieherinnen hielten, waren sich alle Anwesenden darin einig, dass sie wichtige Erfahrungen für ihre praktische Arbeit gesammelt hatten. Es wurde herausgestellt, wie mit verhältnismäßig geringen Mitteln ein Erlebnisraum nicht nur für die Kinder sondern auch für die Erwachsenen geschaffen worden ist.
Bei der Überlegung, ob sich ein solches Projekt mit Kindern wiederholen ließe, zeigten sich die Schülerinnen überzeugt davon.
In der nächsten Praxisphase versuchten mehrere Schülerinnen ihre Erfahrungen in die Praxis zu übertragen. Der anschließende Bericht erbrachte ein positives Echo.

Erfahrungen beim Drehen von Musikvideos

Im Nachfolgenden werden **Praxiserfahrungen** zusammengefasst dargestellt, die Praktikanten im Anerkennungsjahr der Ausbildung zur staatlichen anerkannten Erzieherin (im Heim- und Hortbereich) und Lehrkräfte der Fachschule für Sozialpädagogik beim Drehen von Musikvideos gemacht haben. Dabei soll aufgezeigt werden, dass über und durch das Medium Video das sozial-emotionale Miteinander der Mittelpunkt der Videoherstellung war.

Bei der Entwicklung und Gestaltung eines **Musikvideos** erleben sich die Kinder/Jugendlichen/Erwachsenen **als Team und Gruppe**, was bedeutet:

- Kontakt zu anderen aufzunehmen,
- die anderen zu beobachten,
- zuzuhören,
- Toleranz den anderen gegenüber zu entwickeln,
- Sich selbst als wichtigen Teil in einem Team zu erleben (Ideen einzubringen, die Gruppe zu führen, aber sich der Gruppe auch unterzuordnen und anzupassen),
- Mit Konflikten umgehen zu lernen,
- Ausdauer und Durchhaltevermögen zu einem Thema zu entwickeln,
- sich in einer anderen Rolle im Video zu erleben und den anderen als solches zu präsentieren,
- Gemeinsamer Spaß und Stolz verbunden mit einem gesteigerten Selbstwertgefühl bei der Fertigstellung und Präsentation des Gesamtwerkes.

Die methodischen Vorgehensweisen sind zwar an der Herstellungsablauf eines Musikvideos gebunden, beinhalten aber schwerpunktmäßig eine immer tiefergehende Auseinandersetzung mit und in der Gruppe.

1. Auswahl eines Musiktitels und damit einer Musikgruppe

Im ersten Treffen werden **eigene CD´s** oder **eigene aufgezeichnete Musikvideos** mitgebracht, angehört oder angeschaut. Je nach Zielgruppe kann die Einengung auf einen deutschen Titel sinnvoll sein, da aufwendige Übersetzungsarbeiten zum besseren Textzugang wegfallen. Zur Entscheidungsfindung für einen Titel kann ein **Fragebogen** dienen (Wähler, Titel, Interpret, 1./2./3. Wahl). Dem Entscheidungsprozess muss Zeit gelassen werden, denn die Gruppe muss gemeinsam eine Entscheidung treffen und diese als gemeinsame Entscheidung über den gesamten Videodreh hin akzeptieren.

2. Auseinandersetzung mit dem Text des Liedes – Entwicklung eines Drehbuches

Zu dem ausgewählten Lied formulieren alle Kinder/Jugendlichen eigene Gedanken und Ideen zur medialen Textumsetzung. Dazu ist es notwendig sich mit den Textinhalten intensiv auseinander zu setzen. Eine Fotokopie des Textes für jeden ist dabei sicher sinnvoll.
Beispiel einer Ideensammlung zu dem Lied »Sie ist weg« von den Phantastischen Vier:

(entnommen aus dem Tätigkeitsbericht einer Anerkennungspraktikantin im Heimbereich)

- Es fühlt sich einer allein, weil seine Freundin ihn verlassen hat. Seitdem ist er nur noch schlecht drauf. Er trinkt nur noch und geht in Discos und kifft sich zu. Er versteht die Welt nicht mehr und will auch nichts mehr von ihr wissen. Er hat kein Selbstvertrauen mehr. (D. 11 Jahre)
- Erinnerungsfotos von früher angucken und Foto von ihr verbrennen. (M. 11 Jahre)
- Er ist fertig, weint, ist traurig, trinkt viel Bier, treibt sich in Kneipen rum und auf Parties und raucht und raucht und rauscht. (Ch. 12 Jahre)
- Er sucht sie überall. Auf dem Bahnhof, auf dem Flughafen, in der Schule, in der Stadt, in der Disco, in der Kneipe, im Kino. (M. 15 Jahre)
- Er ist allein in seiner »Saubude«, im Kühlschrank nur noch leere Bierdosen. Er schmeißt sie weg und ist völlig entnervt. Überall fliegen Essenreste herum und volle Aschenbecher. (T. 15 Jahre)
- Er liegt im Bett und gammelt nur noch vor sich hin, er hat keinen Antrieb mehr, »alles ist so trüb«, es regnet. (M. 12 Jahre)
- Er tippt Frauen an und denkt es ist sie, weil sie ähnlich aussehen und bekommt eine Ohrfeige. (D. 11 Jahre)
- Er schenkt ihr Fußballkarten, sie wird wütend und zerreist sie. (D. 12 Jahre)

Das Verlassenwerden ist den Jugendlichen sehr vertraut, so dass viele Ideen für die Gestaltung des Drehbuches eigenes Erleben und eigene Erlebnisse widerspiegeln.
Zur Drehbuchgestaltung gehören auch evtl. tänzerische Elemente, die ebenfalls überlegt, geprobt und ausgestaltet werden müssen.

3. Rollenverteilung – Arbeitsverteilung

In diesem Schritt werden die Rollen vor und hinter der Kamera verteilt, wobei die einzelnen Fähigkeiten und Wünsche der Teilnehmer geäußert, respektiert und gegebenenfalls je nach Verlauf des Videodrehs auch geändert werden. Gerade bei Heim oder Schulkindern kann das »an einem Thema arbeiten« zu einer großen Belastungsprobe werden, wobei die Flexibilität der Regisseure gefragt ist.

In eine andere Rolle geschminkt und mit Requisiten ausgestattet vor die Kamera zu treten und sich später selbst zu erleben, bedeutet eine große Erfahrung in Bezug auf die Eigenwahrnehmung und damit für die eigene Identitätsentwicklung und Persönlichkeitsentwicklung. Gleichzeitig präsentieren sich die Jugendlichen den anderen und damit deren Fremdwahrnehmung und müssen mit Kritik oder Lob für ihre Darstellung umgehen lernen.

4. Probeaufnahmen – Experimentieren mit der Kamera

In diesem Abschnitt geht es um das Vertraut werden mit der Kamera und den technischen Geräten z.B. Adapterkabel, Kabelverbindung, Stativ, Akkus ... Meist sind die Jugendlichen äußerst interessiert und motiviert bei der Sache und nach relativ kurzer Zeit mit der Technik vertraut. Manchmal bedarf gerade die Organisation der technischen Voraussetzungen viel Hartnäckigkeit und Aufwand, ohne die ein Musikvideo aber nicht realisiert werden kann.

5. Filmaufnahmen an den verschiedenen Drehorten nach Drehbuch

Hier zeigen sich die tatsächlichen Ausmaße und der Umfang bis die einzelnen Szenen »im Kasten« sind. Wenn neben der Alltag einer sozialpädagogischen Einrichtung ein Musikvideo gedreht werden soll, wird das größte Problem die zeit sein, denn es müssen auch noch andere Termine eingehalten werden oder Hausaufgaben erledigt werden.

In der Durchführung ist es für den oder die Hauptverantwortliche eine Erleichterung und Bereicherung im Kollegenteam Unterstützung zu finden. Bei den Filmaufnahmen treten natürlich jede Menge Schwierigkeiten auf, die es gemeinschaftlich in der Gruppe zu lösen gilt. Und sowohl die Technik, als auch die Akteure haben ihre Tücken!

Beim gemeinsamen Betrachen der gedrehten Szenen am Videorekorder können die Teilnehmer den aktuellen Stand des Videos reflektieren und so Zwischenergebnisse und Freude auf das Gesamtergebnis sammeln.

6. Schneiden, Vorspann, Abspann – Zusammenstellen des Videos

Die Technik hat im vorletzten Schritt einen großen Platz, wobei der Hauptverantwortliche sich professionelle Hilfe z.B. von den Landesbildstellen holen kann, im das angefangene Projekt zu Ende zu bringen. Beim Schneiden und Mischen werden die technischen Mittel für die Beteiligten durchschaubarer und es zeigt sich hier, dass es sich gelohnt hat etwa selbst zu tun und aktiv zu werden.

7. Präsentation des Musikvideos

Zur Produktion gehört immer die Präsentation nach außen mit dem entsprechenden feierlichen Rahmen z.B. der Verleihung des »goldenen Etwas« oder der Einladung von Eltern. Hier präsentiert sich stolz die gesamte Gruppe mit ihrem Werk und das Selbstwertgefühl wird gestärkt. Zur eigentlichen Präsentation gehört auch eine Dokumentation über das Entstehen des Videos. Hier können einzelne der Gruppe berichten, Fotos zeigen oder zusammengeschnittene »Restszenen« zeigen.

Computer

1. Multimedia-Landschaften für Kinder

MuLa (Multimedia-Landschaften für Kinder) ist ein Projekt, das in Zusammenarbeit des SIN (Studio im Netz) mit dem Schulreferat der Landeshauptstadt München, Fachabteilung V für Kindertagesstätten, im Jahr 1997 entstanden ist. Die Zielgruppe waren Kinder im Alter von 3 bis 12 Jahren in Kindergärten, -tagesstätten und -horten im Raum München. Das Projekt erstreckte sich in seiner Fortführung über mehrere Jahre und bisher vier Einheiten.

Auszugsweise werden folgend Teile aus der Internetpräsentation (http://www.sinnet.de) dargestellt. Da es sich um ein sehr aufwendiges Projekt handelt, besteht hier nicht der Anspruch, es in allen Teilbereichen zu übernehmen. Vielmehr sollen Anregungen zur pädagogischen Umsetzung geben werden. Im Einzelfall sind die jeweils realisierbaren Schritte umzusetzen, zu erweitern bzw. den eigenen Möglichkeiten anzupassen.

1.1 Projektbeschreibung

Computer sind aus unserer heutigen Arbeits- und Lebenswelt nicht mehr wegzudenken. Schon kleine Kinder kommen immer wieder in den Kontakt mit neuen Technologien. Spätestens im Schulkindalter ist der kompetente Umgang mit dem PC eine wichtige Schlüsselqualifikation für die Bewältigung vielfältiger Anforderungen unserer modernen Gesellschaft.

Kinder gehen meist unvoreingenommen an ihre Umwelt heran: Neugierig entdeckend und spielerisch versuchen sie, die Welt kennen zu lernen, sich in ihr zurechtzufinden. Diesem natürlichen Bedürfnis kommen immer bessere Edutainment-Programme, in denen »spielendes« Lernen im Vordergrund steht, entgegen. Diesen Markt pädagogisch zu durchforsten, zu analysieren, zu nutzen und zu kritisieren ist eine Aufgabe der Medienpädagogik, der wir uns mit diesem Projekt annehmen.

So sehr wir Erwachsenen uns das auch manchmal wünschen würden, die Uhr zurückdrehen können wir leider nicht. Das heißt unsere Kinder möchten auf Grund berechtigter Interessen nicht immer das erleben und tun, was wir ihnen nur allzu gerne gönnen würden. Eine Schutzzone in der versucht wird, Kinder von problematischen Lebensbereichen möglichst fern zu halten, macht nur Sinn, wenn sie noch nicht in der Lage wären diese Bereiche zu bewältigen ohne Schaden zu nehmen.

Das Kennenlernen und Erfahren von neuen Medien sowie neuen Kulturtechniken und deren Möglichkeiten in einem Feld, das pädagogisch durchdacht und für die jeweilige Altersgruppe konzipiert ist, ermöglicht die Auseinandersetzung und bewahrt gleichzeitig vor Überforderungen und Unsicherheiten, die entstehen können, wenn Kinder ohne Begleitung die Welt der neuen Medien erforschen.

Mit dem Projekt Multimedia-Landschaften für Kinder setzen wir daher an den Bedürfnissen der Kinder, ihrer natürlichen Neugier und Freude am Entdecken, an.
Dabei wird ihnen nicht nur ein pädagogisch vorbereiteter Erfahrungsraum zur Verfügung gestellt, sondern Kinder, Eltern und Erzieher in die Aktivitäten der Multimedia-Landschaften einbezogen. Nur so kann eine einseitige Produkt- bzw. Bereichsorientierung und Markenbindung vermieden werden.

Ziel ist es, die Kinder und ihre natürliche Neugier an der (Medien-)Welt zu unterstützen, ohne sie von vornherein in bestimmte Bahnen zu lenken, denn letztendlich werden Probleme nicht durch eine Technik oder ein Medium an sich verursacht, sondern durch den Umgang damit. Diesen Umgang zu ermöglichen und spielerisch zu üben ist eine pädagogische Aufgabe, die wir uns mit dem Projekt Multimedia-Landschaften für Kinder gestellt haben.

1.2 MuLa 1 – Der Computerausflug

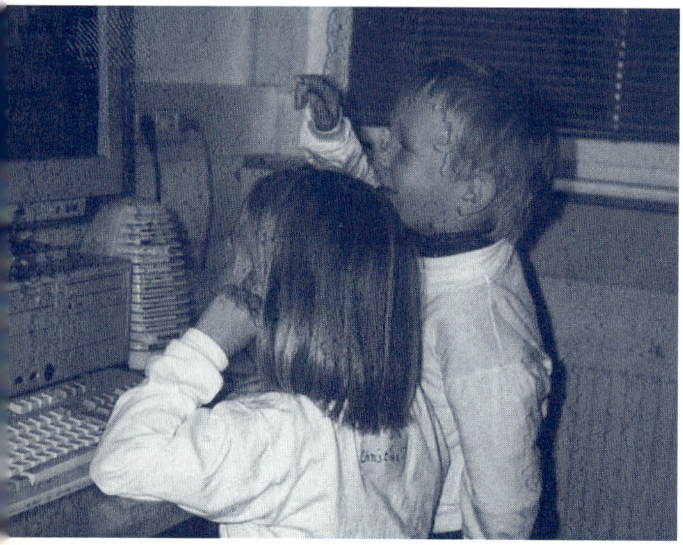

Die Initiatoren nahmen sich mit dem Projekt MuLa 1 der pädagogischen Herausforderungen, gestellt durch den immer größer werdenden Markt der Edutainment-Software und Multimedia-Technologien und deren Einfluss auf unsere Kinder, an.

Ein ausgewählter Kreis von 14 Kindergärten bekam die Möglichkeit, mit maximal 15 Kindern einen Tag in den Räumen des Studios im Netz zu verbringen. An acht modernen Multimediastationen konnten 198 Kinder und die Erzieherinnen der beteiligten Einrichtungen unter pädagogischer Betreuung in die virtuellen Welten des Multimedia-Zeitalters eintauchen. Auf den Rechnern standen die neuesten Edutainmentprogramme zur Verfügung um von den Kindern begeistert entdeckt zu werden.

Schon bald machten sich die kleinen Besucher daran, Max beim Sockensuchen zu helfen oder mit Oma an den Strand zu fahren. Für die Erzieherinnen stellte der Tag eine Fortbildungsveranstaltung dar, um sich über die Programme zu informieren, »ihre« Kinder beim Spielen zu beobachten oder sich selbst an den Spielen zu versuchen. Schnell bauten sie bestehende Hemmschwellen im Umgang mit der Technik ab. Ebenso wurden ihnen Befürchtungen genommen, da sie sahen, dass die Kinder das Multimedia- Angebot vor allem in Gruppen annahmen, und es nicht zu einer Vereinzelung vor den Rechnern kam. Natürlich stellte das SIN (Studio im Netz) den Kindern auch nicht virtuelle Spiel- und Bastelmöglichkeiten zur Verfügung. Sie konnten in einem abgetrennten Raum mit Schere, Klebstoff, Stiften oder Locher hantieren, nutzten dieses Angebot jedoch nur sporadisch als Alternative zu dem Computerangebot. Viel lieber entdeckten, spielten, forschten und staunten sie in und über die faszinierenden medialen Welten der Edutainmentprogramme.

Bei dem Projekt ging es nicht darum, fertig vorgegebene Erkenntnisse zu vermitteln, sondern gemeinsam mit den Kindern und Erzieherinnen Erfahrungen im pädagogischen Umgang mit den neuen Medien zu sammeln. Dabei standen nicht bestimmte Fertigkeiten oder Techniken zum Gebrauch des Computers im Vordergrund, sondern die Bereitstellung eines verantwortungsvollen Erfahrungsraumes, in dem die Kinder ihre natürliche Neugier auf die virtuellen Welten ausleben konnten.

Um auch die Eltern in das Projekt einzubeziehen wurden sie um eine schriftliche Einschätzung gebeten, was in Form von Fragebögen erfolgte. Der Rücklauf dieser Bögen war erfreulich hoch und erbrachte neben den fundierten Beobachtungen und Kommentaren der beteiligten Erzieherinnen eine Fülle weiterer Ansichten und Aspekte zu dem Themenkomplex Kinder und neue Medien.

6.1.3 MuLa 2 – Die Computer-Karawane

Im Anschluss an die Erfahrungen mit MuLa 1 – Der Computerausflug 1997 wurde ein Konzept für den Einsatz und die Betreuung von Multimedia-Landschaften vor Ort entwickelt, das im Projekt MuLa 2 – Die Computer-Karawane 1998 seine erste Umsetzung fand.

14 Kindertagesstätten aus dem Raum München, die größtenteils schon Erfahrungen im Projekt MuLa 1 sammeln konnten, wurden in den Umgang mit Computern und Kinderprogrammen in ihrer Einrichtung eingeführt.

Für die insgesamt ca. 1200 beteiligten Kinder standen dazu drei Hardwareeinheiten, bestehend aus je drei Multimediarechnern und einem Farbdrucker, sowie umfangreiche Edutainment-Softwarepakete zur Verfügung. Für die Dauer von jeweils ca. vier Wochen wurde in jeder Tagesstätte eine Einheit fest eingerichtet und stand jederzeit zur Benutzung zur Verfügung.

So konnten die Erzieherinnen dieses Angebot in ihr pädagogisches Konzept selbständig und in Eigenverantwortung einbinden. Dazu wurde eine offene Weiterbildungsveranstaltung angeboten, in der sich die Erzieherinnen das technische Know-how, Informationen über den Inhalt und die Handhabung der Software aneignen konnten.

Zur Einbindung der Eltern fand für jede Kindertagesstätte ein Elternabend statt, in der neben der Information der Eltern über das Projekt und seinen Ablauf, vor allem die Diskussion zwischen Eltern und Referenten angeregt werden sollte und genügend Raum für Anregungen, Kritik und Erfahrungen der Eltern zur Verfügung stand. Eine weitere Möglichkeit zum Erfahrungsaustausch zwischen Eltern, Erzieherinnen und den pädagogischen Betreuern des Projektes boten die vor Ort stattfindenden Aktionstage, an denen die Multimedia-Landschaften im Zentrum standen und die Kinder ihren Eltern ihre Erfahrungen mit dem Computer vorführen konnten. Dabei konnten wertvolle Erfahrungen vor allem über die selbstorganisierte Einbindung der Multimedia-Landschaften durch die Erzieherinnen und dabei auftretende Problemfelder, aber auch über die Bedürfnisse, Hoffnungen und Befürchtungen der Eltern, Erzieherinnen und Kinder gesammelt werden. Da nur durch einen möglichst umfassenden Erfahrungsaustausch und eine rege Kommunikation zwischen den beteiligten Menschen ein solches Projekt leben und weiterentwickelt werden kann, wird auch in weiteren Phasen des Projektes MuLa ein Schwerpunkt in der Förderung des Austausches und der Zusammenarbeit von allen Beteiligten liegen.

Durch einen ausführlichen Fragebogen konnten Erzieherinnen und Eltern ihre Eindrücke, Einstellungen, konkreten Erfahrungen mit ihren Kindern sowie Veränderungsvorschläge einbringen. Ziel des Fragebogens war nicht nur die Meinung der Erwachsenen zu sammeln, sondern vor allem ihre Beobachtungen zum Verhalten und den Reaktionen ihrer Kinder zu Tage zu fördern, um mögliche Wirkungen eines solchen Projektes beurteilbar zu machen ...

1.4 MuLa 3 – Die Computer-Oase

Durch die positiven ist 1999 ein neuer Baustein hinzugefügt worden. Die Teilnehmer aus den vorangegangenen Abschnitten bekommen jetzt die Gelegenheit, einen Multimediarechner mit Drucker als festen Bestandteil in das Spielzeugrepertoire ihrer Einrichtung über mindestens ein Jahr zu integrieren.

Die Kinder haben in diesem Teil des Projekts möglichst freien Zugang zu den Rechnern und können ihren Umgang damit – so weit dies realisierbar ist – selbst bestimmen. Dadurch wird getestet, ob der Computer eine dauerhafte Bereicherung des Kindergartenalltags darstellt, oder ob die virtuellen Spielumgebungen für die Kinder schnell ihren Reiz verlieren und langweilig werden.

Begleitet wird MuLa 3 die Computer-Oase durch Aktionstage und Elternabende. An den Aktionstagen organisieren die beteiligten Einrichtungen zusammen mit dem SIN (Studio im Netz) offene Veranstaltungen, an denen die Eltern einen Einblick in die multimedialen Welten ihrer Kinder bekommen.

Für diese Tage stehen den Kindertagesstätten zusätzliche Computer und andere Geräte, wie beispielsweise Digitalkameras, zur Verfügung. Die Mitarbeiter des Studios sind bei diesen Veranstaltungen vor Ort und stehen den Eltern für Fragen zur Verfügung.

Zusätzlich sind auch für MuLa 3 Elternabende geplant, in denen sich die Eltern umfassend über das Projekt informieren können. Während bei diesen jedoch speziell die Eltern angesprochen werden, dienen die Aktionstage dazu, den Eltern gemeinsam mit ihren Kindern einen Eindruck von der praktischen Gestaltung des Projekts zu vermitteln.

Durch die dauerhafte Verfügbarkeit des Multimediarechners wird dessen Alltagstauglichkeit als Spiel- und Lernmedium im Kindergarten auf die Probe gestellt. Die Kinder lernen, den Computer nicht mehr als etwas besonderes zu sehen, das ihrer Neugier und ihrem Bedürfnis nach Unterhaltung nur einen Monat zur Verfügung steht, sondern erleben ihn als Gegenstand ihrer täglichen Umgebung. Sie werden durch die pädagogische Begleitung frühzeitig befähigt verantwortungsvoll und selbstgesteuert mit den neuen Medien umzugehen. Dadurch erlernen die Kinder auf eine spielerische Art und Weise aktive Medienkompetenz, die für ihre Zukunft von entscheidender Bedeutung sein wird.

1.5 MuLa 4 – Die Geheimnisse des Internet

Während sich die anderen Bausteine von MuLa vor allem mit Edutainmentsoftware und Spielen beschäftigen, wird mit diesem Abschnitt zusätzlich medienpädagogisches Neuland betreten: Die Kinder und Erzieherinnen aus 15 Kinderhorten und 2 Kindertagesheimen (Alter der Kinder: 6 – 12 Jahre) aus dem Raum München tauchen ab Herbst 1999 in die Tiefen des Internet ein. Nicht die passive Benutzung des Webs steht dabei im Vordergrund, sondern die aktive Gestaltung des Mediums. Ob das Surfen in virtuellen Gewässern, das Chatten rund um die Welt, der Umgang mit E-Mails und die Erstellung sowie Verwaltung eigener Webseiten ein »Kinder«-Spiel ist, wird sich spätestens hier zeigen. Die Kinder werden durch den Baustein MuLa 4 – Die Geheimnisse des Internet dazu befähigt, moderne Kommunikationsformen wie E-Mail, Chat, schwarze Bretter usw. kennen zu lernen und an ihnen teilzuhaben. Eigene Homepages werden ins Netz gestellt und die Kunstwerke der Kinder darin vorgestellt. Dabei agieren sie jedoch nicht in einem Pädagogik freien Raum, sondern werden umfangreich durch die Erzieherinnen sowie die Mitarbeiter des SIN (Studio im Netz) begleitet. Für die Erzieherinnen werden Fortbildungen zum Thema Internet organisiert, um einen kompetenten und verantwortungsvollen Umgang mit dem globalen Netz zu garantieren. Dabei lernen sie die technische Handhabung eines Browsers, das Anwenden einer Suchmaschine und andere für den Internetbesuch notwendige Grundkompetenzen, um sie an ihre Gruppen weiterzugeben. Zusätzlich bekommen sie Einblicke in für Kinder geeignete und wertvolle Internetangebote, so dass sie sofort in die Praxis starten können.

Elternabende und Aktionstage vor Ort stellen die Ein- und Verbindung aller Beteiligten sicher und schaffen so Raum für den Austausch von Erfahrungen, Hoffnungen und Befürchtungen. Ebenso wird durch den Austausch von zu empfehlenden WWW-Adressen und Internet-Angeboten das Wirkungsspektrum der Kinder in den Einrichtungen erweitert.

Aktive Medienarbeit entgegen dem bloßen, passiven Konsum von fertigen (Medien-)Produkten ist eine Aufgabe, die hier ganz praktisch und kindorientiert angegangen wird. Denn obwohl das WWW zahlreiche für Kinder ungeeignete Inhalte aufzuweisen hat, wäre es falsch die jungen Menschen von diesem Zukunftsmedium auszuschließen. Viel mehr kommt es darauf an, die Kinder zu befähigen, kompetent und mit Spaß damit umzugehen. Das Kind als Erfinder und Gestalter kann seine eigenen Vorstellungen hier praktisch und im Austausch mit anderen umsetzen und vorführen.

Kinder wollen im Internet nicht nur stöbern, forschen und entdecken, sondern auch mit anderen Menschen über das Netz in Kontakt treten. MuLa 4 – Die Geheimnisse des Internet ist die Plattform für spielerische Austauschprozesse, bei denen neben Fähigkeiten und Fertigkeiten vor allem soziale Kompetenzen gefragt sind.
Durch eine verantwortungsvolle pädagogische Begleitung wird gewährleistet, dass sie sich dabei nicht in den Weiten des Netzes verlaufen, sondern es aktiv und mit viel Spaß und Spannung für sich erschließen können.

Anmerkungen zur Umsetzung
Ein Projekt dieser Art ist für die einzelne Einrichtung kaum umsetzbar. Wichtige Bezugspunkte sind hier die schrittweise Erschließung der Thematik für die Kinder sowie eine umfassende Eltern- und Öffentlichkeitsarbeit.

Die Rolle der Erzieherinnen als kompetente Ansprechpartner umfasst die kontinuierliche Fort- und Weiterbildung vor und während der Projektdurchführung.
Die Beschreibung von MuLa zeigt eine didaktisch und methodisch durchdachte Vorgehensweise. Diese Elemente können in weniger aufwendige Handlungsschritte einfließen und so zum Bestandteil eines, auch mit wenigen Mitteln umsetzbaren, Projekts werden.

2. Computerspiele in der kindlichen Lebenswelt

Es handelt sich hier um eine Unterrichtsreihe zur Förderung beruflicher Handlungskompetenz von Erzieherinnen unter besonderer Berücksichtigung der eigenständigen Planung und Durchführung des Lernprozesses.

2.1 Curriculare Legitimation zum Fach Medienerziehung

Die fachspezifische Beschreibung der zweiten Ausbildungsphase geht in der Medienpädagogik vom adressatenorientierten Ansatz aus: In der Auseinandersetzung mit eigenen Wünschen, der Lebenssituation und den gesellschaftlichen Rahmenbedingungen stellt sich die Nutzung von Medien durch Kinder und Jugendliche als bedürfnis- und themenorientiert dar. Sich zu informieren, zu entspannen, Erfolge zu erleben und der Lebenswelt zu entfliehen, entspricht häufig dem Anliegen der Medienrezipienten.

Die Welt der Computerspiele bietet sich hier als ein Teilaspekt an, welcher allen o. g. Kriterien und Gesichtspunkten von Mediennutzung entspricht.

In der Auseinandersetzung mit dem Thema werden die Schülerinnen dem in dieser Ausbildungsphase geforderten Anspruch gerecht, sich über das Computerspielverhalten von Kindern sowie deren Hintergründe, und über denkbare institutionelle Handlungsmöglichkeiten zu informieren.

Hierauf basierend tragen die erworbenen Fachkenntnisse dazu bei, von bestehenden, unreflektierten Alltagsmeinungen, zu fachlich begründetem Theorie- und Handlungswissen zu gelangen.

2.2 Reihenintentionen

Intentionen zur Fachkompetenz:

Die Schülerinnen

- lernen, sich selbständig Wissen anzueignen und anderen zu vermitteln, indem sie
  - ihren Lernprozess eigenständig planen und organisieren,
  - sich das Themengebiet selbständig erarbeiten,
  - die Ergebnisse ihren Mitschülerinnen vermitteln.
- erweitern ihre medienpädagogische Handlungskompetenz, indem sie
  - sich in ihrer Arbeit konkret auf die Adressatengruppe der Sieben- bis Zehnjährigen beziehen,
  - sie Alltagstheorien durch objektive Wissenschaft ersetzen,
  - den Prozess der Wissensaneignung in der Ausrichtung auf die pädagogische Praxis vollziehen.
- erwerben Sachwissen über das Medium Computerspiel, indem sie
  - Literatur bearbeiten,
  - den Lehrer oder andere Personen als Experten befragen,
  - eigene Erfahrungen mit Computerspielen gewinnen.

Intentionen zur Human- und Sozialkompetenz:

Die Schülerinnen

- erweitern ihre Fähigkeit zur Zusammenarbeit, indem sie
  - in ständigem Informationsaustausch zu ihren Mitschülerinnen stehen,
  - an der Organisation des Unterrichts maßgeblich beteiligt sind.
- üben, differenziert menschliche Sichtweisen zu erfassen, indem sie den Unterricht als Übungsraum pädagogischen Handelns nutzen.

Zum Erreichen der Ziele umfasst die Unterrichtsreihe die folgenden Einheiten:

1. Unterrichtseinheit	Selbsterfahrung im Umgang mit Computerspielen und Einordnung des Mediums in einen beruflichen Kontext.
2. Unterrichtseinheit	Planung der Vorgehensweise für das Erschließen eines Themengebietes.
3. Unterrichtseinheit	Befragen, zusammentragen, sichten und auswerten – die Schülerinnen beginnen mit der selbständigen Aneignung von Fachwissen.
4. Unterrichtseinheit	Aufnehmen, differenzieren, verarbeiten und darstellen – die Schülerinnen erschließen sich weiteres Fachwissen.
5. Unterrichtseinheit	Vorbereitung und Durchführung einer Präsentation der Ergebnisse aus den Arbeitsphasen im Sinne einer allgemeinen Wissensvermittlung.

2.3 Unterrichtseinheit 1

Selbsterfahrung im Umgang mit Computerspielen und Einordnung des Mediums in einen beruflichen Kontext.

Intentionen

Die Schülerinnen

- lernen das Medium Computerspiel kennen, indem sie Programme der unterschiedlichsten Spielgenres ausprobieren, und ihre Erfahrungen im Plenum verbalisieren,
- stellen einen Bezug zum Berufsfeld her, indem sie das Thema der Unterrichtsreihe ableiten,
- lernen eine Methode kennen, sich ein Themenfeld zu erschließen, indem sie eine Mind-Map erstellen.
- lernen, sich untereinander zu verständigen, indem ihnen lediglich eine begrenzte Anzahl von Computern zur Verfügung steht,
- erweitern ihre Diskussionsfähigkeit, indem sie gemeinsam die weitere Vorgehensweise festlegen.

Verlauf

Als Einsteig werden die Schülerinnen direkt mit dem Medium Computerspiel konfrontiert. Zu diesem Zweck verwandelt sich der entsprechende Raum in eine »Spielhalle«. Die verschiedensten Geräte (PC, Konsole, Gameboy, u.a.) sowie unterschiedliche Spiele werden erprobt. Hierdurch erfolgt einerseits eine Hinführung zum Stundenthema und andererseits entsteht eine Arbeitsgrundlage für die folgenden Arbeitsphasen der Unterrichtseinheit aber auch der gesamten Unterrichtsreihe. Das Versetzen der Schülerinnen in die Atmosphäre einer »Spielhalle« sowie der hohe Aufforderungscharakter optischer und akustischer Programmanimationen wirken in hohem Maße motivierend.

Da sich die Schülerinnen nicht jedem Programm widmen können, nehmen sie in der folgenden Erarbeitungsphase einen Erfahrungsaustausch vor, um zu einen einheitlichen Informationsstand zu gelangen. Es ist nicht auszuschließen, dass eine subjektive Bewertung der Spiele erfolgt, die keine Allgemeingültigkeit besitzt.

Die Methode der Arbeit in Dreiergruppen bietet arbeitsgleich allen Schülerinnen die Möglichkeit, im Sinne der Handlungsorientierung, selbständig und eigenverantwortlich zu arbeiten. Zudem sind schwächere Schülerinnen in Kleingruppen eher motiviert, sich zu äußern und können von leistungsstärkeren Schülerinnen profitieren Um der Theorie-Praxis-Verzahnung gerecht zu werden, leiten die Schülerinnen das Thema der Unterrichtsreihe im Hinblick auf die Adressatengruppe ab.

Anschließend erfolgt eine Sondierung des Themenfeldes durch das Erstellen einer Mind-Map und die Entwicklung von Fragestellungen. Diese Arbeitsschritte sind an dieser Stelle notwendig, a) um aus ökonomischen Gründen den umfassenden Bereich der Computerspiele zu strukturieren und b) um den Schülerinnen Arbeitsschwerpunkte aufzuzeigen.

Mögliche Fragestellungen der Schülerinnen könnten sein:

- Welche Computerprogramme gibt es?
- Was macht die Faszination der Computerspiele aus?
- Welche Auswirkungen kann das Computerspielen auf die Entwicklung von Kindern haben.
- Kann ein Computer sinnvoll für Kinder eingesetzt werden? Wie? (evtl. Entwicklung eines pädagogischen Handlungskonzepts).
- Wie schütze ich Kinder vor ungeeigneten Programmen?
- Welche Regeln/Richtlinien für Kinder sind richtig und notwendig für den Umgang mit Computern?

- Wie spielen Kinder am Computer oder ähnlichen Geräten?

- Welchen geschichtlichen Hintergrund haben die Computerspiele und -spielgeräte?

- Sollen wir Computerspiele testen und beurteilen.

Die Unterrichtseinheit findet ihren Abschluss mit der Festlegung der weiteren Arbeitsweise.

Da sich der Lehrer nicht dazu bereit erklären wird das für die Schülerinnen notwendige Wissen aufzubereiten und in der Form des Lehrervortrags zu präsentieren, ist zu erwarten, dass sich die Schülerinnen aufgrund des umfangreichen Themengebietes dazu entschließen werden, in Kleingruppen verschiedene Teilaspekte zu erarbeiten und den anderen zu präsentieren.

2.4 Unterrichtseinheit 2

Planung der Vorgehensweise für das Erschließen eines Themengebietes

Intentionen

Die Schülerinnen

- lernen Methoden kennen, wie sie sich, möglichst selbständig, Wissen aneignen können,
- lernen, sich ein Themenfeld konkret zu erschließen, indem sie Teil- und Arbeitsgebiete formulieren.
- fördern die Fähigkeit zur Zusammenarbeit, indem sie in Kleingruppen ein gemeinsames Themenverständnis entwickeln und die weitere Arbeit planen,
- übernehmen soziale Verantwortung, indem sie eigenständig Arbeitsgruppen bilden,
- erweitern ihre Kritikfähigkeit, indem sie ihre Arbeitsergebnisse zur Diskussion stellen.

Verlauf

In der Einstiegsphase werden den Schülerinnen mögliche Ängste bezüglich der selbständigen Wissensaneignung genommen. Mit der Methode des Partnerinteviews zur Vorgehensweise, sich Wissen anzueignen, beseitigen sie einerseits mögliche Zweifel und erweitern andererseits ihren individuellen Kenntnisstand. Damit die Ergebnisse in späteren Arbeitsphasen präsent sind, werden sie schriftlich fixiert.

Die folgende Erarbeitungsphase stellt eine Schwerpunktbildung in Bezug auf das Thema der Unterrichtsreihe dar und dient der Kleingruppenbildung: Die Schülerinnen einigen sich auf zu bearbeitende Themengebiete und ordnen sich diesen entsprechend ihren Neigungen zu.
Mögliche Themengebiete sind:

- Klassifizierung von Computerspielen.

- Computerspiel testen und beurteilen.
- Was macht die Faszination, die Computerspiele auf Kinder ausüben, aus?
- Kann ein Computer für Kinder sinnvoll eingesetzt werden? Wie?

Die Nennungen werden per PC verschriftlicht, damit das Medium in seinem Gebrauch nicht aus dem Blickfeld der Schülerinnen gerät. Eine anschließende Visualisierung über einen Overhead-Projektor oder Beamer bietet sich an und unterstützt den Umgang mit technischen Geräten in ihrem Gebrauch als Hilfsmittel.

In der folgenden ersten Gruppenarbeitsphase findet eine Verbindung der bisher isoliert betrachteten Unterrichtsergebnisse aus der Vorbereitung und der Erarbeitung statt. In der Auseinandersetzung mit dem Themengebiet verständigen sich die Schülerinnen über differenzierte Inhalte und Methoden zur weiteren Vorgehensweise.
In ihrer sozialen Verantwortung für das Gesamtergebnis, den Bereich der Computerspiele ausreichend zu erschließen, stellen am Ende der Unterrichteinheit die einzelnen Gruppen ihre Arbeit dem Klassenverband vor. Der hierdurch entstandene Kontext gilt als Grundlage der in den kommenden Unterrichtseinheiten zu leistenden Einzelgruppenarbeiten.

Das Erstellen eines Handlungsplans dient den Schülerinnen als Leitfaden und Legitimation ihrer Gruppenarbeit.
Der Handlungsplan erweist sich als zweckmäßig, da er in der abschließenden Präsentation der Ergebnisse aus den Gruppen, eine unterstützende Wirkung hat.

2.5 Unterrichtseinheit 3

Befragen, Zusammentragen, Sichten und Auswerten – die Schülerinnen beginnen mit der selbständigen Aneignung von Fachwissen.

Intentionen

Die Schülerinnen sollen
- sich ihrer geplanten Handlungsabfolge bewusst werden,
- Informationen gewinnen, beurteilen und bearbeiten,
- gruppenintern koordinieren und kooperieren,
- erste Arbeitsergebnisse darstellen,
- mögliche Präsentations- oder Vermittlungsformen finden und sich im Klassenverband für eine oder mehrere entscheiden.

Verlauf

In der Einstiegsphase wiederholen die Schülerinnen die Ergebnisse der letzten Unterrichtseinheit. Sie werden sich dadurch ihres Themas und ihres geplanten Vorgehens bewusst. In der hierfür vorgesehenen Organisationsform einer Blitzlichtrunde in der Anordnung eines Stuhlkreises, äußern sich einzelne Gruppenmitglieder kurz zu den oben genannten Aspekten. Die Transparenz der Arbeit wird gewährleistet. Als Denkhilfe erhalten die Schülerinnen ihren jeweiligen Handlungsplan.

Anschließend erfolgt eine intensive Arbeitsphase. Anhand des von den Schülerinnen und vom Lehrer zur Verfügung gestellten Materials, werden geeignete Informationsquellen ausgewählt und in die Gruppenarbeit übernommen. Die Schülerinnen beginnen mit der selbständigen Aneignung von Fachwissen.

In der Auseinandersetzung mit dem Thema und den gewählten Informationsträgern, legen die einzelnen Gruppen ihre weitere Vorgehensweise fest und führen ihren Handlungsplan fort.

Dem Lehrer kommt während dieser Zeit die Aufgabe zu, sich den einzelnen Arbeitsgruppen zu widmen, diese beratend zu unterstützen und als Experte zur Verfügung zu stehen.

Neben der primären Aufgabe des Zugewinns an Fachwissen, setzen sich die Schülerinnen mit möglichen Formen der Präsentation ihrer Ergebnisse gedanklich auseinander. In der abschließenden Informations- und Diskussionsrunde, die ebenfalls in der Organisationsform des Stuhlkreises erfolgt und damit an die anfängliche Blitzlichtrunde anknüpft, berichten die Schülerinnen kurz über die Vorgehensweise und den Ergebnisstand der Gruppenarbeit und geben einen Ausblick auf die in der nächsten und abschließenden Arbeitsphase geplanten Schritte.

Gemeinsam legen die Schülerinnen Formen zur Ergebnispräsentation fest. Sie soll in einer möglichst aufschlussreichen und umfassend informierenden Art und Weise erfolgen.

2.6 Unterrichtseinheit 4

Aufnehmen, Differenzieren, Verarbeiten und Darstellen – die Schülerinnen erschließen sich weiteres Fachwissen.

Intentionen

Die Schülerinnen sollen

- sich der verbleibenden Handlungsschritte bewusst werden,
- konsequent zum Abschluss der Erarbeitungsphase zusammenarbeiten,
- die erreichten Ergebnisse zum Zwecke der Präsentation verarbeiten
- sich mit dem Medium Computer als Medium zur Datenverarbeitung auseinander setzen.

Verlauf

Wie bereits durchgeführt, wird als Einstieg in die Unterrichtsreihe die Durchführung einer Blitzlichtrunde gewählt. Anschließend wird die Arbeit in den Kleingruppen fortgesetzt.

Die Schwerpunkte der Arbeitsphase liegen in der abschließenden Aneignung von Fachwissen und der Verarbeitung von Daten im Sinne einer ausgearbeiteten Präsentationsphase, in welcher die Schülerinnen ihr themenspezifisches Wissen vermitteln sollen. Der Themengegenstand der Unterrichtsreihe legt die Bearbeitung der gewonnenen Daten unter Zuhilfenahme von geeigneten PC-Programmen nahe. Der Lehrer begleitet die Kleingruppenarbeit und gibt Hilfestellungen.

In einer abschließenden Plenumsrunde stellen die Schülerinnen ihr Vorgehen dar und geben einen Ausblick auf die für die nächste Unterrichtseinheit geplante Präsentation.

2.7 Unterrichtseinheit 5

Vorbereitung und Durchführung der Ergebnispräsentation im Sinne einer allgemeinen Wissensvermittlung.

Intentionen

Die Schülerinnen

- beenden die Aufbereitung ihrer Ergebnisse,
- lernen vor dem Hintergrund der Gestaltung von Stellwänden, informativ-kreativ tätig zu sein,
- lernen Methoden der Wissensvermittlung umzusetzen,
- reflektieren die kennen gelernten Formen zur Wissensvermittlung.

Verlauf

Zu Beginn der Unterrichtseinheit wird gemeinsam der Aufbau von Stellwänden durchgeführt. Nachfolgend beenden die Kleingruppen ihre Arbeit dahingehend, die Verarbeitung der Informationen abzuschließen und die Gestaltung der Stellwände vorzunehmen. Neben den computerunterstützt gestalteten Texten, besteht die Möglichkeit, die Aussagen und Informationen durch Zeichnungen, Computergrafiken und -animationen und Bilder aus Zeitschriften zu unterstützen.

In der folgenden Phase erfolgt die Information der Mitschülerinnen durch die Methoden des Schülerinnenvortrags und der Informationsausstellung.

Abschließend erhalten die Schülerinnen die Aufgabe, kurz zu reflektieren, welches Wissen sie auf der inhaltlichen Ebene erworben haben, und wie sie die gewählten Vermittlungsformen beurteilen würden.

Der Prozess des Lernens bzw. des Aneignens von Fachwissen bildet einen zentralen Aspekt der Unterrichtsreihe, und muss auf seinen Nutzen hin reflektiert werden. Erst in der kritischen Auseinandersetzung gewinnen die Schülerinnen Erkenntnisse über Erfolg und Misserfolg oder Relevanz und Irrelevanz der angewandten Methoden.

3. Das Kind im Beziehungsgeflecht des Computers

Die Fachschule für Sozialpädagogik in Iserlohn stellte zum Jahr 2000 den Tag der offenen Tür unter das Motto »Das Jahrhundert des Kindes«. Unter anderem bezog sich ein Themenschwerpunkt auf die modernen Medien, speziell den Computer.
Das Ziel war es, darzustellen, welche Sichtweise vom Kind/Jugendlichen durch verschiedene Computerprogramme vermittelt wird.
Neben der Auseinandersetzung mit Spiel- und Lernprogrammen lagen Anwendungen, Internet und Verwaltung im Zentrum der Betrachtung.

Über den direkten Umgang mit dem PC hinaus wurden Spielanleitungen auf ihren pädagogischen Sinn und Unsinn hin analysiert. Hier zeigten sich Inhalte, die nicht altersgemäß und irreführend waren. Aus diesem Grund werden in der folgenden Darstellung keine Programme namentlich genannt.
Die Arbeitszeit erstreckte sich über drei Tage zu je fünf Stunden.

Projektumsetzung

Die Grundbedingung ist die Bereitstellung verschiedener Programme durch die Schule oder die Schülerinnen. Hierbei ist darauf zu achten, dass es sich um vollständige Originale handelt.
Dementsprechend bildet eine Explorationsphase den Anfang, in der sich alle Teilnehmer mit der Software vertraut machen.
Der Umfang dieser Phase hängt von der zur Verfügung stehenden Gesamtzeit ab und muss im Vorfeld abgesprochen sein.

Direkt im Anschluss erfolgt die Auswertung, in der gemeinsam eine selektive Programmauswahl getroffen wird. Auch diese hängt vom Zeitkontingent ab. Sie muss vielfältige Aspekte, insbesondere einer differenzierten Betrachtung der Altersstufen, abdecken und sollte sich auf folgende Bereiche beziehen:

- Spielsoftware,
- Lernprogramme,
- Anwendungen,
- Verwaltung.

Die sich anschließenden Arbeitsphasen sind in Kleingruppen durchzuführen. Zuvor wird diesbezüglich ein Kriterienkatalog festgelegt, der eine vielschichtige Betrachtungsweise ermöglicht.
Die zentrale Frage, die dem Kriterienkatalog voran steht ist:
Welche Sichtweise vom Kind/Jugendlichen vermittelt das Programm?
Beispiele hierzu wären:

- Kinder als Lernende,
- Jugendliche als Konsumenten,
- Kinder/Jugendliche als Verwaltungsobjekte,
- Jugendverdummung,
- Irreführung der Eltern durch falsche Informationen,
- Entwicklungsförderung.

An dieser Stelle ist die Entscheidung zu treffen, dass sich eine spezielle Arbeitsgruppe bildet, die Handbücher und Anleitungen der Spiele auf ihren pädagogischen Wert hin untersucht.

Innerhalb der Kleingruppen muss die Möglichkeit bestehen, vom vorgegebenen Kriterienkatalog abweichen und diesen ergänzen zu können.

Anschließend erfolgt die Erarbeitungsphase. Sie sollte durch Zwischenbilanzen unterbrochen sein, in denen die einzelnen Gruppen ihr Vorankommen abstimmen.

Den Abschluss des Projekts bildet ein Präsentations- und Aktionstag. Die Ergebnisse sind in einer zweiten Arbeitsphase entsprechend aufzubereiten. Präsentationsformen hierbei sollten sein:

- Informationsausstellung,
- eigene Internetseiten (offline),
- selbstablaufende Präsentation,
- Programm-Testplätze.

Der Präsentations- und Aktionstag bietet die Möglichkeit eines Abgleichs der Arbeitsergebnisse mit der Sichtweise der Besucher. Hierzu sind Fragebögen zu erarbeiten, die den festgelegten Bearbeitungskriterien ähnlich sind. Da der Umgang mit dem Computer besonders reizvoll erscheint, ist er für den einzelnen Besucher an das Ausfüllen eines Fragebogens zu binden. Dieser sollte kurz und eindeutig sein. Er muss aber Raum für eigene Ansichten bieten und die o.g. zentrale Fragestellung unterstützen.

Die Erstellung der Fragebögen kann erst nach dem Abschluss der Erarbeitungsphasen erfolgen. Die Auswertung nach dem Präsentations- und Aktionstag dient der Evaluation und sollte die Informationsausstellung ergänzen. Sie kann über längere Zeit präsentiert werden.

4. Erstellung von Computerspielen

Quelle:
Kulturwerkstatt e.V.,– Computerwerkstatt –
Museumstr. 7, 72764 Reutlingen

Immer wieder äußerten die Jugendlichen das Interesse, selbst ein Computerspiel zu erstellen. Zunächst waren wir Anleiter/ -innen nicht begeistert von dieser Idee – wohl wissend, was hier für ein enormer Arbeitsaufwand und Know How notwendig wären. Trotzdem ließen die Jugendlichen nicht locker und wir begannen immer mehr an einer Computer-Spielidee zu basteln, die den verschiedenen Möglichkeiten und Fähigkeiten der Jugendlichen gerecht wird. Denn zum einen sollte das Spiel grafisch ansprechend sein, zum anderen hatten die Jugendlichen keinerlei Vorerfahrungen im Programmieren und Entwickeln solcher Spiele. Uns war klar, dass wir nicht mit den professionellen Spielen der Computer-Spieleindustrie Schritt halten können.

Vor etwa zwei Jahren hatten wir dann die zündende Idee: Mit einer fortgeschrittenen Gruppe entwickelten wir ein Programm-Gerüst, das beliebig mit Inhalt gefüllt werden kann. Das Prinzip ist sehr einfach. Es wird zunächst ein Bild oder eine Animation angezeigt, anschließend erscheint ein Text – also eine Frage zum Bild – und vier mögliche Antworten. Es sind somit vier Verzweigungsmöglichkeiten zu anderen Bildern. Je nach Auswahl erscheint dann Bild A, B, C oder D. Wieder wird ein Text und eine dazugehörende Frage angezeigt.

So lässt sich leicht ein Suchspiel aufbauen, in dem labyrinthartig ein Gegenstand oder eine Lösung gesucht werden muss. Im einfachsten Fall kann es ein Quiz sein, in dem verschiedene Fragen der Reihe nach beantwortet werden müssen. Nur bei richtiger Lösung wird das nächste Bild gezeigt und gelangt so zum Ziel. Natürlich haben wir dann bei einer späteren Programmversion ein Punktekonto und eine Highscore-Liste (Bestenliste) eingebaut. Wichtig war uns, alle veränderlichen Teile aus dem eigentlichen Programm herauszunehmen. Die Bilder können wir gewohnt mit dem Malprogramm und die Texte mit einem einfachen Textverarbeitungsprogramm erstellt werden.

Zur Erstellung eines solchen Spieles sind also keine Programmierkenntnisse mehr erforderlich. Es ist jetzt möglich, den Schwerpunkt der Arbeit auf den kreativen Prozess des Entwickelns der Spielidee zu legen. Gemeinsam in der Gruppe wird skizzenhaft ein Storyboard (Drehbuch) »geschrieben«. Danach werden Bilder, Computer-Animationen, digitalisierte Videobilder und Texte in das Programmgerüst eingebunden. Es ist bei diesem Spiel-Projekt möglich, Jugendliche mit den unterschiedlichsten Vorkenntnissen und Fähigkeiten einzubinden. Es entsteht ein sehr lebendiger Gruppenprozess, bei dem das Arbeiten in unterschiedlichen Kleingruppen im Vordergrund steht. Es arbeiten meist mehrere Jugendliche an einem Computerarbeitsplatz und setzen dann ihre individuellen Ideen mit Hilfe der Computertechnologie um.

Während einer Projektwoche einer örtlichen Hauptschule haben Jugendliche innerhalb von zwei Vormittagen mit jeweils vier Stunden ein Quiz zum Thema

»Zucker« erstellt. Hier sollen zu einzelnen Genussmitteln der Zuckeranteil erraten werden. Die Gruppe hatte sehr viel Spaß und harmonierte gut, obwohl die TeilnehmerInnen von Klasse sieben bis zehn waren.

In einem anderen Projekt entwickelte eine Gruppe von ca. zehn Mädchen ein Informationsspiel zum Thema »Verhütung«. Die Mädchen sammelten alle Informationen zum Thema und arbeiteten über einen Zeitraum von etwa acht Monaten kontinuierlich an dem Projekt. Die Anleiterin und auch die zuständigen KlassenlehrerInnen waren über diesen Verlauf sehr erstaunt. Niemand hätte den Mädchen vorher dieses Durchhaltevermögen zugetraut. Es entstanden in dieser zunächst sehr bunt zusammengewürfelten Gruppe Beziehungen, die zu richtigen Freundschaften wurden. Gerade bei Mädchen haben wir festgestellt, dass sie – sofern ein geschützter Rahmen möglich war – sehr kontinuierlich, zuverlässig und sehr lebhaft am Prozess beteiligt sind, die Scheu und Ängste vor der Technik abbauen konnten und sehr selbstbewusst mit der Technik umgehen lernten.

5. Wir spielen »Super Mario Land« in der Sporthalle

Quelle:
Bruni Wagner in: Fachhochschule Köln/Jugendamt Köln:
Pädagogische Beurteilungen von ausgewählten Videospielen, Band 2, 1993.

Sportunterricht einmal anders: Zuerst durften die Schüler einer 5. Klasse eine Stunde lang mit dem Gameboy »Super Mario Land« spielen. Ideen wurden gesammelt, wie man interessante Spielmerkmale dieses Jump´n´Run-Klassikers in der Sporthalle umsetzen könnte und das wurde dann auch mit viel Spaß und Engagement durchgeführt ...

1) In der heutigen Zeit werden häufig Äußerungen laut, dass die Kinder und Jugendlichen sich zu stark von der Medienwelt faszinieren und einnehmen lassen, sie selbst zu passiv seien. sie lassen sich von Fernsehen und Videos berieseln; allenfalls beim Spiel mit Computern werden sie »aktiv«. Diese Aktivitäten beschränken sich bei den Computer-SpielerInnen allerdings darauf, im richtigen Moment unterschiedlich lange auf einen oder mehrere Knöpfe zu drücken, um ihre Spielfiguren erfolgreich Tennis spielen, Tore schießen, Boxen oder Welten durchschreiten zu lassen. Ihre eigenen körperlichen Aktivitäten beschränken sich allenfalls auf spielbegleitende Gestik und Mimik. Die Kinder und Jugendlichen selbst empfinden dabei jedoch kein Manko. Im Gegenteil: Mit Ausdauer, Konzentration und Begeisterung spielen sie mit Computern, zumal sie dies mit den tragbaren Taschencomputern überall und zu jeder Zeit realisieren können. Ein allgemein bekanntes und beliebtes »Game-Boy«-Spiel, auch bei meinen SchülerInnen der Klasse 5b, ist das »Jump-and-Run«-Spiel »Super Mario Land«. In diesem Spiel muss der kleine, schnauzbärtige Italiener Mario viele Hindernisse und Hürden überwinden, um »Prinzessin Daisy« zu befreien.

2) Da ich von der Begeisterung der SchülerInnen für dieses Spiel überaus beeindruckt war, überlegte ich mir, ihre mit dem Spiel verbundene Erlebniswelt im Sportunterricht aufzugreifen und umzusetzen. Die SchülerInnen sollten aus der Rolle des »passiven« Computerspielers in die Welt und Person des aktiven Mario schlüpfen. Sie sollten versuchen, dieses Computerspiel selbständig in ein Bewegungsspiel umzusetzen, und zwar mit den Mitteln, die ihnen die Sporthalle bietet. Diese Idee stieß bei den SchülerInnen auf große Begeisterung; sie wollten sofort zur Tat schreiten. Es galt nun, dieses Vorhaben nicht in einem ausweglosen Chaos enden zu lassen. Eine Struktur wurde notwendig. Die einzelnen Sportstunden erhielten inhaltlich bestimmte »mario«-relevante Schwerpunkte. Die Ergebnisse dieser Stunden, die durch erarbeitete Teilziele aus 5 festen Arbeitsgruppen entstanden, wurden dann verbunden und dienten als Bausteine für die Ausgestaltung des Endspiels »Super Mario Land«. Wie sich das »Super Mario Land« der Klasse 5b entwickelte, soll im Folgenden kurz skizziert werden.

3) Um einen Einstieg in das Thema zu finden, spielten die Schülerinnen in der ersten Stunde mit dem »Game-Boy« das Spiel »Super-Mario-Land«. Auf die Frage: »Was fällt euch zu diesem Spiel alles ein?« wusste jeder Spielmerkmale zu nennen. Darüber hinaus äußerten die SchülerInnen Ideen, wie man diese Aspekte in der Sporthalle umsetzen könnte.
In der zweiten Stunde erarbeiteten die 5 Gruppen je ein »Mini-Mario-Land«. Ihnen standen bestimmte Großgeräte zur Verfügung, die sie zuerst in einem Plan zusammenstellten und dann aufbauten. Dort spielten sie ausgiebig.
Die dritte Stunde bot die Gelegenheit, die »Mini-Mario-Länder« der anderen Gruppen aktiv kennenzulernen und sie kritisch auf ihre »Mario«-Relevanz zu hinterfragen.
In der vierten Stunde experimentierten die SchülerInnen ausschließlich mit Klein- und Spielgeräten. Sie sammelten Ideen, wie diese Geräte für das »Mario«-Spiel genutzt werden könnten.
Eine Diskussion in der fünften Stunde regelte die Verteilung der Klein- und Spielgeräte auf die 5 Gruppen. Diese wurden dann in einem Plan mit den Großgeräten kombiniert. Dafür erhielt jede Gruppe einen Hallenabschnitt, den sie als »ihre Welt« ausgestalten konnte.
In der sechsten Stunde bauten die Gruppen ihre Bahnen (= Welten) auf, spielten darin und entwickelten erste »mario«-relevante Regeln und Sonderaufgaben. Anhand eines Beispiels soll der Prozess beschrieben werden, wie sich eine von vielen Spielsituationen entwickelte:

1. Mario springt mit einem Ball in das Minitrampolin und versucht, ihn im Sprung in den Basketballkorb zu werfen. Der Helfer sammelt den Ball ein und gibt ihm dem nächsten Mario.
2. Mario (wie a). Der Helfer versucht, den herunterfallenden oder abprallenden Ball zu fangen.

3. Mario (wie a) versucht aber nun seinerseits, ebenfalls den Ball aufzufangen. Helfer wie b).
4. Mario (wie a). Der Helfer wird zum Störer, indem er versucht, Mario beim Abwurf des Balles in den Korb zu stören.
5. Der Störer besitzt jetzt auch einen Ball und versucht damit, den von Mario geworfenen Ball zu treffen und abzulenken. Mario und Störer versuchen, die Bälle zu sichern.

Zusätzlich ins Spiel kamen Mario-Symbole wie Sterne, Pilze, Münzen, Feuerblumen und Herzen. Diese hatten die SchülerInnen gebastelt und in ihre Weiten eingebaut.

4) Folgendes Regelwerk entwickelte sich:

1. Mario muss möglichst viele Punkte sammeln. Dazu muss er Münzen, Pilze, Sterne und Blumen finden und berühren.
2. Berührt Mario ein Herz oder trifft er den Ball in den Basketballkorb, erhält er ein Extraleben.
3. Mario verliert ein Leben oder wird wieder der normale Mario (falls er vorher ein »Super-Mario« oder unbesiegbar war), wenn er von einem Ballpendel berührt wird, wenn er keinen Treffer in den Basketballkorb oder wenn er in ein »Loch« fällt (= ein Gerät verlassen muss).
4. Mario wird »Super-Mario«, wenn er in der Schatzkammer das Band mit dem Stern findet und überstreift. Trifft er anschließend nicht in den Basketballkorb, verwandelt er sich in den normalen Mario zurück.
5. Mario wird unbesiegbar, wenn er einen Ball in den Basketballkorb und diesen Ball, trotz eines Störers, auffangen kann.
6. Besitzt Mario kein Leben mehr, erhält er die Chance, am Anfang der jeweiligen Bahn noch einmal zu beginnen. Verliert er noch einmal ein Leben, muss er wieder ganz von vorne starten.
7. Jeder zählt seine Punkte und Extraleben selbst.
8. Die Zeit spielt keine Rolle.

Fächerverbindender Unterricht Medienpädagogik

Die nachfolgend dargestellte Planung einer fächerverbindenden Unterrichtseinheit an Fachschulen für Sozialpädagogik zum Thema Medienpädagogik soll aufzeigen, dass mit relativ wenigen Mitteln und stundenplantechnischen Veränderungen eine andere Lehrform als die Übliche möglich ist.

Der **Schwerpunkt dieser Einheit** liegt

- beim Kennenlernen der verschiedenen Medien,
- beider Reflexion des eigenen Umgangs mit Medien,
- beim Erleben und Erkennen der Möglichkeiten der verschiedenen Medien,
- bei der Analyse einzelner Medienerzeugnisse,
- bei Überlegungen zu einem sinnvollen Einsatz von Medien innerhalb der beruflichen Aufgabenfelder.

Der Situationsbezug der Schülerinnen und damit eine Orientierung an deren Interessen ergibt sich durch eine Praxisaufgabe im Praktikum des 2. Ausbildungsjahres. Die Aufgabe »Mediennutzung in der Praxis« wird den Schülerinnen vor ihrem Praktikum beim Schulkind (im Heim, Schülerhort, Internate, Wohngruppe – aber auch beim behinderten Kind) ausgeteilt und mit ihnen besprochen.

Mediennutzung in der Praxis

Die jeweilige Praxisgruppe soll zu ihrer Mediennutzung beobachtet und/oder befragt werden. Folgende Medien sollen dabei berücksichtigt werden: Bücher, CDs/Kassetten, Computerspiele, Fernsehen, Film/Kino, Zeitschriften, Radio, Katalog/Broschüren, Videos, Comics, Zeitungen.

Außerdem soll das Freizeitverhalten der jeweiligen Praxisgruppe beobachtet und erfragt werden. Erfahrungsgemäß ist die Befragung gerade bei behinderten Kindern sehr schwierig und muss den gegebenen Praxismöglichkeiten angepasst werden. Folgende Gliederung soll bei der Darstellung der Mediennutzung der Praxisgruppe helfen:

1. Kurze Vorstellung der Praxiseinrichtung

- Art der Einrichtung
- Adresse
- Personal
- Anzahl der Kinder/Jugendlichen insgesamt
- Arbeitsweise (pädagogische Zielsetzungen, Gruppenstruktur, Tagesablauf …)

2. Kurze Vorstellung der Kinder und Jugendlichen

Eigene Gruppe (Arbeitseinsatz), Teilgruppe, gesamte Gruppe:
In Tabellenform soll die Anzahl der Kinder/Jugendlichen, ihr Geschlecht, ihre Nationalität und ihre Altersstruktur aufgelistet und ihre Lebenssituation kurz beschrieben werden.

3. Fragenkatalog zur Mediennutzung (Vorschlag)

- Welche Medien nutzen die Kinder und Jugendlichen in der Praxiseinrichtung? Welches sind die meistgewähltesten Medien in der Praxis (Häufigkeit/Zeitdauer)? Geben Sie dazu Titel/Thema des Mediums an. Gibt es Unterschiede zwischen den Mädchen und den Jungen?
- Warum wählen die Kinder/Jugendlichen diese Medien in der Einrichtung? (Frage nach der Motivation)
- Welche Medien nutzen die Kinder und Jugendlichen außerhalb der Praxiseinrichtung (zu Hause, bei Freunden)? Welches sind die meistgewähltesten Medien außerhalb der Praxiseinrichtung? Geben Sie dazu Titel/Thema der Medien an. Gibt es auch hier Unterschiede in der Medienauswahl (Mädchen, Jungen, Alter …)?
- Warum wählen die Kinder und Jugendlichen diese Medien in der Freizeit? (Frage nach der Motivation)
- Über welche Medienerlebnisse unterhalten sich die Kinder und Jugendlichen im Alltag? Welche »Medienwörter« benutzen die Kinder?

- Was würden die Kinder und Jugendlichen in ihrer Freizeit am liebsten machen? (Frage nach den Freizeitwünschen)
- Wie verbringen die Kinder/Jugendlichen ihre Freizeit?

4. Auswertung der Beobachtungen bzw. Befragungen

- Was fällt auf?
- Gibt es Unterschiede in der Mediennutzung? Wenn ja, welche?
- Welches sind die bevorzugten Medien?
- Welche Begründung wird am häufigsten für die Mediennutzung genannt? Welche Folgerungen ziehen Sie daraus?
- Welche Konsequenzen ziehen Sie als angehende Erzieherin nach diesen Beobachtungen für sich selbst?
- Welche Inhalte zum Thema Medienpädagogik würden Sie nach diesen Beobachtungen besonders interessieren?

Die Form der **Darstellung der Mediennutzungsbeobachtung** kann sehr unterschiedlich sein:

- Im Kleingruppenaustausch mit Zusammenfassung für die Großgruppe
- In schriftlicher Form von jeder Schülerin (als Leistungsnachweis)
- In einer Auswertung in der gesamten Klasse

Nach dem Praktikum muss eine Auswertung der gemachten Mediennutzungserfahrungen mit der gesamten Klasse durchgeführt werden, um im Anschluss daran die Planung mit Schüler- und Lehrerbeteiligung für den weiteren Unterrichtsverlauf durchzuführen.

5. Auswertung der Mediennutzungsbeobachtung:

1. Welche Medien haben in den Praxiseinrichtungen bei den Kindern und Jugendlichen eine Rolle gespielt (bei Gesprächen, Spielen, in der Einrichtung selbst)?
2. Was waren Lieblingsmedien? Lieblingssendungen, Lieblingsmusikgruppen ...?

Je nach Nennung wird ein Cluster entwickelt z. B.

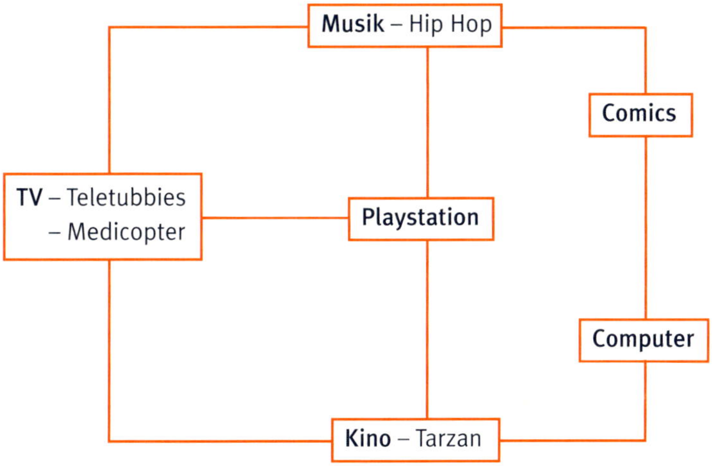

Die Schülerinnen entscheiden sich für eine Medienkleingruppe (z. B. Fernsehen, Playstation, Musik ...) und bearbeiten dort folgende Aufgabenstellungen:

- Welche Bedeutung haben die Medien nach Ihren Praxiserfahrungen für die Kinder und Jugendlichen?
- Was fasziniert die Kinder und Jugendlichen und diesen Medien? Was gefällt ihnen daran?
- Sehen Sie Probleme in der Mediennutzung?

Die Kleingruppenergebnisse werden dem Plenum kurz vorgestellt. Nach dem Zusammentragen der verschiedenen Mediennutzungsbeobachtungen muss gemeinsam die **weitere Vorgehensweise geplant werden**. Dazu ist es notwendig, dass alle Schülerinnen notieren, welche Informationen und Kenntnisse Sie aufgrund Ihrer bisherigen Erfahrungen für Ihre zukünftige Arbeit als Erzieherin

- von der begleitenden Lehrkraft,
- von Referenten,
- durch den eigenen Informations- und Kenntnisaustausch,
- durch Exkursionen,
- durch entsprechende Bücher, Broschüren, Videos benötigen.

Bei der Verwirklichung der einzelnen Informationsaspekte können die Schülerinnen so intensiv wie möglich beteiligt werden. Die Kompetenzen der Schülerinnen machen den begleitenden Lehrer zum Lernenden.

Die **handlungsorientierte fächerverbindende Auseinandersetzung** mit der Problemstellung erfolgt in einer Veranstaltung über z. B. mindestens zwei Tage. Hier sind im Vorfeld Schülerinnen und Lehrer der verschiedensten Fächer aufgefordert ihre Kompetenzen in kleineren »Workshops« zur Verfügung zu stellen. In der Planung und Organisation ist zu überlegen:

- wer mit welchem Thema einen Medienworkshop anbietet
- welche technische Geräte dazu benötigt werden
- welche Wünsche es bezüglich der Gruppengröße gibt
- welchen Zeitrahmen sich der Workshop setzt.

Folgende Beispiele sollen anregen nach eigenen Themenmöglichkeiten zu suchen:

- »Die Werbefamilie« oder »Werbung auf den Kopf gestellt« (Fach Deutsch, bzw. Gemeinschaftskunde)
- Bibelcomics selbst herstellen (Fach Religionspädagogik)
- »Sendung mit der Maus-Spezial« – Katharina ein krankes Kind stirbt. Umgang mit Krankheit und Tod im Kinderfernsehen (Fach Heilpädagogik)

- »Einführung ins Internet« (Schülerinnen)
- Einführung in die digitale Kamera (Fach Werken/Bildnerisches Gestalten)
- Playstation und Computerspiele (Schülerinnen)
- Musikvideoclips analysieren und Ausschnitte selbst herstellen (Fach Musik)
- Dokumentation/Öffentlichkeitsarbeit der einzelnen Workshops im Rahmen von Zeitungsartikel, Aushänge im Schulhaus etc. (Fach Didaktik/Methodik)

Die inhaltliche Gestaltung der Workshops bleibt den einzelnen Workshopleitern überlassen. Es sollte jedoch darauf geachtet werden, dass die praktische Auseinandersetzung mit den Themen im Vordergrund steht. Die Arbeitsergebnisse der Workshops werden dann allen Beteiligten mit unterschiedlichen Methoden vorgestellt und präsentiert.

Über den Gesamtverlauf erstellt eine Gruppe eine Dokumentation, bei der die Reflexion der fächerverbindenden Unterrichtseinheit Eingang finden sollte. Rückblickend sollten

- das methodische Vorgehen,
- die Gruppenarbeitssituation,
- der Erwerb neuer Erfahrungen und Qualifikationen betrachtet werden.

Ängste der Kinder – Medialer Umgang mit Kinderängsten im fächer-verbindenden Unterricht

Zeichnen Sie einen Körperumriss auf eine Tapete und ordnen Sie Ihnen bekannte körperliche und psychische Reaktionen auf Angstsituationen den verschiedenen Körperteilen zu:

- *Vor Angst erstarrt sein*
- *Weiche, zittrige Knie*
- *Der Atem stockt vor Angst*
- *Herzrasen*
- *Kalte, nasse Hände ...*

Ergänzen Sie die Liste der Angstreaktionen.

Beschreiben Sie Situationen, in denen Sie als Kind Angst hatten.
Zeigen Sie auf, wie Ihre Umgebung (Eltern, Freunde, Schule ...) mit Ihrer Angst umging.
Nennen Sie Situationen oder Begebenheiten, in denen Sie heute Angst verspüren. Wie gehen Sie damit um?

Begriff Angst

Im Wörterbuch der Psychologie wird **Angst** als eine Klasse von Emotionen bezeichnet, die auf einer mehr oder weniger realistischen **Wahrnehmung, Erwartung oder Vorstellung von Gefahr und Bedrohung** beruhen und mit einem als **unangenehm bis quälend empfundenen Erregungszustand** des Organismus einhergehen.[1]

Angst ist ein sehr wichtiges Gefühl, das die Menschen daran hindert zu große Risiken einzugehen. Angst bremst die Handlung erst einmal, zwingt zum Nachdenken und überlegtem Reagieren; aber nur dann, wenn die Angstreaktionen nicht überhand nehmen.

[1] W. Fröhlich, J. Drever: Wörterbuch zur Psychölogie, dtv, S. 50

Kinderängste

Kinder sind von Geburt an **verschieden in ihrem Angstempfinden** und in ihrer Angstreaktion. In den verschiedenen Entwicklungsstadien werden die Kinder konfrontiert mit

- der Angst vor dem Alleinsein, der Trennung,
- der Angst vor Liebesverlust und Liebesentzug,
- der Angst vor Veränderung und Fremdheit,
- der Angst vor Bestrafung,
- der Angst vor Bedrohungen,
- der Angst vor dem eigenen Versagen usw.

Umfrage – Was ängstigt die Kinder am meisten?

Die Kinderwelt ist also keinesfalls – wie manchmal angenommen – frei von Sorgen und unbeschwert.

Aus einer **repräsentativen Umfrage** des R+V Infocenters der R+V Versicherung, bei der 1.000 Mädchen und Jungen im Alter von 6 bis 14 Jahren nach ihren Ängsten befragt wurden, geht hervor, dass

- 54 % aller befragten Kinder große Angst vor einem Schicksalsschlag in der Familie haben,
- 50 % Angst vor einem Krieg haben,
- und 48 % vor einem Sittlichkeitsverbrechen.

Im Mittelfeld liegen die Ängste und Sorgen um aussterbende Tiere und Luftverschmutzung, die Angst vor einem Unfall im Straßenverkehr, einer schweren Krankheit, einem Feuer zu Hause, der Trennung der Eltern, der Gewalt anderer Kinder, der Angst vor Arbeitslosigkeit und Geldnot.[1]

Kindliche Ängste werden den Eltern oder Erzieherinnen von Seiten der Kinder selten spontan erzählt. Es wird vielmehr diffus über Bauchschmerzen, schreckliche Träume oder ähnliches berichtet. Um an die kindlichen Erfahrungswelten anzuknüpfen, müssen Situationen geschaffen werden, in denen Ängste bewusst aufgegriffen und zur Sprache gebracht werden.

[1] Repräsentative Studie der R+V Versicherung zum Thema Kinderängste

Zugangsmöglichkeiten zum Thema kindliche Ängste:

- Eine Möglichkeit des Zugangs kann das allgemeine Thema Gefühle sein. **Pantomimische Ratespiele** wie z.B. »Gehen wie ...«:

  • ein fröhlicher Schüler in die Ferien,
  • oder wie ein wütendes Kind,
  • oder wie ein müder Fußballspieler,
  • oder wie ein ängstliches Kind ...
  können einen Einstieg in Gefühlsdarstellungen und Gefühlsassoziationen bieten.

- Verschiedene **Abbildungen von Gefühlen** in Zeitschriften, Bilderbüchern, Fotos können Ausgangspunkt für eine Collage mit Zuordnung der Gefühlsreaktionen und ein Gespräch über eigene Gefühlserlebnisse sein.

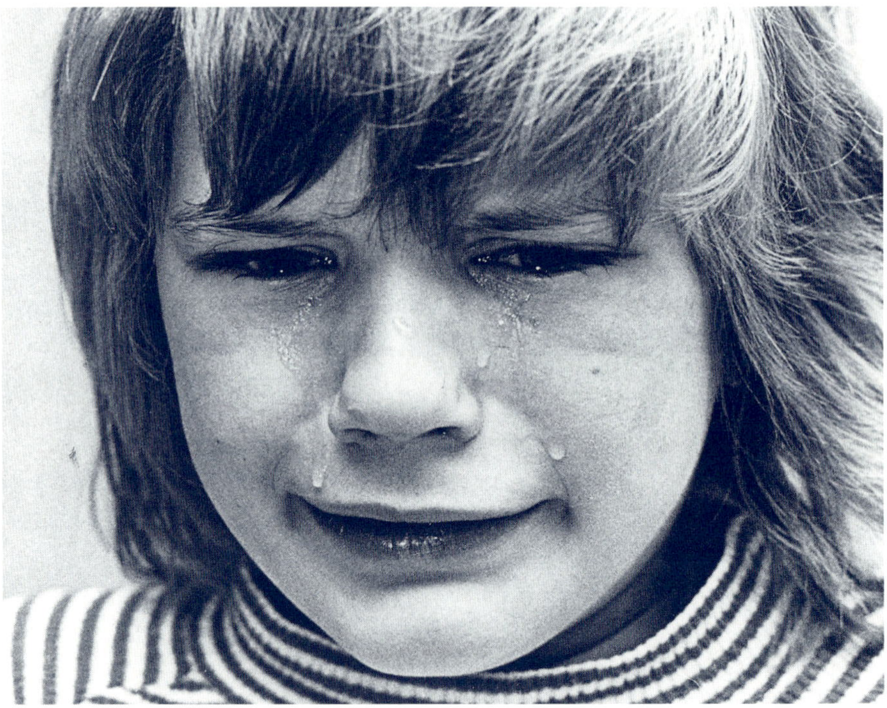

- Mit **Malen nach Musik** kann der gesamte emotionale Bereich angesprochen werden und durch Malerei einen Ausdruck finden; insbesondere dann, wenn Worte und die Kommunikation schwer fällt. Zu beachten ist die richtige Auswahl der Musik und der Malutensilien: Bei der Musik sollen keinesfalls aufwühlende oder traurige Musikstücke am Ende einer Maleinheit stehen. Der Bogen von fröhlich –

ruhig – fröhlich eignet sich eher, genauso wie eine einzige ruhigere Musikeinheit. Als Malutensilien bieten sich Wachsmalkreiden (auch beidhändig), Pastellkreide oder Zukkerkreide, dicke Buntstifte oder Fingerfarben an. Je nach Altersgruppe und individuellem Befinden bietet sich eine Reflexion der Maleinheit mit Vorstellung der Bilder an.

- Kurzgeschichten können zum Gesprächsanlass werden, um zuerst sich mit der Rolle der Hauptfigur der Geschichte auseinander zu setzen und später eigene Angsterlebnisse zu schildern. Als kurze Geschichten eignen sich:

  - »Die Nachtvögel« von Ursula Wölfe (Angst vor dem Alleinsein)
  - »Die Nachtvögel« von Thomut Hauben (Angst vor dem abendlichen Alleinsein)
  - »Die Kummerdose« von Christine Nöstlinger (Umgang mit Angst und Kummer).

- Kurze **Ausschnitte von Fernsehsendungen, Videos oder Filmen** können ebenfalls Ausgangspunkt für Gespräche über Gefühle und Angst sein. Als Beispiele lassen sich »Juli und das Monster« von Kirsten Boie und Jutta Bauer oder »Lars Eisbär« (z.B. Episode »Der Schneesturm«) von Hans de Beer erwähnen – beides ist als Video zu beziehen.

Umgang mit Kinderängsten:

Bei den entstandenen Gesprächen mit den Kindern über ihre Ängste, ist es wichtig, dass die Erzieherin die Sorgen und Befürchtungen der Kinder zwar **ernst nimmt**, aber auch nicht zu mitleidsvoll die Ängste verstärkt.

Bei wirklichen Problemen darf die Angstreaktion der Kinder nicht als belanglos abgetan werden, denn die Kinder haben ein gutes Gespür, wenn etwas nicht stimmt. Vielmehr gilt es zu vermitteln, dass **Ängste etwas ganz Natürliches** sind, und dass sie zum Menschen dazugehören. Erzieherinnen können dabei als Vorbild ruhig zugeben, dass auch sie Ängste haben und wie sie mit diesen umgehen und sie überwinden.

Zu **starke oder verdrängte Ängste können krankhafte Züge annehmen** z.B. Bettnässen, Essstörungen, Stottern, Lernschwierigkeiten, Depressionen und ähnliches. Bei diesen Angstreaktionen muss dem Kind professionelle Hilfe und Unterstützung in Form von Erziehungsberatungsstellen und Psychologen geboten werden.

Aufgabe der Erzieherin wäre es zuerst herauszufinden, was die Kinder als ihre angstbelastenden Probleme sehen und sie dabei zu begleiten, ihren Weg im Umgang mit diesen Problemen zu finden. Um eine eigene individuelle Angst-Überwindungsstrategie zu finden, müssen dem Kind verschiedene Wege und Möglichkeiten eröffnet und realisiert werden, damit sie unterschiedliche Erfahrungen sammeln können, um letztendlich zu entscheiden bzw. ausprobieren können, wie sie selbst mit den Problemen umgehen.

Möglichkeiten des praktischen, medialen Umgangs mit Kinderängsten

- **Angstgesichter**

Dieses praktische Angebot für Grundschulkinder bietet den Kindern Möglichkeiten:

- ihr eigenes Gesicht zu angstvollen, gruseligen Gesichtern zu verändern,
- die Gestaltungsmittel des filmischen Ausdrucks zu durchschauen,
- den Mut Gefühlsreaktionen im Gesicht kreativ herausarbeiten.

Zuerst fotografiert man die Gesichter der Kinder, wobei zu beachten ist, dass

- ein schwarz-weiß Film eingelegt wird,
- ein neutraler Hintergrund für die Kindergesichter ausgewählt wird,
- aus verschiedenen Perspektiven mit verschiedenen Gesichtsausdrücken fotografiert wird,
- mehrere Aufnahmen gemacht werden.

Nach der Entwicklung der Fotografien werden die Fotos unterschiedlich groß kopiert, wobei hier auch schon mit Hell- und Dunkel Effekten des Kopierers experimentiert werden kann. Mit Hilfe von Tipp-Ex, Deckweiß, Pastellkreide, Ölkreide, evtl. Plakafarben können die Kinder nun ihr eigenes Gesicht in ein Angstgesicht verwandeln. Es bleibt ihnen überlassen, ob sie ein Gesicht gestalten, das Angst hat oder das Angst auslöst.

- **Aufarbeiten von Gefühlsreaktionen an Kinderfilmbeispielen**

Durch das gemeinsame Anschauen spannenden Kinderfilme können

- Angstreaktionen verbalisiert werden,
- werden Gestaltungsmittel des Film durchschaubar,
- werden eigene Angsterlebnisse mit denen der Hauptfigur verglichen,
- werden individuell unterschiedliche Angstreaktionen (auch Angstlust) deutlich

Beispiele für spannende Kinderfilme bzw. Kindervideos:

- »Kalle Blomquist – Sein schwerster Fall« nach einem Roman von Astrid Lindgren
- »Emil und die Detektive« nach einem Roman von Erich Kästner
- »Ronja Räubertochter« nach dem Roman von Astrid Lindgren
- »Gefährliche Wildnis« über einen 14-jährigen Jungen, der alleine mit seinem Hund nach einem Schiffsunglück versucht zu überleben

- »Karakum« über zwei Kinder, die alleine die Salzwüste durchqueren

Nach dem gemeinsamen Ansehen des Filmes wird über die Angstgefühle der Hauptpersonen gesprochen, wobei einzelne besonders spannende Szenen auf einem Kärtchen festgehalten werden. So findet ein Austausch über unterschiedlich erlebte Spannungssituationen statt, wobei deutlich werden kann, dass Spannung und Angst auch Spaß und Lust machen kann.
Die einzelnen aufgeschriebenen Szenen des Film werden wiederholt und isoliert betrachtet und nach ihren filmischen Gestaltungsmitteln analysiert:

- Kameraaufnahme und Aussehen der Hauptfiguren,
- Umgebung der Hauptfiguren,
- Musik und Geräusche der Szene,
- Filmische Tricks und Gestaltungsmittel.

Je nach Interesse der Kinder ist es durch die differenziert Analyse des Filmes möglich, ein eigenes Drehbuch einer spannenden Geschichte zu schreiben und dann mit der Videokamera aufzunehmen.

- **Angstauslösende Geräusche selbst erzeugen**

Durch dieses selbsthergestellte »Hörerlebnis«

- wird für die Kinder erfahrbar, wie angstauslösende Geräusche entstehen,
- werden Kassettenrecorder und Mikrofon als bekannte Medien kreativ eingesetzt,
- werden Gestaltungsmittel der Hörspiele für die Kinder durchschaubar.

Folgende Geräuschideen wurden der Broschüre »Mediensyndrom – Soziales Lernen und Medienerziehung im Hort« Seite 43 entnommen:

»Jedes der folgenden Geräusche 30 Sekunden bis 1 Minute lang aufnehmen, dabei auf Ruhe während der Aufnahme achten (Nebengeräusche sind sonst auch mit drauf!); Handzeichen ausmachen für: »Bin bereit Geräusche zu machen«; »Bin bereit zur Aufnahme!«

Regen: 15 bis 20 getrocknete Erbsen werden auf einem Sieb hin und hergerollt, wobei das Mikrofon am besten darunter gehalten wird.

Donner: Entweder schüttelt man größere, dünnere Blechplatten oder dünnere Kartonbogen in angemessener Entfernung vom Mirkofon recht kräftig, oder man nimmt Klavierakkorde auf Band auf und lässt sie bei halber Bandgeschwindigkeit wiedergeben. Auch kräftiges Ins-Mikrofon-Pusten kann donnern, man muss es ausprobieren.

Wellen: Sie werden ganz »natürlich« hergestellt: man bewegt seine Hand in einer mit Wasser gefüllten Kunststoffschüssel so, dass es leicht an den Rand schlägt. Meeresbrandung entsteht, wenn man mit zwei Putzbürsten in Gegenbewegung über ein langes Stück Blech streift.

Feuer: Für ein gemütliches Kaminfeuer werden leere Streichholzschachteln, für einen Brand Zellophan oder Pergamentpapier dicht vor dem Mikrofon zusammengedrückt.

Schritte im Wald: in Streifen geschnittene Plastiktüten zusammenballen und im Schrittrhythmus drücken; im Schnee: Watte dicht vor dem Mikrofon rhythmisch kneten.

Pistolenschuss: Neben dem Mikrofon kurz mit der Breitseite eines Lineals auf den Tisch schlagen.

Telefonstimme: »In einen Plastikbecher oder ein kleines Tongefäß sprechen.«

Im Anschluss an die Geräuschexperimentierphase steht das gemeinsame Überlegen einer Hörspielgeschichte, wobei spannende Anfänge den Einstieg in die Überlegung eines Handlungsablaufes erleichtern:
z. B. Die Kirchenuhr am Marktplatz schlug zwölf mal, als plötzlich ...
oder Die Kindergruppe hatte sich bei ihrem Ausflug in den Wald verlaufen, als es schon anfing dunkel zu werden und hinter einem Baum seltsame Geräusche zu hören waren ...

- **Austausch über Möglichkeiten der Angstüberwindung**

Abschließen sollte eine mediale Begegnung mit der Angst unbedingt mit praktischen Hinweisen und Möglichkeiten Angst zu überwinden bzw. zu bewältigen. Hier können zum einem die Kinder selbst ihre individuellen Erfahrungen im Umgang mit ihrer Angstbewältigung vorstellen, zum anderen sollte die Erzieherin das Repertoire der Kinder um einige Möglichkeiten ergänzen:

Mut machen gegen die Angst:

Die Kinder überlegen gemeinsam, was ihnen in Angstsituationen schon geholfen hat:

- z. B. mit jemanden darüber reden,
- ruhig zu bleiben,
- sich selbst Mut zu machen,
- genau nachzudenken,
- Hilfe zu holen ...

Die gemeinsamen Überlegungen werden individuell ausgewertet und auf ein Mutmachblatt gegen die Angst festgehalten. Vielleicht lässt sich ein Tier oder ein Symbol gegen die Angst finden, das die Kinder zusätzlich stärken kann.

Angstlied:

Mit folgendem Angstlied aus dem Buch »Frühling, Spiele, Herbst und Lieder« von Knister/Maar können Kinder gegen die Angst ansingen und gleichzeitig im gemeinsamen singen erfahren, dass sie nicht alleine mit ihren Angstgefühlen sind.

Angstlied

1. Strophe
1. Ich ken-ne ei - nen tol - len Spruch, den
sag ich im - mer dann wenn ich mal rich-tig
ängst-lich bin, hör dir den Spruch mal an.
Refrain
Gru - sel, Gru - sel Furcht und Schreck,
Angst ver-schwin-de, Angst geh weg

Entspannungsgeschichten mit Mutmachsprüchen

Folgende Entspannungsgeschichte kann die Kinder stärken trotz ihrer Angst etwas zu wagen und in ihrer Phantasie auszuprobieren. Die Übertragung auf konkrete Situationen aus dem Erfahrungsbereich der Kinder kann in einem anschließenden Gespräch erörtert und in einem Rollenspiel ausprobiert werden.

2. ENTSPANNUNGSGESCHICHTE

Das ängstliche Kätzchen

Du liegst ruhig und entspannt auf deiner weiten Wiese, die Sonne ist hell, und du blinzelst hinein und bist fast schon eingeschlafen, da hörst du aus der Ferne ein klägliches Stimmchen: «Miau, miau», ruft es, und du stehst auf und schaust nach.

Über die Wiese gehst du, am Wäldchen vorbei und kommst an das Stoppelfeld. Da schleicht ein kleines Kätzchen ganz verschüchtert auf dem Feldweg dahin und schaut dauernd ängstlich nach links und nach rechts.

«Was ist denn los, kleines Kätzchen?» sprichst du es an. «Hier fahren doch gar keine Autos, warum so vorsichtig?»

Wie es dich hört, tut das Kätzchen einen gewaltigen Satz in die Luft – und bleibt dann vor Schreck wie erstarrt stehen.

«Aber ich tu dir doch nichts», sagst du, «du kannst mir schon vertrauen.»

«Wie schön», sagt das Kätzchen und atmet ganz erleichtert durch. «Die Mäuse und die Vögel», schüttet es dir sein Herz aus, «weißt du, alle sagen, daß *die* sich eigentlich vor *mir* fürchten sollten, alle sagen das, und so wird es schon stimmen, – aber dabei habe doch *ich* so große Angst vor *ihnen*.»

«Was, ein Kätzchen, das sich vor Mäusen fürchtet!» wunderst du dich.

«Ja, jetzt lachst auch du mich aus», sagt das Kätzchen traurig.

«Aber nein», antwortest du, «doch wenn du dich von den Mäusen und Vögeln fernhältst, dann wirst du dich immer vor ihnen fürchten.

Nicht verzagen,
auch was wagen!

Komm, wir gehen über das Feld!»

Die Stoppeln des gemähten Getreides kitzeln ganz komisch an den Fußsohlen, als du darüberläufst, aber du hältst tapfer durch, und das Kätzchen folgt dir, nachdem es sich erst noch mal vorsichtig umgeschaut hat.

Zunächst hält es sich immer dicht hinter dir. Und wie ihr daherkommt, verschwinden die Mäuse in ihren Mäuselöchern, und die Spatzen schimpfen, lassen ihre aufgelesenen Körner fallen und fliegen in Scharen auf in den Himmel. Du hörst, wie das Kätzchen hinter dir immer wieder vor sich hinmurmelt:

«Nicht verzagen,
auch was wagen!»

Und es merkt jetzt ja, daß die Mäuslein und die Spatzen auch nicht gerade die Mutigsten sind – und dann stürzt es plötzlich hervor wie ein Tiger und treibt die Mäuse und die Spatzen auseinander und vor sich her.

«Hurra!» miaut es begeistert und springt zu dir zurück. «Jetzt werde ich vielleicht doch noch eine richtige mutige Katze wie Papa und Mama und alle die anderen! Vielen Dank, daß du mir geholfen hast.»

«Aber das hab ich doch gar nicht, das warst du doch selbst», antwortest du. «Ich hab dir nur gesagt, einmal auszuprobieren, ob du dich auch wirklich fürchten mußt.»

«Ja, es einmal ausprobieren», strahlt das Kätzchen und schnurrt, «das werd ich jetzt immer.»

Und dann wandert es stolz mit erhobenem Haupte mitten über das Stoppelfeld davon. Und auch du machst dich wieder auf den Heimweg, zurück zu deiner schönen Wiese.

aus: Entspannung für Kinder, Friedrich; Friebel, rororo S. 76/77

Übrigens können entstandene Mutmachblätter, Plakate und Überlegungen in einem Elternabend oder Elternnachmittag vorgestellt und ausgewertet werden. So werden auch Eltern mit in die Thematik integriert und können gegebenenfalls sich gegenseitige Hilfestellungen leisten.

Adressen, Materialien und Informationen

1. Medienpädagogik

Die aufgeführten Institutionen bieten Informationen über ihre medienpädagogische Arbeit an. Teilweise können Broschüren oder Materialien bestellt werden.

Bundeszentrale für Gesundheitliche Aufklärung (BzgA)
Ostmerheimer Straße 200
51109 Köln
Die BzgA gibt u. a. die Informationsbroschüre »Nicht nur laufen lassen« kostenlos heraus.

Bundeszentrale für politische Bildung
Referat »Neue Medien«
Berliner Freiheit 7
53111 Bonn
Die Bundeszentrale gibt unterschiedliche Publikationen heraus u. a. die Broschüre »Neue Medien und Familie« und »Neue Medien – die Freunde unserer Kinder?«. Außerdem gibt es unterschiedlichste Informationsmaterialien zum Thema Computer bzw. Computerspiele.

Bayerisches Landesjugendamt
Postfach 19 02 54
80634 München
Das Landesjugendamt in Bayern gibt die Broschüre »Hilfe – Kinder lieben Fernsehen« heraus zu der auch eine Videokassette gehört.

Kath. Institut für Medieninformation (KIM)
Am Hof 28
50667 Köln
Das KIM bietet in Zusammenarbeit mit der Kath. Fernseharbeit beim ZDF die »Bilderkiste – Fernsehen mit Kindern« heraus.

Deutsches Jugendinstitut e.V.
Freibadstraße 30
81543 München
Das DJI ist ein sozialwissenschaftliches Forschungsinstitut, das u. a. Medienforschung betreibt. Die laufenden Arbeiten erscheinen im »Bulletin«.

Kinder- und Jugendfilmzentrum (KJF)
Küppelstein 34
42857 Remscheid
Das KJF gibt medienpädagogische Arbeitshilfen heraus, bietet einen Filmverleih an und führt praktische Medienarbeit, einschließlich Fortbildungen durch.

Institut Jugend Film Fernsehen (JFF)
Pfälzer-Wald-Straße 64
81539 München
Das Institut bietet medienpädagogische Beratungen in Bayern an, veranstaltet Seminare und gibt die Broschüre »FLIMMO« mit dem Trägerverein »Programmberatung Eltern« e.V. heraus.

2. Kinder- und Jugendmedienschutz

Die Landesarbeitsstellen der Aktion Jugendschutz bieten Informationsmaterialien, veranstalten Fortbildungen und Tagungen.

Landesarbeitsstelle Baden-Württemberg
Stafflenbergstraße 44
70184 Stuttgart

Landesarbeitsstelle Bayern e.V.
Fasaneriestraße 17
80636 München

Landesarbeitsstelle Hamburg e.V.
Margaretenstraße 41
20357 Hamburg

Landesarbeitsgemeinschaft Kinder- und Jugendschutz
Mecklenburg-Vorpommern
Landesjugendamt
Postfach 21 08
17011 Neubrandenburg

Landesstelle Niedersachsen
Leisewitzstraße 26
30175 Hannover

Arbeitsgemeinschaft Kinder- und Jugendschutz
Landesstelle Nordrhein-Westfalen e.V.
Hohenzollernring 8587
50672 Köln

Aktion Jugendschutz Sachsen e.V.
Albert-Köhler-Straße 91
09122 Chemnitz

Landesarbeitsstelle Schleswig Holstein
Prinz-Heinrich-Straße 1
24106 Kiel

Landesarbeitsgemeinschaft Kinder- und Jugendschutz
Thüringen
Magdeburger Allee 82
99086 Erfurt

Bundesprüfstelle für jugendgefährdende Schriften (BPjS)
Postfach 200355
53177 Bonn

Die BPjS ist zuständig für die Indizierung von Schriften, Ton- und Bildträgern, Ablichtungen und anderer Darstellungen. Antragsberechtigt sind die obersten Jugendbehörden der Länder und die Jugend- und Landesjugendämter.

3. Verleihstellen

Die nachfolgend aufgelisteten Verleistellen bieten 16-mm-Filme, Videofilme, Diaproduktionen und Tonkassetten an. Daneben gibt es auch noch zahlreiche gewerbliche Verleihstellen. Landesbildstellen:

Die Landesbildstellen bieten neben dem Verleih Beratungen und Fortbildungen zur Medienpädagogik und Medientechnik an.

Landesbildstelle Baden
Zentrum für AV-Medien
Rastatter Straße 25
76199 Karlsruhe

Landesbildstelle Württemberg
Rotenbergerstraße 111
70190 Stuttgart

Staatliche Landesbildstelle Nordbaden
Carl-Burger-Straße 26
95445 Bayreuth

Staatliche Landesbildstelle Sübayern
Am Stadtpark 20
81243 München

Landesbildstelle Berlin
Wikingerufer 7
10555 Berlin

Medienpädagogisches Zentrum
Land Brandenburg
Yorckstraße 2
14467 Potsdam

Landesbildstelle Bremen
Uhlandstraße 53
28211 Bremen

Staatliche Landesbildstelle Hamburg
Kieler Straße 171
22525 Hamburg

Staatliche Landesbildstelle Hessen
Gutleutstraße 8 – 12
60329 Frankfurt / Main

Landesinstitut Mecklenburg-Vorpommern
Möllner Straße 9
18109 Rostock

Niedersächsisches Landesverwaltungsamt
Landesmedienstelle
Stiftsstraße 13 / 15
30159 Hannover

Landschaftsverband Westfalen-Lippe
Landesbildstelle
Warendorferstraße 24
48133 Münster

Landesmedienzentrum Rheinland Pfalz
Hofstraße 257
56077 Koblenz-Ehrenbreitstein

Landesinstitut für Pädagogik und Medien
Beethovenstraße 26
66125 Dudweiler

Comeniusinstitut
Landesbildstelle
Gerokstraße 22
01307 Dresden

Landesstelle für Medienangelegenheiten
Sachsen-Anhalt
Riebeckplatz 21
06110 Halle

Institut für Praxis und Theorie der Schule
Landesbildstelle
Schloss
24103 Kiel

Thüringer Institut für Lehrerfortbildungen, Lehrplanentwicklung für Bildung und Medien
Hopfengrund 1
99310 Arnstadt

Landesfilmdienste verleihen Filme für die nichtgewerbliche öffentliche Vorführung. Über den Bundesverband sind die Anschriften der Landesfilmdienste an zu fordern.

Bundesverband
Konferenz der Landesfilmdienste e.V.
Rheinallee 59
53173 Bonn

Evangelische Medienzentralen verleihen auch audiovisuelle Medien. Auch hier ist über den Zusammenschluss der Medienzentralen die jeweilige regionale Medienzentrale zu erfragen.

Arbeitsgemeinschaft der evangelischen Medienzentralen (AG EMZ)
EMZ Württemberg
Theodor-Heuss-Staße 23
70174 Stuttgart

Auch die Katholischen AV-Medienstellen verleihen audiovisuelle Medien, während das **Katholische Filmwerk** Filme vertreibt.

KFW – Katholisches Filmwerk GmbH
Ludwigstraße 33
60327 Frankfurt

Filmverleihstellen:

Atlas-Film + AV
Ludgeristraße 14 – 16
47057 Düsseldorf

BJF – Bundesverband Jungend und Film e.V.
Kennedyallee 105 a
60596 Frankfurt/Main

4. Anschriften der Rundfunkanstalten

Die Rundfunkanstalten sind laut Landesmediengesetz verpflichtet einen Jugendschutzbeauftragten zu benennen. Seine Aufgabe ist es u.a. Beschwerden aus der Bevölkerung entgegenzunehmen. Die folgenden Anschriften sollen eine schnelle Reaktion auf Sendungen mit kritischen oder lobenden Hinweisen bzw. Fragen zu Sendungen erleichtern.

ARD
Betramstraße 8
60320 Mainz

Zweites Deutsches Fernsehen
Postfach 4040
55100 Mainz

RTL
Aachener Straße 1036
50858 Köln

RTL 2
Bavariafilmplatz 7
82031 Grünwald

PRO 7 Television GmbH
Bahnhofstraße 28
85774 Unterföhring

Premiere
Am Stadtrand 52
22047 Hamburg

Sat 1
Martin-Luther-Straße 1
10779 Berlin

3sat
Postfach 4040
55100 Mainz

5. Fachzeitschriften

Die genannten Fachzeitschriften informieren regelmäßig zum Thema Medienpädagogik.

Eselsohr
Fachzeitschrift für Kinder- und Jugendmedien
Verlag Eselsohr
Rheinallee 9
55118 Mainz

Fundevogel
Kritisches Kinder-Medien-Magazin
Dipa-Verlag
Nassauer Straße 1 – 3
60439 Frankfurt / Main

Bulletin Jugend und Literatur
Eulenhof-Verlag
Hallerplatz 5
20146 Hamburg

Der rote Elefant
Liselotte Czyborra
Segeberger Straße 14
22941 Bargteheide

Hören und Spielen
Hrsg. von der Fachstelle für Medienarbeit
der Diözese Rottenburg-Stuttgart
Sonnenbergstraße 15
70184 Stuttgart

6. Kinder- und Jugendliteratur

Verzeichnisse und Adressen zur Kinder- und Jugendliteratur. Die genannten Verzeichnissen werden in der Regel gegen eine Schutzgebühr abgegeben.

Blaubuch – Register und Adressen für die deutschsprachige Kinder- und Jugendliteratur

Das Bilderbuch – Eine Auswahl mit kurzen Inhaltsangaben und Bewertungen von Bilderbüchern aus aller Welt

Das Buch der Jugend – Verzeichnis ausgewählter und empfohlener Neuerscheinungen

Deutscher Jugendliteraturpreis – Jährliches Verzeichnis von Preisbücher und die Bücher der Auswahllisten in den Sparten Bilderbuch, Kinderbuch, Jugendbuch und Kinder- und Jugendsachbuch

JuLit – Informationen des Arbeitskreises Jugendliteratur e.V.

Alle fünf Erscheinungen werden herausgegeben vom

Arbeitskreis für Jugendliteratur e.V.
Schlörstraße 10
80634 München

Empfehlungen der Stiftung Lesen – erscheinen periodisch und enthalten ausgewählte und kommentierte Titel.
Herausgeber:

Stiftung Lesen
Fischtorplatz 23
55116 Mainz

Was soll ich lesen? – Ein mehrbändiges, auch Themen und Problemkreisen geordnetes Bücherverzeichnis mit ausführlichen Buchbesprechungen von Bild-, Kinder- und Jugendbüchern, Kindertheaterstücken und Kinder- und Jugendzeitschriften u.a.
Herausgeber:

Landesarbeitsgemeinschaft Jugend und
Literatur NRW e.V
Von-Werth-Straße 159
50259 Pulheim-Brauweiler

Literatur

Aktion Jugendschutz Baden Württemberg, Stuttgart: Gewalt auf Video

Aktion Jugendschutz Baden Württemberg, Stuttgart: Kind und Fernsehen

Aktion Jugendschutz Bayern: Alles auf Empfang? Familie und Fernsehen

Aktion Jugendschutz Informationen: Ursula Arbeiter, Medienpädagogische Elternarbeit, Stuttgart 1998

Aktion Jugendschutz, Landesarbeitsstelle Bayern e.V.: Alles auf Empfang, Zusammenarbeit mit Eltern, Donauwörth 1995

Bayerisches Landesjugendamt (Hg.), Medienpaket: Hilfe ! – Kinder lieben Fernsehen 1992

Bergmann, Wolfgang: Computerkids, Zürich 1996

Brandstätter Helmut, Brandstätter Regina: Fernsehen mit Kindern, Wien 1995

Bundeszentrale für politische Aufklärung; Nicht nur laufen lassen (Broschüre)

Bundeszentrale für politische Bildung: Neue Medien Freunde unserer Kinder? 1992

Deutsches Jugendinstitut (Hg.): Handbuch der Medienerziehung im Kindergarten, Band 1 und 2; 1994

Dichanz Horst (Hg.): Handbuch Medien, Medienforschung, Bundeszentrale für politische Bildung

Eicke, Ulrich/Eicke, Wolfram: Medienkinder, München 1996

Faller, Heike: Die Zukunft ist schon da, in Spiegel special, Heft 3/1999, Seite 122ff.

Fritz, Jürgen: Warum Computerspiele faszinieren, Weinheim und München 1995

Glogauer, Werner: Die neuen Medien verändern die Kindheit, Deutscher Studien Verlag 1995

Gudjons, Herbert: Pädagogisches Grundwissen, Bad Heilbrunn 1995

Hebenstreit, Sigurd: »Der Mythos vom Montagssyndrom«, Kindergarten heute 9/96

IMAGO GmbH: Internetführerschein, Braunschweig 1999

Kindergarten heute: Sonderheftreihe – Neue Elternarbeit, Freiburg

Kindergarten heute: Wie, was und warum Kinder fernsehen, Reinbek

Krenz, Armin: Der Situationsorientierte Ansatz im Kindergarten, Freiburg 1991

Lukesch Helmut: Mediennutzung durch Kinder und Jugendliche, Donauwörth 1999

Medienpädagogischer Forschungsverbund Südwest: Jugend, Information, (Multi-)Media, JIM ´98, Baden-Baden 1998

Näger, Sylvia: Kreative Medienerziehung im Kindergarten, Freiburg 1992

Näger, Silvia: Medienpädagogik zum Anfassen; Bausteine Kindergarten, Aachen 1996

Pitzer, Sissi: Stichwort neue Medien, München 1995

Riske, Oliver/Saumweber, Michael: Multimedia-Landschaften für Kinder, Projektdokumentation, Internetdokumentation http://www.sin-net.de, München 1999

Rogge, Jan-Uwe/Rogge, Regina: Die besten Videos für mein Kind, Reinbek 1995

Rogge, Jan-Uwe: Kinder können Fernsehen, Reinbek 1995

Schell, Fred u.a.: Medienkompetenz, Grundlagen und pädagogisches Handeln, München 1999

Schell/Stolzenburg/Theunert (Hg.): Medienkompetenz, München 1999

Schmälzle, Udo Friedrich: Neue Medien – Mehr Verantwortung! Bonn 1992

Sopart, Christa-Maria: Computerspiele, München 1984

Stefan Aufenanger (Hg.): Neue Medien – Neue Pädagogik?, Bundeszentrale für politische Bildung 1991

Trautner, Hanns Martin: Lehrbuch der Entwicklungspsychologie, Göttingen 1992

Stichwortverzeichnis

Bildquellenverzeichnis

Archiv für Kunst und Geschichte, S. 55
Bavaria Bildagentur, S. 106
Bundesbildstelle, S. 67
CCC, S. 195
Ko9dak, S. 64, 65
MEV, S. 55, 132, 150, 164
Piano Baus, S. 90, 91
Süddeutscher Verlag, S. 85, 240

Leider konnten nicht alle Rechteinhaber ermittelt werden. Bitte melden Sie sich deshalb im Verlag, wenn wir Abbildungen von Ihnen in diesem Schulbuch veröffentlicht haben.